La gestion des finances publiques en République démocratique du Congo

Finances publiques

Collection dirigée par Thierry LAMBERT

Finances publiques/Public finance
Collection dirigée par/Collection directed by Thierry LAMBERT

Les finances publiques connaissent un développement important et se diversifient. Cette discipline couvre notamment les finances de l'État, le droit public financier, le droit fiscal, les finances communautaires, les finances locales, les finances sociales, les finances internationales et comparées, les procédures fiscales ainsi que le droit douanier. Ces questions peuvent être envisagées dans un cadre national, communautaire ou mondial.

La présente collection a pour vocation de publier des travaux originaux (thèses, essais, colloques...) ou de facture plus classique (manuels, commentaires de textes, recueils de documents...).

Elle a aussi pour ambition de rééditer des ouvrages aujourd'hui introuvables, mais fort utiles, dès lors qu'ils s'imposent comme référence et qu'ils sont agrémentés d'une préface substantielle.

Public finance steadily developping and diversifying. This discipline more particulary coversstate finance, public financial law, tax law, EU finance, local finance, social finance, international and comparative finance, tax procedures and customs law. Those questions can be considered within a national community or global framework.

The aim of this collection is to publish original works (theses, essays, symposiums...) or more traditional ones (textbooks text analyses, collections of documents ...).

In addition, it is meant to re-publish books which are currently untraceable no matter how usefulprovided they stand as genuine references and contain substantial prefaces.

Déjà parus

Vincent DREZET, Ophélie VILDEY, *Notre argent public, pour mieux vivre ensemble*, 2020.
Mohamed HARAKAT, *Finances publiques et réformes de l'État, le cas du Maroc*, 2020
Mathurin MBOUNOU-NGOPO, *La fiscalité et l'impératif de développement du Centrafrique,* 2019.
Emmanuel JOANNARD-LARDANT, *L'établissement de la preuve fiscale : essai de droit processuel*, 2019.
Dominique VILLEMOT, *Le débat fiscal : une passion française,* 2019.
Aurélie DORT, *Fiscalité et sécurité sociale, Étude de la fiscalisation des ressources de la Sécurité sociale*, 2019.
Fidèle MENGUE ME ENGOUANG, *Les finances publiques du Gabon*, 2018.
DIOUKHANÉ Abdourahmane, *Les finances locales sénégalaises*, 2018.
ATECK A DJAM Félix, *Droit du contentieux fiscal camerounais, Nouvelle édition,* 2017.
Mahrez ZAHED, *La démarche de performance dans la gestion locale. Les collectivités territoriales face aux défis de la nouvelle gouvernance*, 2017.

Jean-Bosco KAOMBA MUTUMBA

La gestion des finances publiques en République démocratique du Congo

L'Harmattan

5-7, rue de l'École-Polytechnique – 75005 Paris

www.editions-harmattan.fr

ISBN : 978-2-343-23051-1
EAN : 9782343230511

RÉSUMÉ

Le grand défi actuel de la République démocratique du Congo (RDC) en matière de finances publiques est de réussir d'une part à mobiliser davantage de ressources internes pour le financement efficient de son développement économique et d'autre part à améliorer la gestion des finances publiques, la transparence et l'obligation de rendre compte.

Il s'agit d'être pragmatique dans la mise en œuvre des programmes de réforme et de modernisation de l'administration fiscale à la suite des insuffisances relevées dans l'organisation et fonctionnement des régies financières avec pour but de créer des conditions propices à la mobilisation accrue des ressources internes à travers le renforcement des capacités des services opérationnels.

AVANT-PROPOS

Dans un domaine aussi important que les finances publiques qui de surcroît concerne la vie de nos concitoyens et leur avenir, il serait hasardeux de vouloir réformer sans une approche approfondie pour décrypter la gestion des finances publiques.

Il est vrai que c'est plus simple de voir simpliste, de faire endosser à la conjoncture économique et financière la responsabilité des difficultés enregistrées au niveau de finances publiques.

Mais afin de remédier aux problèmes de fond, il est obligatoire d'engager des réformes structurelles en faisant appel à la recherche scientifique et en procédant à une évaluation de l'efficacité de la gestion des finances publiques.

INTRODUCTION GÉNÉRALE

La notion de bonne gouvernance a été placée au cœur de débats de politique internationale et de croissance économique. De nombreuses initiatives, visant à financer les investissements afin de stimuler la croissance économique, ont été au centre des préoccupations des grandes institutions économiques et financières internationales telles que, la Banque mondiale, la Banque africaine de développement, le Fonds monétaire international, etc.

Il est question de redéfinir le rôle de l'État afin de permettre la gestion efficace des ressources disponibles. Ainsi, cette redéfinition suppose un renforcement des institutions publiques, l'instauration de régimes démocratiques et la participation des populations au processus de décision à la gestion des affaires publiques.

Cependant, la bonne gouvernance comme une manière de gérer les affaires publiques met l'accent sur la transparence de sa façon de faire promettant la croissance économique et le développement d'un pays. Par conséquent, la gestion efficace et efficiente du trésor public entraînera une augmentation des recettes fiscales avec comme conséquence un accroissement du budget de l'État.

En outre, si cette réalité n'est pas observée en République démocratique du Congo, c'est par le fait que chaque régime qui accède au pouvoir a sa philosophie particulière dans la gestion des institutions publiques, philosophie qui, parfois, est caractérisée par une mauvaise gestion.

Nous soutenons l'hypothèse selon laquelle, la mauvaise gestion serait un obstacle majeur dans la réalisation d'une croissance économique. Ainsi, il est impérieux d'introduire la notion de bonne gouvernance et passer à une réforme du système fiscal efficace et efficiente qui permettra à l'État de couvrir toutes les charges publiques et accroître les investissements afin de pallier les problèmes économiques défavorables à la réalisation d'un intérêt général.

Partant de cette observation, nous avons jugé de mener une étude sur *la gestion des finances publiques en République démocratique du Congo.*

De ce fait, il est question de démontrer comment la fiscalité, à travers la bonne gouvernance, peut concourir à un développement économique durable et soutenable.

LITTÉRATURES

1. LITTÉRATURE THÉORIQUE

La gymnastique scientifique et intellectuelle nous oblige de faire une recherche scientifique en consultant d'autres documentations et archives de ceux qui nous ont précédés.

Nous allons rapporter ce qui est dit dans les recherches précédentes, en présentant les différents concepts qui aident à la compréhension du sujet, d'une manière plus approfondie. Cette tâche n'est pas une énumération des différents résultats obtenus par les autres chercheurs, mais une confrontation de ces mêmes résultats afin de rapporter les études théoriques et empiriques les plus pertinentes, les plus significatives qui cadrent avec le sujet. La revue de littérature peut ainsi montrer, dans certains cas, l'évolution d'un courant de pensée, d'une théorie, d'une méthode, etc.

Elle vise à faire l'état des lieux de ce que l'on sait déjà sur la question de recherche. Elle est analytique dans la mesure où elle ne consiste pas à faire une liste des auteurs et de leurs idées, mais plutôt à identifier des tendances, des orientations et discuter des conséquences des choix qui fondent ces orientations, en mettant les auteurs en dialogue et en soumettant leurs idées et leurs travaux à la critique.

1.1. La théorie keynésienne

Proposée par l'économiste britannique John Maynard Keynes, cette théorie est devenue populaire pendant la Grande Dépression des années 1930. Selon l'auteur, les dépenses publiques constituent un facteur exogène pouvant être utilisé comme instrument politique pour la promotion de la croissance économique (BETONE et LAZORLA, 2017 : 144) ; c'est-à-dire que les dépenses publiques peuvent contribuer positivement à la croissance économique. Ce qui explique qu'une augmentation de la consommation publique entraînera vraisemblablement une augmentation de l'emploi, de la rentabilité et de l'investissement grâce aux effets multiplicateurs sur la demande globale. En conséquence, les dépenses publiques augmentent la demande globale. Ce qui provoque une augmentation de la production en fonction des multiplicateurs de dépenses (AUERBACH, 2016 : 68).

1.2. Théorie de la croissance des dépenses publiques

Cette théorie a été avancée par Musgave lorsqu'il a trouvé des changements dans l'élasticité du revenu de la demande de services publics dans trois fourchettes de revenu par habitant. Il a montré qu'à de faibles niveaux de revenu par habitant, la demande de services publics tend à être très faible. Selon lui, ces revenus sont consacrés à la satisfaction des besoins primaires : lorsque le revenu par habitant commence à augmenter au-dessus de ces niveaux, la demande de services fournis par le secteur public — tels que la santé, l'éducation et les transports — commence à augmenter en obligeant le gouvernement à augmenter les dépenses à leur égard. Il a observé qu'aux niveaux élevés du revenu par habitant, surtout dans les économies développées, le taux de croissance du secteur public a tendance à baisser au fur et à mesure que les besoins les plus élémentaires sont satisfaits (KURIHARA et KENNETH, 2015 : 90).

1.3. La loi de Wagner

Ce principe a été développé par l'économiste allemand Adoph Wagner (1835-1917), qui a avancé la « *loi de l'extension croissante de l'activité publique* » en analysant les tendances de la croissance des dépenses publiques et de la taille du secteur public (CORSETTI et PESENTI, 2016 : 34). Wagner postule que : (i) l'extension des fonctions des États entraîne une augmentation des dépenses publiques d'administration et de régulation de l'économie ; (ii) le développement de la société industrielle moderne engendre une pression politique croissante en faveur du progrès social et exige une prise en compte accrue de la considération sociale dans la conduite de l'industrie ; (iii) les dépenses publiques croissent plus proportionnellement que l'augmentation du revenu national — l'élasticité des dépenses publiques par rapport au revenu national est supérieure à l'unité — et entraînent donc une expansion relative du secteur public (KENNETH, 2017 : 44).

1.4. La théorie de l'équivalence ricardienne

Le terme de l'équivalence ricardienne a été inventé par l'économiste américain Robert Barro dans les années 1970 et est devenu un sujet standard dans les finances publiques et dans la théorie macroéconomique. Le théorème d'équivalence ricardienne attribuée à l'économiste anglais David Ricardo (1772-1823) analyse l'idée selon laquelle la fiscalité et l'emprunt public constituent des formes équivalentes de financement des dépenses publiques (POULANTZIS, 2016 : 4).

La raison d'être de ce point de vue est que le gouvernement devrait à l'avenir rembourser sa dette. Si l'on suppose maintenant une économie fermée, le remboursement de la dette se fera par une augmentation des impôts futurs, ce qui signifie que, sur la base de l'hypothèse des anticipations rationnelles,

les particuliers augmentent leurs épargnes en achetant les obligations émises par le gouvernement. En d'autres termes, le montant de l'épargne correspond à la taille du déficit public et, par conséquent, le taux d'intérêt reste le même. Cela signifie qu'il n'y a pas d'effet d'éviction de l'investissement privé sur les dépenses publiques et que la demande globale reste la même avec les autres variables réelles de l'économie (BAXTER et KING, 2017 : 44).

Cette théorie postule que les consommateurs sont tournés vers l'avenir et tiennent donc compte des contraintes budgétaires du gouvernement lorsqu'ils prennent leurs décisions de consommation. Le résultat est que, pour un modèle donné de dépenses publiques, la méthode de financement de ces dépenses ne modifie pas la demande globale. Ainsi, la théorie est utilisée comme un argument contre l'augmentation des dépenses du gouvernement dans une économie (LINNEMANN et SCHABERT, 2015 : 911-912).

1.5. La théorie optimale de la fiscalité

La théorie moderne de la fiscalité optimale repose sur les travaux fondateurs du prix Nobel James A. MIRRLEES qui a le premier proposé une modélisation de l'impôt optimal : la fiscalité modifie la répartition primaire des revenus par le biais des prélèvements obligatoires et des transferts. Cet objectif distributif est admis dans l'ensemble des économies modernes depuis le XXe siècle.

Mais des effets microéconomiques de substitution s'ajoutent à cet effet macroéconomique : la taxation des revenus du travail ou du capital peut induire des distorsions dans les choix individuels des contribuables, qui diminuent les recettes fiscales. En d'autres termes, les agents économiques réagissent aux hausses ou aux baisses d'impôts, aux transferts, ou encore à l'introduction d'un « impôt négatif », en modifiant leurs décisions de production ou d'épargne, leur offre de travail, voire leurs sources de revenus (problème des trappes à inactivité ou de l'évasion fiscale, par exemple, effet Laffer...).

L'imposition optimale est alors un système de prélèvement obligatoire qui maximise les recettes fiscales, tout en minimisant des incitations à l'effort chez les contribuables. Le problème posé est donc celui du choix des barèmes et de la forme d'imposition des revenus qui maximisent le bien-être collectif. Ce choix résulte, comme l'a montré MIRRLEES, d'un arbitrage entre redistribution et efficacité économique, dès lors qu'on cherche à limiter les coûts d'efficience de l'imposition (effets négatifs sur l'activité économique) tout en poursuivant un objectif d'équité donné, fonction des préférences collectives. Le principal résultat de la théorie de MIRRLEES et de ses développements est que le taux marginal d'imposition — le taux de prélèvement sur le dernier euro gagné — qui optimise le bien-être social est un taux régulièrement décroissant avec les revenus et qui tend vers zéro pour les plus hauts revenus (« zéro top rate »). Ce résultat a constitué une remise en cause de la progressivité de l'impôt.

1.6. Théorie de la fiscalité d'Ibn KHALDOUN

Le noyau de la théorie de la fiscalité d'Ibn KHALDOUN s'axe autour de la réduction des montants des impôts individuels perçus sur les personnes capables d'entreprendre. De cette manière, ces personnes seront psychologiquement disposées à entreprendre, parce qu'ils peuvent être confiants de tirer profit d'eux.

Ainsi, il préconise de diminuer le fardeau de la fiscalité pour les hommes d'affaires et les producteurs et aux revenus du gouvernement. Dans la pratique, il a constaté qu'à l'étape initiale, le gouvernement s'appuie sur des taxes faibles, conformément à la loi islamique. En conséquence, les entreprises augmentent en nombre et en taille et permettent ainsi à l'assiette fiscale, aux recettes fiscales et à l'excédent du gouvernement de grandir.

KHALDOUN constate qu'au début d'une dynastie, la fiscalité génère un revenu important à partir d'une petite évaluation, et qu'à la fin d'une dynastie, la fiscalité produit un faible revenu à partir d'une grande évaluation. Ces changements reposent sur la religion : la dynastie n'impose que les taxes prévues par la loi religieuse, telles que les taxes de charité, la taxe foncière et la taxe de vote. Ces taxes se réduisent à de petites évaluations. Car il est connu par chaque membre de la communauté que la taxe de bienfaisance sur les biens est faible. Il en va de même pour la taxe de charité sur les céréales et le bétail, ainsi que pour l'impôt sur les sondages, l'impôt foncier et toutes les autres taxes exigées par la loi religieuse, qui ont des limites des seuils ne pouvant pas être dépassées.

Toutefois, il existe des avantages liés à de faibles taxes : lorsque les évaluations fiscales et les impositions sur les matières sont faibles, celles-ci (remplace qui ?) ont de l'énergie et désirent faire les choses.

En conséquence, les recettes fiscales, qui sont la somme totale (des évaluations individuelles), augmentent. Au fil du temps, les dépenses royales augmentent, de sorte que les dépenses privées en particulier augmentent également et intensifient le coût en argent de la main-d'œuvre et d'autres objets de dépenses royales. Il devient donc nécessaire pour le gouvernement, s'il doit continuer ses dépenses à un taux élevé et croissant, d'augmenter les taux d'imposition et de prélever des droits de douane de plus en plus élevés.

De cette façon, le gouvernement est pris dans un cercle vicieux de crise financière. Ce qui explique que la carence d'argent suffisant entraîne un effondrement financier au sein de la dynastie — sa fondation d'argent serait compromise — qui ne serait plus en mesure de soutenir l'armée d'une manière satisfaisante. Par conséquent, sa désintégration, déjà en cours, serait accélérée.

1.7. La théorie de la « courbe en cloche »

« Trop d'impôts tue l'impôt ! ». Ce dicton populaire est le propre d'une économie libérale américaine. Arthur LAFFER s'insurge en ardent défenseur de la réduction des impôts lors d'un dîner organisé en décembre 1974 entre le journaliste WANNISKI, LAFFER (de l'Université de Chicago), Donald RUMSFELD (Directeur de cabinet du président Gerald Ford) et Dick CHENEY (adjoint de Rumsfeld et ancien condisciple de Laffer à Yale), dans un restaurant français de Washington. Arthur LAFFER aurait dessiné sur la nappe une courbe illustrant le « Trade-off » entre les taux d'imposition et les revenus fiscaux, ce que le journaliste appela la « courbe de Laffer » (une courbe « en cloche »), et l'expression a connu un grand succès dans les années 1980 et surtout 1986 lors des réductions d'impôts de l'administration Reagan.

Le but de cette courbe en cloche est de montrer l'existence d'un plafond des recettes fiscales. Au fur et à mesure que le taux marginal d'impôt augmente, les recettes fiscales augmentent jusqu'à leur maximum (le sommet de la cloche), car à partir de 100 %, il y a baisse de rendement de ces rentrées fiscales. Donc, plus on travaille et plus on paie des impôts, mais, parvenus à un taux, il y a un effet pervers qui se produit, n'incitant plus au travail, ne voulant plus travailler au service exclusif de l'État.

Autrement dit, à partir d'un certain taux d'imposition, la baisse du volume de production diminue la base d'imposition. On est en droit d'ajouter que la trop forte hausse du taux d'imposition suscite des comportements d'évasion, voire de fraudes fiscales, qui sont à l'origine de pertes fiscales pour l'État. Par conséquent, plus le taux d'impôt augmente, plus les rentrées fiscales sont importantes jusqu'à un certain taux. En effet, ensuite, les recettes baissent du fait que les agents économiques refusent de travailler, ou pratiquent la fraude fiscale pour éviter une taxation trop lourde. En poussant à l'extrême la démonstration de Laffer, une taxation à 100 %, par exemple, ferait que très certainement, personne ne voudrait travailler.

Cette théorie a donc été appliquée par l'administration Reagan dans les années 80 à 86, mais aucune vérification de la courbe de Laffer n'a été apportée, débouchant même sur les résultats plutôt controversés. Par exemple, il y a l'inévitable « effet-retard » d'une diminution des taux d'imposition, avant que l'on ne puisse constater que les caisses de l'État se remplissent de nouveau[1].

2. LITTÉRATURE EMPIRIQUE

- PFISTER (2009) démontre que la politique fiscale établit le cadre dans lequel s'effectuent les échanges et les investissements internationaux. Par conséquent, les pays africains ont un défi qui consiste à trouver l'équilibre optimal entre un système fiscal qui soit favorable aux entreprises ainsi qu'aux investissements, tout en dégageant suffisamment de recettes pour financer les investissements publics qui contribuent au développement local et à l'attractivité des économies. La

[1] Il peut s'écouler plusieurs mois pendant lesquels la situation peut être difficile à gérer.

fiscalité joue un rôle essentiel dans le programme d'action actuel pour le développement.

- BEV DAHLY (2008) argue que les investissements directs étrangers au Canada constituent un important vecteur de transfert technologique qui stimule la productivité et encourage la concurrence dans les marchés intérieurs. L'imposition des revenus générés par les entreprises détenues par l'étranger représente aussi une importante source de revenus pour le gouvernement canadien. D'où les politiques fiscales qui ont une influence sur le niveau et le financement des investissements directs étrangers au Canada doivent viser un juste équilibre entre, d'une part, la production de recettes nécessaires au financement des activités qui font du Canada un lieu de travail productif et un milieu de travail agréable.
- VITO TANZI et HOWELL ZEE (2010) : dans « Une politique fiscale pour les pays en développement » disent qu'en attendant une meilleure solution, l'impôt constitue le seul moyen pratique, pour les pouvoirs publics, d'obtenir les ressources dont ils ont besoin pour offrir les produits et services publics exigés par une majorité de pays en développement. Toutefois, la mise sur pied d'un système fiscal efficace et équitable n'est pas une mince affaire, notamment pour les pays en développement qui souhaitent réaliser leur intégration dans l'économie internationale.

Un système idéal devrait permettre à ces pays d'obtenir les recettes essentielles dont ils ont besoin sans devoir emprunter à l'excès, décourager l'activité économique ni s'écarter outre mesure des régimes fiscaux en vigueur dans d'autres pays. Plusieurs pays en développement font recours aux encouragements fiscaux qui sont une méthode répandue de promotion de l'investissement dans le monde, certains faits d'expérience donnent à conclure que son efficacité pour attirer des investissements supplémentaires, au-delà de ceux dont les pays auraient bénéficié de toute façon sans de tels encouragements, est souvent douteuse. La mise en place d'un régime fiscal efficace constitue, pour les pays en développement, un énorme défi.

Ce qui justifie que dans le pays en développement, la politique fiscale doit souvent faire des compromis qui l'empêchent de fonctionner dans des conditions optimales.

- Dans *Incidence de l'impôt sur l'investissement direct étranger*, OCDE (2008) soutient que la majorité des gouvernements cherchent à attirer l'investissement direct étranger. Celui-ci peut apporter plusieurs opportunités aux États notamment la technologie, il peut générer les nouveaux emplois, et promouvoir également la croissance économique et l'emploi qui, à leur tour, peuvent augmenter le revenu intérieur net qui est partagé par le secteur public par l'imposition des salaires et bénéfices des sociétés sous contrôle étranger et éventuellement par le biais d'autres impôts sur les entreprises.

- Dans *Fiscalité et l'environnement des entreprises comme déterminants des investissements directs étrangers dans les pays de l'OCDE*, Dana HAJKOVA *et al.* examinent l'impact de la fiscalité des entreprises sur l'encours de l'investissement bilatéral dans 28 pays investisseurs et leurs partenaires, en s'intéressant tout particulièrement aux pays de l'OCDE pendant les années 1990. Leur contribution se situe au niveau des analyses antérieures des données de panel sur le lien impôt/IDE de deux façons principales. Premièrement, ils établissent un lieu entre l'IDE bilatéral et de nouvelles estimations des coins fiscaux qui comportent de nombreux aspects pertinents sur la fiscalité spécifique à l'IDE.

Ces estimations se fondent sur les codes des impôts et donnent les taux effectifs d'impositions marginaux, effectifs d'imposition moyens appliqués à l'IDE pour chaque pays de l'OCDE. Deuxièmement, l'article prend en compte tout un ensemble de facteurs supplémentaires qui peuvent avoir un impact sur l'attrait exercé par un pays sur les investissements internationaux, le coût et la réglementation du travail et les mesures qui influencent sur l'intensité de la concurrence sur le marché intérieur.

Tous ces indicateurs fiscaux ou non, permettent de disposer de séries chronologiques, qui couvrent les changements intervenus durant la période étudiée. Il s'agit, semble-t-il, de la première analyse des questions de fiscalité et d'IDE qui porte sur un ensemble aussi grand de pays et de politiques sur dix années pendant lesquelles de nombreux changements ont été constatés tant en matière de fiscalité que dans d'autres domaines de l'action publique. L'importante variation au fil du temps et entre les paires de pays permet de mieux identifier les élasticités de l'IDE par rapport aux mécanismes des fiscalités des entreprises.

- Dans *Politique fiscale et attractivité des investissements directs étrangers en Afrique subsaharienne*, MARCEL SANGA PESSE (2018) soutient que la mondialisation croissante des économies et des sociétés pousse à prendre de plus en plus en compte de la fiscalité sur les flux internationaux de capitaux et de revenus issus du capital entre les pays. Ainsi, au lendemain des indépendances, les pays d'Afrique se sont véritablement investis dans les vastes chantiers de réformes économiques et sociales. L'auteur analyse le rapport entre la fiscalité et les IDE en données en panel, en ayant recours à deux méthodes dont la *décomposition Geweke* et la *méthode de correction d'erreur* en donnée de panel, en utilisant des variables telles que le produit intérieur brut par tête (PIBH), le capital humain, la population, qualité des institutions, la fiscalité.
- Dans *Fiscalité comme élément attractif aux investissements directs étrangers cas d'Algérie*, SAICHE et SBAIHI (2017) parlent de l'attractivité des IDE via un impact de la fiscalité. Ils avancent que les investissements directs étrangers sont l'un des enjeux, qui occupent

actuellement une importante place à cause des effets bénéfiques qu'ils engendrent à l'économie des pays d'accueil. D'où le choix de l'Algérie à cause de son besoin en bénéfice causé par les IDE, de son influence sur les investisseurs étrangers et sur les décisions des entreprises dans leur choix d'implantation qui porte sur les incitations fiscales.

- MUSASA YANDA (2013), dans « L'INSS et sa politique de gestion, de la sécurité sociale », fait une analyse critique et perspective afin de savoir le mécanisme par lequel l'INSS parvient à gérer la sécurité sociale afin de voir comment envisager les palliatifs à certaines contraintes qui s'insurgent contre les stratégies de gestion.
- VOLLET et ROUSSEL (2013), travaillant sur « les retraités : quel impact socio-économique sur les territoires ? », affirment que la retraite à Bourganeuf (Zone rurale en France) encourage le vieillissement de la population et favorise les activités tertiaires liées aux retraités pour leur survie. L'attachement à ces travaux étant de près de 40 %, ce qui montre que leur pension de retraite ne permet pas à ces 40 % des retraités de couvrir leurs dépenses de consommation. Vu ce grand nombre de retraités dans les activités tertiaires, les auteurs suggèrent aux administrateurs de cette zone d'exploiter aux mieux ce secteur (tertiaire) avec l'expérience des retraités pour développer Bourganeuf.
- Ibrahima DIAGABATE (2013), menant ses travaux sur *La problématique de la retraite en Côte d'Ivoire : analyse comparative des systèmes de retraite de la CGRAE (Caisse Générale de Retraite des Agents de l'État) et CNPS (Caisse Nationale de Prévoyance Sociale)*, cherche les causes qui expliquent les retards dans le payement de la pension de retraite. Ses investigations ont révélé que les retards dans le payement sont expliqués par le fait que les institutions de retraite (CGRAE et CNPS) sont victimes des dysfonctionnements tant au niveau organisationnel qu'économique. Du point de vue organisationnel, ses recherches ont accusé une rigidité et fragilité dans l'administration qui provoque ainsi certaines lenteurs dans l'administration. Quant au dysfonctionnement économique, il a été démontré que les acteurs sociaux retraités sont nombreux par rapport aux actifs cotisants. Ce qui entraîne un déficit dans leurs comptes financiers. Ce déficit étant chronique pour la CGRAE et conjoncturel pour la CNPS.
- DUPLEY ROUX, dans *Droit de la sécurité sociale dans la Grèce antique*, déclare que les artisans d'un même métier étaient organisés en société de secours mutuels qui, par des cotisations mensuelles, pouvaient venir en aide aux malades, aux infirmes, aux orphelins de la même profession.
- KALENGA KAMUSAU (2017), dans « Étude économétrique de l'impact des dépenses publiques et des prélèvements fiscaux sur l'activité économique en République démocratique du Congo », obtient

que les dépenses publiques influent modérément sur l'activité économique à court terme.

L'une des limites que connaît cette recherche, et le fait de ne pas indiquer l'agrégat de l'activité économique influencent les dépenses publiques.

- NTUMBA Hertince (2016), dans « Impact des dépenses publiques et des prélèvements fiscaux sur l'activité économique et le chômage en République démocratique du Congo », aborde dans le même sens que le précédent ; mais ajoute un autre agrégat qu'est le chômage et obtient un impact positif sur le secteur public et un impact négatif sur le secteur privé. L'effet est négatif sur l'activité économique totale, et conclut que l'impact négatif sur le secteur privé est plus important que celui sur le secteur public. Cependant, le chercheur s'est seulement basé sur deux secteurs économiques ; ce qui constitue une limite.

Pour pallier les limites de ces premiers chercheurs, Louis P. (2017), dans « Comparaison entre le multiplicateur fédéral et multiplicateur provincial (le Canada et le Québec) », avance l'hypothèse selon laquelle les multiplicateurs de dépenses au niveau fédéral sembleraient inférieurs par rapport à ceux au niveau provincial entre le Canada et le Québec. Cependant, le chercheur n'a pas donné le sens de ces multiplicateurs sur l'activité économique.

- BASSANINI et SCARPETTA (2016), dans « Exploration des données de vingt et un pays de l'OCDE sur la période 1971-1998 », à travers la méthode des moindres carrés pondérés, montrent que les dépenses d'investissement ont un impact positif sur la croissance et l'effet des dépenses de consommation sur l'activité est indéterminé par le revenu global. Par ailleurs, les ponctions (impôts) impactent négativement sur l'économie. Toutefois, les chercheurs n'ont pas montré l'impact qu'ont les dépenses de consommation sur l'activité économique.
- BLANCHARD et PERROTI (2017) dans « Spécification du modèle VAR sur les États-Unis de 1995 à 2015 », aboutissent à la conclusion selon laquelle un choc positif des dépenses publiques a un effet favorable sur l'activité économique. En revanche, un choc positif des impôts (hausse) a des effets négatifs sur la production. Par ailleurs, une hausse simultanée des dépenses publiques et des impôts affecte négativement et d'une manière significative l'investissement privé. Ces chercheurs n'ont pas indiqué la provenance du choc positif de dépense publique.

Eu égard à ce qui précède, ce travail se veut un cadre indicatif pour une analyse minutieuse de l'impact de dépenses publiques sur l'activité économique, tout en démontrant à l'aide des données chiffrées et des théories économiques l'effet que pourraient engendrer les dépenses publiques sur l'activité économique d'un pays, en l'occurrence la République démocratique du Congo.

- Ahmed MOUSMMI (2010) dans « L'analyse de la pauvreté en République démocratique du Congo », a montré l'ampleur de la pauvreté en RDC, où 70 % des ménages vivent sous le seuil national de pauvreté. Ce taux est parmi les plus élevés du continent. La répartition spatiale de ce phénomène montre que le milieu rural est plus affecté que le milieu urbain, avec un taux de pauvreté au-dessus de la barre de 90 %. La disparité entre le milieu urbain et le milieu rural est également perceptible à travers la distribution de la pauvreté selon les provinces. Ainsi, on distingue les provinces plus affectées par ces phénomènes que d'autres et dont l'écart entre elles dépasse, dans certains cas, 30 points de différence.
- KALONJI NTALAJA et KAZADI THAMBWE (2005), dans « L'analyse participative de la pauvreté en RDC », soulèvent la complexité de la réalité qui se révèle par le reflet des vues et analyses des populations de la RDC sur leurs problèmes. Ils concluent que pour les acteurs impliqués dans la stratégie pour la réduction de la pauvreté en RDC, le gouvernement, les communautés locales et leurs familles, les ONG, les organismes internationaux, ont non seulement une énorme opportunité mais également un grand risque.
- KODILA TEDIKA et IZU-MAKONGO (2017), dans « La croissance pro-pauvres en République démocratique du Congo », ont tenté de comprendre l'incidence de la croissance économique de la République démocratique du Congo sur l'évolution récente de la pauvreté. Les résultats obtenus ne semblent pas légitimer l'hypothèse de croissance pro-pauvres. Les élasticités totales de pauvreté présentent un signe positif et avec des coefficients faibles. En outre, les inégalités sont très importantes que les effets de la croissance sur le ratio de pauvreté.
- KASONGO MWANA BUTE (2015) dans « Évaluation de la pauvreté en RDC ». Ses résultats couvrant la période de 2005 à 2012, montrent que le taux de pauvreté en RDC a diminué de 5,3 points de pourcentage (quittant 69,3 % pour 64 %) alors que le nombre de pauvres a augmenté d'environ 7 millions (passant de 38 millions à 45 millions).

Parallèlement, la pauvreté alimentaire, la profondeur de la pauvreté (écart de pauvreté) ainsi que sa sévérité ont baissé respectivement de 6,8 % ; 4,3 % et 3 % sur la même période.

- LISELE SHUWA (2017), dans « Croissance économique et pauvreté en RD Congo : relation taux de croissance économique et indice de développement humain de 2001 à 2014 », a révélé que la croissance économique a une évolution positive faible durant la période sous étude. Autrement dit, dans son évolution dans le temps, la tendance générale de cet indicateur macroéconomique traduit des mouvements haussiers faibles.

La République démocratique du Congo est l'un des pays les plus riches de la planète en potentialités économiques, notamment sur le plan minier, agricole, énergétique, touristique, humain, culturel, etc.

En effet, son sol et son sous-sol regorgent des minerais les plus recherchés au monde, en l'occurrence : l'or, le diamant, le cuivre, le cobalt, le coltan, l'étain, etc.

Cependant, malgré ces immenses ressources, la République démocratique du Congo est l'un des pays les plus pauvres du monde (RDC, 2008). La population vit dans des conditions inhumaines. Plus de 71 % des Congolais vivent avec moins d'un dollar américain par personne par jour (PNUD, 2011). Les indicateurs sociaux affichent les niveaux tellement bas qu'il s'avère pratiquement impossible pour le pays d'atteindre un seul des objectifs du millénaire pour le développement (RDC, 2006).

Cette pauvreté se remarque également au niveau de la population au travers de certains indicateurs, notamment : une mortalité élevée des femmes et des enfants prenant sa source, une mauvaise nutrition, une morbidité élevée, un accès limité aux services sociaux à un environnement insalubre, un habitat inadéquat, etc.

Les systèmes d'éducation et de santé, de même que les autres secteurs, en l'occurrence l'eau, l'électricité et les infrastructures, contiennent structurellement des insuffisances qui ne permettent pas d'améliorer le bien-être de la population.

La situation de pauvreté est aggravée par les effets des événements multisectoriels dont la mauvaise gouvernance, les guerres, les crises politiques et économiques ; ce qui contraint encore aujourd'hui de nombreuses populations à vivre dans des conditions qui ne sont pas dignes d'un humain. Cet état des choses prouve à suffisance que la situation socio-économique de la majorité des populations congolaises demeure précaire et crée un environnement préjudiciable au processus de développement en général et de développement humain en particulier. C'est ainsi que notre but est d'analyser ce fait qui est au cœur de l'État-providence soit celle l'action sociale.

- GBEWOPO ATTILA (2016), dans sa thèse intitulée « Corruption ; fiscalité et croissance économique dans le pays en développement », démontre deux effets opposés, sous certaines conditions la corruption pouvait avoir des effets négatifs sur le développement économique. Le second effet de la corruption qui paraît être le plus important est son impact négatif exercé sur l'économie par le biais des impôts. Non seulement, elle tend à rendre sous optimal le taux d'imposition qui maximise le taux de croissance économique à long terme ; mais elle peut aussi créer des distorsions conduisant à des taux d'imposition excessifs nuisibles à l'économie.
- KISIMBA SHAMANYE (2016), dans son article intitulé « La politique de la bonne gouvernance comme base de développement intégral en RDC », préconise dans ses analyses que pour arriver au développement intégral, il faudra que le gouvernement et les acteurs politiques puissent

changer la façon de gérer le patrimoine public et faire appel à tout citoyen de participer à la gestion de ce dernier.

Au regard de sa réflexion, l'auteur souligne que le souci majeur est celui d'ancrer une éducation et une conscientisation par le concours des gouvernants et gouvernés.

Dans la poursuite de son raisonnement, l'auteur conclut que l'histoire humaine est une marche progressive vers une vie meilleure, c'est-à-dire que la RDC peut se revivre intégralement par le changement de mentalité, des structures politiques et socio-économiques.

- PATRICK N'GOUAN (2016), dans « Impact des variables budgétaires et de gouvernance sur le développement en Afrique subsaharienne, une approche transversale », souligne que les économies de l'Afrique indépendante ont été marquées par vingt ans d'interventionnisme étatique (1960-1980), dix ans de transition (1980-1990) et vingt ans de libération politique et économique (1990-2010). Les trois systèmes politiques et économiques ont permis à l'Afrique subsaharienne d'enregistrer quelques réalisations en matière de croissance économique. Mais, ces réalisations sont en deçà des ententes en matière de développement industriel et de développement humain.

Or, dans le cadre de l'économie institutionnelle, plusieurs travaux mettent en relation la gouvernance et le développement. L'étude a montré l'efficacité de la politique budgétaire en fonction de la qualité de la gouvernance.

Cette étude a montré que, sur la quarantaine de pays d'Afrique subsaharienne passés en revue sur la période 2005-2010, seuls sept pays ont une bonne gouvernance notamment : Cap-Vert, Ghana, Sénégal, Ouganda, Tanzanie auxquels il faut ajouter l'île Maurice et le Botswana. Une vingtaine de pays ont une moyenne gouvernance et une gouvernance insatisfaisante.

De manière générale, les corrélations sont faibles entre la valeur ajoutée industrielle ; le PIB par tête et l'indice de développement humain ; ce qui signifie que la croissance économique n'engendre ni l'industrialisation ni développement véritable. Elle ne procède pas non plus de l'industrialisation. Cela se traduit globalement par des liens incertains entre les variables budgétaires et de gouvernance (politique, administrative, économique et sociale d'une part, et ceux de croissance et du développement d'autre part).

Les effets multiplicateurs de l'investissement public sur le revenu sont neutralisés par l'impact négatif de la consommation publique.

Toutefois, cette tendance générale comporte quelques particularités selon les groupes de pays. La politique budgétaire est inefficace dans les pays à gouvernance insatisfaisante ou moyenne.

L'investissement public ne produit des effets multiplicateurs que dans les pays de bonne gouvernance. L'investissement public et la qualité de la bonne gouvernance ont des effets puissants sur les objectifs de croissance et le développement dans les pays de bonne gouvernance. Ainsi, on peut dire qu'en

Afrique subsaharienne, l'efficacité de la politique budgétaire est liée à la performance du pays en matière de gouvernance.

Quant à nous, dans notre ouvrage, nous voulons montrer l'importance de la bonne gouvernance dans la gestion des finances publiques en République démocratique du Congo. Dans le cadre de notre étude, nous voulons démontrer comment la bonne gestion de finances publiques peut diminuer le niveau des distorsions à travers la répartition du revenu. Enfin, notre objectif principal est de chercher à établir un équilibre entre la politique, l'économie et le social.

Deux questions méritent d'être posées :

- Quelles sont les causes majeures du déficit budgétaire en République démocratique du Congo ?
- Comment réduire ce déficit et atteindre un niveau de développement optimal ?

Ce sont ces deux questions qui nous permettront de répondre anticipativement dans les lignes qui suivent.

Au fait, les causes du déficit budgétaire seraient expliquées par une mauvaise gestion des finances publiques caractérisée par un excès des dépenses ; le dépassement de provision dans la réalisation ; l'intervention ponctuelle de l'État avec des dépenses non prévues ; l'exonération excessive accordée à certains opérateurs économiques, aux organisations non gouvernementales ; la multiplicité des barrières qui entraîne la perception illicite des impôts et taxes non canalisés dans le compte du trésor public ainsi que les taxations arbitraires.

Eu égard à la conception libérale classique, nous soutenons notre hypothèse selon laquelle le déficit budgétaire de la République démocratique du Congo serait expliqué par une mauvaise gestion des finances publiques, obstacle au développement de notre pays.

La rationalité dans la gestion des finances publiques serait un moyen ou un mécanisme qui permettra de réduire le déficit budgétaire dans notre pays qui parfois ne permettait pas d'assurer les fonctions de l'État qui sont multiples, notamment garantir une meilleure vie à sa population, réparties comme suit :

- les fonctions d'allocation ;
- les fonctions de stabilité ;
- les fonctions de redistribution ;
- etc.

Cependant, l'excès des dépenses constitue un frein économique. En outre, l'une des lois économiques nous dit qu'il est impossible de consommer au-delà de son budget, d'où nous suggérons aux dirigeants l'application d'une gestion rationnelle des recettes et une bonne répartition (allocation de revenus).

Dans cette étude, nous voulons montrer comment il est important de recourir à la notion d'équilibre dans la répartition des revenus publics afin d'assurer le bien-être social.

Ce principe énonce la règle selon laquelle, lorsque le budget comprend d'une part les dépenses et d'autre part les recettes, il s'ensuit normalement une règle dont les recettes doivent couvrir les dépenses ; c'est-à-dire, l'égalité ou la quasi-égalité entre les recettes et les dépenses. Pour contourner quelques obstacles que comporte le déficit budgétaire notamment la banqueroute et l'inflation en cas d'excédent des recettes sur les dépenses budgétaires, il faudra affecter le surplus budgétaire au financement des dépenses en capital en vue de stimuler la production afin d'éviter un frein à l'expansion de l'économie.

En définitive, l'expansion de l'économie sera aussi une voie qui pourra permettre de relever le PIB par l'entremise de la croissance économique qui par la suite a un effet positif sur le revenu national.

En conclusion, un bon budget est celui qui se rapproche de l'équilibre ; c'est-à-dire qui côtoie le déficit sans y tomber (quasi-équilibre).

Toute recherche scientifique doit en principe aboutir à modéliser ce qu'elle a pris comme objet d'étude. C'est-à-dire, construire un langage pour parler de la réalité que l'on ne connaît pas (MBAYO, 2014).

Tableau n° 1 : Le modèle théorique de notre première hypothèse fait intervenir les variables suivantes

Variable explicative	Variable expliquée
Le budget de la RDC – Mauvaise gestion des finances publiques. – Excès des dépenses. – Intervention ponctuelle de l'État avec des dépenses non prévues. – Exonération excessive accordée aux irrégularités. – Multiplicité des barrières. – Perception illicite. – Taxation arbitraire.	Déficit budgétaire

Source : *Principe de méthodologie*, Dunod, Paris, 2000.

Différents mobiles nous ont animés dans le choix de cette thématique. En effet, cette analyse se veut explicative par le fait qu'elle cherche à établir un lien entre la fiscalité et la croissance économique ; étant donné que la mauvaise gouvernance dans les affaires publiques paralyse les mécanismes du fonctionnement de l'économie nationale. Ainsi, elle se veut descriptive du fait qu'elle décrit la manière dont la gestion des affaires publiques se réalise en République démocratique du Congo.

Nonobstant, chaque nation aura besoin des moyens financiers pour faire face aux différentes charges publiques afin d'orienter l'économie dans un sens souhaitable.

La croissance économique, l'un des objectifs principaux de toutes les économies du monde, est présentée dans les travaux de Nicolas KALDOR (1971), le carré magique. Il s'agit d'une représentation graphique qui visualise la question de stimuler le développement de la production et du revenu national considéré comme le garant d'une amélioration du bien-être des individus.

En outre, pour répondre aux différentes charges, l'État doit mobiliser davantage de ressources fiscales (impôts et taxes) qui sont la source substantielle de son financement.

Quant à l'intérêt de notre thème, signalons qu'il s'articule aux niveaux suivants :

S'en étant investi, nous avons pu découvrir l'impact de la bonne gouvernance sur la croissance ; nous avons vu comment la bonne gouvernance relative à la fiscalité peut concourir à un développement économique.

2.1. Du point de vue social

Cette étude porte un intérêt qui est celui de démontrer l'importance de la fiscalité de par la bonne gouvernance conduisant à l'amélioration du bien-être des individus. Elle veut montrer le bien-fondé de la fiscalité et à partir duquel les contribuables peuvent manifester une obéissance spontanée au paiement de celui-ci.

2.2. Du point de vue personnel

Le but que porte ce sujet est de nous permettre de comprendre et d'expliquer à travers les réalités démontrées, l'impact de la fiscalité dans l'économie de la République démocratique du Congo, donner une piste de solutions afin d'améliorer les conjonctures économiques dans un sens souhaitable, étant donné que la société attend de l'autorité économique un résultat positif.

2.3. Du point de vue scientifique

Ce sujet va susciter l'attention à toute personne qui consacrera un peu de temps pour lire cet ouvrage, de comprendre que la fiscalité permet à l'État d'avoir les ressources pour bien mener le bien-être social.

En outre, celui-ci a des retombés positifs qui visent notamment à assurer à la population la sécurité, la protection ainsi qu'assurer le fonctionnement des institutions de l'État et à coordonner ces relations avec d'autres États. Cette étude est axée sur la fonction permettant d'apporter un élément à l'organisation et l'action de l'ensemble dont il fait partie.

Ainsi, la méthode fonctionnelle étant une théorie qui considère le système social dans sa totalité intégrée et harmonieuse qui tend à se perpétuer comme tel ; chaque élément de l'ensemble contribue au maintien de cette harmonie et les changements éventuels qui s'y produiraient ne peuvent être d'origine extérieure. En effet, cette méthode nous a permis de comprendre le rôle de la bonne gouvernance. Il s'agit de l'impact de la bonne gouvernance sur la gestion des finances publiques.

Cependant, la méthode systémique nous a été utile pour expliquer l'interdépendance entre la fiscalité, bonne gouvernance et la croissance économique. Il est question d'établir ou de dégager le rapport entre les variables que nous avons exploitées dans notre travail tout en sachant la variable qui détermine les autres variables.

La méthode analytique nous a servi de faire une analyse sur l'évolution de la fiscalité et apprécier l'intervention de l'État dans la vie socio-économique. En effet, nous avons observé une mauvaise gestion des finances publiques qui ne permet pas à l'État de couvrir ses charges ; car nous estimons que toutes les recettes collectées par les services publics ne sont pas canalisées vers le trésor public. C'est ainsi que nous observons un fait récurrent qui est l'inflation d'origine fiscale qui ronge souvent l'économie de notre pays.

Toute rédaction scientifique exige au chercheur à se limiter dans le temps et dans l'espace, lui permettant de mieux arriver à bon port, car les faits à analyser font l'objet des variations en fonction du temps et de l'espace.

Hormis l'introduction générale et la conclusion générale sans omettre la bibliographie, ce présent ouvrage regorge six chapitres, à savoir :

- Le chapitre premier porte sur « les approches théoriques et considérations générales ».
- Le chapitre deuxième est intitulé « De l'État-gendarme à l'État moderne » : pour une application d'État congolais.
- Le chapitre troisième, quant à lui, s'intitule « La politique fiscale face aux investissements directs étrangers en République démocratique du Congo ».
- Le chapitre quatrième se focalise sur « la problématique du financement de la sécurité sociale en République démocratique du Congo ».
- Le chapitre cinquième est centré sur « les dépenses publiques et croissance économique en République démocratique du Congo ».
- Le chapitre sixième est relatif aux « fiscalité, bonne gouvernance et croissance économique en République démocratique du Congo : analyse et perspectives ».

CHAPITRE PREMIER

Approches théoriques et considérations générales

INTRODUCTION PARTIELLE

L'intervention publique sur l'activité économique résulte en grande partie, et depuis très longtemps, de la politique fiscale. Celle-ci permet la fixation du taux et de l'assiette des impôts.

La politique fiscale est un élément très important dans le financement de l'économie d'un pays mais aussi pour l'attraction de l'investissement étranger. Elle est aussi un instrument à la disposition des gouvernements, son objectif est l'attractivité des facteurs de production (les investisseurs) favorisant l'élargissement de l'assiette fiscale et l'amélioration de l'environnement économique d'un pays.

1. DÉFINITION DES CONCEPTS DE BASE

1.1. La politique fiscale

1.1.1. Fiscalité

Selon Jean Bosco NSUAMI (2017), la fiscalité vient de l'adjectif « fiscal » qui dérive du latin « ficus » signifiant *corbeille.*

La fiscalité est un domaine qui règle les impôts, les droits des taxes diverses et les règles qui les régissent. Elle se compose de la *fiscalité de porte*, régie par le code des douanes ; et la *fiscalité intérieure*, régie par le code des impôts.

La fiscalité renseigne à la fois le système de perception des impôts et l'ensemble des lois qui régissent les procédés de perception. Le concept évoque aussi l'ensemble des impôts qui sont en vigueur dans un pays à une époque déterminée.

La fiscalité est un révélateur du pouvoir, car elle permet d'observer les rapports multiples entre la dynamique des structures économiques et les hommes d'affaires. Elle est un observatoire privilégié pour mieux comprendre l'évolution des rapports entre l'État et la société. Toutefois, il est nécessaire de retenir que la fiscalité est un terme générique regroupant l'impôt, son rôle, ses caractéristiques et ses principes.

Généralement, le système fiscal fonctionne avec deux types de fiscalité dans lesquels le système fiscal de la République démocratique du Congo ne fait pas l'exception. Il s'agit de : la fiscalité directe et indirecte.

1.1.2. La fiscalité directe

S'agissant de la fiscalité directe, elle est composée des impôts réels et impôts sur les revenus dont voici la teneur :

1.1.2.1. Le système fiscal

Le système fiscal est un ensemble des lois, règlements, instructions et usages administratifs qui fixent la composition et l'organisation du prélèvement en fonction des objectifs et de l'activité financière de l'État, seul le législateur dispose du pouvoir d'instituer un impôt, d'en établir le dispositif et d'en autoriser la perfection.

En d'autres termes, le système fiscal est l'ensemble des impôts appliqués à un moment déterminé. On voit un certain nombre d'impôts perçus à un moment donné à un État déterminé. Pour DU VERGER (2014), les systèmes fiscaux sont des constellations dont les impôts sont des étoiles.

1.1.2.2. Les recettes fiscales

Les recettes fiscales désignent les recettes provenant des impôts sur le revenu et les bénéfices, des cotisations de sécurité sociale, des prélèvements sur les salaires, des impôts sur le patrimoine et des droits de mutation, ainsi que d'autres impôts et taxes. Les recettes fiscales totales en pourcentage du PIB indiquent la part de la production d'un pays qui est prélevée par l'État sous forme d'impôts. Elles peuvent donc être considérées comme un indicateur du contrôle exercé par l'État sur les ressources produites par l'économie.

1.1.2.3. Les exemptions fiscales

Une exemption permet à une personne, association ou fondation de ne pas être taxée sur une certaine somme et sous certaines conditions. Exempter une catégorie de personnes d'un impôt est un instrument politique puissant. Les objectifs peuvent être :

- Favoriser un groupe de personnes en échange d'un service particulier rendu à l'État ;
- Favoriser une activité économique, dans l'idée d'en retirer des profits futurs ou pour combler des problèmes liés à une situation particulière.

1.1.2.4. Les exonérations fiscales

Une exonération fiscale est une dispense de payer des impôts, des taxes accordée par la loi dans des situations spécifiques durant une certaine période déterminée.

L'exonération est une notion fiscale qui peut prendre différentes formes telles que la dispense de payer la taxe d'habitation, revenus affranchis de l'impôt. Les contribuables qui bénéficient d'un abattement de taxe ont le droit de ne pas payer la charge fiscale.

1.1.2.5. L'impôt

L'impôt est considéré comme un prélèvement, en général pécuniaire, effectué d'autorité, à titre définitif et sans contrepartie immédiate afin de couvrir les charges publiques et plus accessoirement de servir d'instrument d'intervention économique et sociale[2].

C'est ainsi que pour permettre aux habitants d'un pays, comme la République démocratique du Congo, de remplir adéquatement leur obligation civique de contribuer aux charges publiques (BARILA et DRAPE R., *op. cit.*, 100), le législateur a institué l'impôt qui est considéré comme le procédé de répartition des charges budgétaires entre les individus en fonction de leurs facultés contributives[3].

Rôle de l'impôt

D'entrée de jeu, signalons quel impôt joue un rôle très important qui permet à l'État de découvrir les dépenses d'intérêt général par le prélèvement obligatoire sur les biens ou sur le revenu des personnes physiques et morales. Notons que le rôle de l'impôt est à la fois financier, économique et social.

Sortes d'impôts :

Plusieurs critères peuvent être retenus pour catégoriser les impôts. On distingue généralement :

- ***Impôt direct et indirect*** : l'impôt direct dont la charge demeure définitivement supportée par celui qui en est assujetti, c'est-à-dire le contribuable, tandis que l'impôt indirect, par contre, est celui dont la charge est répercutée sur autrui, le contribuable réel.
- ***Impôt général (ou universel) et impôt spécial (ou particulier)*** : l'impôt général (ou universel) tend à atteindre une situation dans son ensemble, par contre, l'impôt sur les revenus est universel, car il tend à frapper tout ce qui est revenu.

[2] Article 174 de la Constitution de la République démocratique du Congo, in *Journal officiel de la RDC*, Numéro spécial, du 18 février 2006, Kinshasa, 2006.

[3] KITOPI KIMPINDE Adalbert, *Droit fiscal*, Presse universitaire de Lubumbashi, 2018, page 8.

- ***L'impôt spécial*** (ou particulier) est plutôt sélectif et frappe la circulation ou la consommation. Ex. : l'impôt sur le chiffre d'affaires à l'intérieur et le droit de consommation.
- ***L'impôt sur les revenus, impôt sur la dépense et impôt sur la forme*** : l'impôt sur les revenus est une ponction, un prélèvement sur une catégorie particulière de richesse des individus. Ex. : impôt sur les revenus locatifs, sur les revenus mobiliers ou sur les revenus professionnels.
- ***L'impôt sur la dépense*** frappe les opérations d'achat ou de vente de certains biens et services, ainsi que la taxe sur la valeur ajoutée, les droits de consommation, les droits de douane.
- ***L'impôt sur la fortune (impôt de solidarité sur la fortune)*** : c'est un impôt sur le patrimoine des personnes physiques. Cet impôt n'existe pas en République démocratique du Congo. Mais il existe bien en droit étranger comme en Allemagne, Belgique et en France.
- ***L'impôt spécifique et impôt ad valorem*** : l'impôt spécifique est établi, non en fonction de la matière imposable, mais en fonction de la qualité de celle-ci. Il est exprimé en unités monétaires par quantité de matière imposable, à l'inverse, le taux des droits de consommation sur la bière de production locale est fixé en autant de francs congolais par hectolitre. L'impôt ad valorem frappe le produit taxable exprimé en pourcentage de la valeur de la matière imposable (TVA).
- ***Les impôts réels*** : on appelle impôts réels, tout impôt qui s'implique aux motocyclistes, véhicules automobiles, bateaux, embarcation à propulsion mécanique, baleinières, barges et autres embarcations (remorques). Il est dû par des personnes physiques ou morales propriétaires d'un ou plusieurs véhicules. L'impôt sur les véhicules est payable annuellement. Il est à noter que l'impôt sur les véhicules est fonction de : (i) la puissance du véhicule, (ii) la qualité de la personne qui possède le véhicule, (iii) la destination (l'usage) faite au véhicule (les ambulances, dépanneuses et machines-outils sont généralement exonérées de l'impôt). Le redevable de l'impôt sur le véhicule souscrit une déclaration par véhicule préalablement à sa mise en usage en contrepartie de quoi il lui est délivré un certificat d'immatriculation. Les impôts réels comprennent aussi l'impôt sur la superficie des concessions minières et hydrocarbures. Il s'agit ici, tout détenteur d'une concession pétrolière ou d'un titre minier, soit d'exploitation, d'exploration doit payer l'impôt sur la surface des concessions minières et hydrocarbures. Par ailleurs, ce paiement fait l'objet d'une déclaration spécifique, effectuée au plus tard le 1er février, pour les concessions détenues au 1er janvier (ce délai concerne la RDC).
- ***L'impôt foncier*** qui frappe la jouissance d'un bien mobilier ou propriété, c'est donc un impôt sur la propriété immobilière qui ne doit

pas être confondu avec l'impôt sur le revenu locatif qui est assis sur les revenus immobiliers.

- ***L'impôt sur le revenu*** : en ce qui concerne l'impôt sur les revenus, il existe seulement l'impôt sur le bénéfice et le profit (IBP en sigle) ou l'impôt sur les sociétés. L'IBP s'applique aux bénéfices nets de toute entreprise industrielle, commerciale, artisanale, agricole ou immobilière dans l'activité professionnelle et exercée en République démocratique du Congo. Les sociétés étrangères qui exercent les activités en République démocratique du Congo sont imposables sur les bénéfices réalisés par leurs établissements permanents qui y sont situés. L'assiette de l'IBP est déterminée en fonction des bénéfices de l'exercice, soit sur les revenus, déduction faite des dépenses professionnelles faites en vue d'acquérir et de concevoir ces revenus. Toutefois, l'IBP ne peut être inférieur à 1/1000 du chiffre d'affaires déclaré de l'exercice avec un minimum de 2 500 USD. Le taux de l'IBP est des 40 % mais avec l'adhésion à l'OHADA, ces taux passent de 40 % à 35 %. Les entreprises dont le résultat est déficitaire paient l'impôt minimum forfaitaire. Le montant de cet impôt est en pourcentage (%) de son chiffre d'affaires, mais il faut savoir que le montant de cet impôt ne peut en aucun cas être inférieur à 750 000 CDF pour les moyennes entreprises et à 250 000 CDF pour les grandes entreprises. La déclaration des revenus de l'exercice doit être déposée au plus tard le 31 mars de l'année qui suit celle de la réalisation des revenus et cette déclaration est signée par le redevable et contresignée par son comptable aux conseillers.

1.1.3. La fiscalité indirecte

Les impôts indirects qui sont applicables en République démocratique du Congo sont les suivants :

- La taxe sur la valeur ajoutée (TVA),
- Les droits de douane et accise,
- Les droits de consommation sont assis.

1.1.3.1. La TVA

La TVA est un impôt indirect sur la consommation. C'est une taxe unique assise sur le chiffre d'affaires, donc sur les transactions des biens et services et s'appliquant généralement à tous les stades de la production et de la commercialisation.

À l'inverse de l'impôt sur le chiffre d'affaires (ICA), elle présente beaucoup d'inconvénients, notamment la participation en cascade et son impact sur l'augmentation des prix aux consommateurs, etc.

La TVA est conçue pour ne toucher que le consommateur final (et non chaque entreprise en tant que consommateur intermédiaire).

Elle s'applique aux activités économiques à titre onéreux et exercées de manière indépendante.

1.1.3.2. Les droits de douane et accise

Le droit de douane désigne un impôt sur des marchandises importées. Cet impôt s'applique lors du passage des marchandises à la frontière. Ce droit de douane peut être forfaitaire ou équivalent à un pourcentage du prix de la marchandise. Dans le dernier cas, on parle alors des droits de douane *ad valorem*.

Ce droit de douane a été instauré dans l'objectif de favoriser la consommation des produits nationaux. En taxant les produits importés, un État augmente en effet le prix des marchandises étrangères et incite les consommateurs à acheter localement.

Autrement dit, le droit des douanes peut se définir comme une charge pécuniaire, si minime soit-elle, qui frappe une marchandise du fait qu'elle traverse une frontière. De cette définition, il ressort que le droit des douanes ne peut être revendiqué qu'à l'occasion du passage de la marchandise d'un pays à un autre.

Le tarif douanier appliqué par un pays peut être soit autonome, s'il est fixé librement ; soit conventionnellement, s'il fait l'objet d'une négociation ou d'un accord commercial outre plusieurs pays ayant pris part à des négociations.

Ce sont des droits insérés dans la fiscalité indirecte et sont perçus aux frontières sur les marchandises qui entrent ou sortent du territoire national, et qui protègent l'économie nationale contre la concurrence étrangère.

– Fonction financière

La couverture des charges publiques est la raison essentielle de l'impôt. L'impôt est le seul procédé permettant de couvrir les dépenses des services publics qui ne peuvent être vendus : Défense nationale, administration générale.

Il est, en outre, le procédé permettant de faire fonctionner les services publics qui pourraient être vendus, sans que personne ne soit privé de ces services pour les raisons d'argent.

– Fonctions économiques

La fonction économique de l'impôt permet à l'État d'intervenir efficacement dans la vie économique de la nation.

En effet, l'interventionnisme de l'État en matière économique et sociale est devenu manifeste avec l'apparition des nouvelles fonctions lui reconnut.

Pour jouer ce nouveau rôle qui peut l'inscrire soit dans le cadre d'une politique à moyen et long terme (planification, investissement), soit dans le cadre des mesures conjoncturelles ou ponctuelles, l'État moderne utilise souvent l'impôt à des fins protectionnistes, d'incitation ou encore des dissuasions.

L'action de l'État porte alors à la fois sur les structures économiques et sur la conjoncture. Ainsi, par les impôts, ils peuvent protéger un ou plusieurs secteurs économiques menacés par la concurrence étrangère (protection).

En accordant des exonérations fiscales ou des allégements fiscaux (abattement d'impôts, réduction ou application des taux réduits, etc.), l'État cherche notamment à promouvoir l'épargne ou l'investissement (incitation). Enfin, l'accroissement du taux d'impôt peut être utilisé comme moyen pour financer l'expansion trop rapide d'un ou de plusieurs secteurs économiques ou pour certaines fins très rechargées mais non indispensables.

En résumé, le mandement habile et réfléchi de l'impôt (augmentation ou diminution de son taux), sa suppression ou encore en faisant jouer un rôle discriminatoire à l'impôt, l'État peut agir en utilisant sur la conjoncture ou sur la structure économique notamment encourager les revenus, décourager certains autres secteurs pour freiner leur expansion trop rapide et préjudiciable à l'économie générale du pays.

– La fonction sociale

Dans sa fonction sociale, l'économie apparaît comme un instrument de politique social et d'équité entre les citoyens.

Cela se traduit par le fait que l'économie est l'expression de solidarité nationale. Il est quelque chose de plus en plus qu'un simple échange économique entre l'État (qui rend des services) et les contribuables (qui les paient), c'est le lien social même entre les membres de la communauté, c'est l'attribut des citoyens assez égaux, c'est son apport, c'est ce qui constate son droit de participation à la cité.

Considéré sous cet angle, l'impôt se voit attribuer par ménage. Trois rôles d'importance, à savoir le rôle distributeur des richesses et des revenus nationaux, le rôle de la satisfaction de l'intérêt général et le rôle humanitaire.

Par ailleurs, du point de vue de ses manifestations au plan social, l'impôt prend en considération l'âge, la profession et surtout les considérations et genres des vies des personnes qui lui sont assujetties. C'est le rôle qui apparaît le plus souvent en matière d'impôt professionnel où il est tenu compte des majorations, des réductions et déduction selon que les contribuables sont célibataires ou que l'on a affaire à un couple sans ou avec enfants et autres personnes à charge.

Quoi qu'il en soit, un principe fondamental gouverne la fonction sociale de l'impôt, à savoir celui imposant sur notion de la justice sociale ou fiscale, un principe universel admis et lequel veut que tous les citoyens membres d'une communauté donnée (nationale, provinciale ou locale) c'est acquis de leur devoir de contribuer aux charges publiques en fonction de leurs capacités contributives.

C'est à ce titre que se justifie le rôle nataliste conféré aussi à l'impôt ; car, dans le cadre d'une politique démographique, les pouvoirs publics peuvent encourager la procréation des jeunes couples dans les régions à faible taux de natalité (ou à faible densité) en leur accordant de gros avantages sur le plan fiscal.

Dans le pays à taux élevé de natalité comme la République de Chine, les pouvoirs publics imposant aux ménages la limitation des naissances (un enfant) à charge de l'État avec exonération fiscale sont attachés. Les enfants à naître, allant au-delà de cette limitation, sont à charge exclusive du géniteur avec des pénalités fiscales ou des accroissements fiscaux y afférents. En d'autres termes, nous pouvons dire que la fonction sociale de l'impôt touche la redistribution des ressources ou des richesses.

En résumé, nous pouvons conclure avec J.-M. ALBERTINI que « dans les temps modernes, l'impôt n'a pas seulement pour but de procurer des ressources au trésor ».

Il est souvent utilisé pour obtenir certains effets économiques et sociaux et regardé comme souhaitable. Parfois, le but de l'impôt et moins de remplir les caisses du trésor public qui est de réduire les distorsions sociales, afin de limiter leurs dépenses.

1.1.3.3. La taxe

Pour définir la notion de taxe, il faut retenir trois acceptions différentes : dans un premier sens, la taxe est synonyme de l'impôt, c'est le cas de la TVA. Dans la deuxième acception, la taxe est le prix payé par l'usager d'un service public non industriel, en contrepartie des avantages retirés de ces derniers ; et enfin, selon la troisième acception, la taxe administrative est une rémunération en faveur d'une personne morale publique pour un service rendu par elle. Cette dernière notion correspond à la parafiscalité.

1.1.3.4. Les finances publiques

Raymond MUZELEC (2018) dit qu'« on peut se tenir au programme de divers concours administratifs : les finances publiques c'est plaisant alors comme une étude des aspects juridiques, politiques et économiques de l'État et des collectivités locales ».

Ahmed SILEM et Jean-Marie ALBERTINI (2019) définissent les finances publiques comme « un ensemble des recettes, des dépenses de l'État. C'est une discipline à la fois juridique et économique ayant pour objet l'analyse de recette et des dépenses publiques ».

1.1.3.5. Recettes publiques

On appelle recettes publiques, l'ensemble de toutes les ressources collectées par le trésor public. Ce sont les montants qui permettent de financer les multiples travaux de l'État effectués dans le but de l'intérêt général. Ces ressources sont constituées des ressources financières fiscales et non fiscales.

Autrement dit, les ressources publiques englobent tous les moyens pour lesquels l'État perçoit de l'argent pour couvrir les dépenses publiques.

Ces moyens sont principalement, l'impôt ou la fiscalité et l'emprunt des cas échéants ; accessoirement, les revenus du domaine public et du portefeuille, les taxes administratives et parafiscales, les ressources des caisses ou des trésoreries (bon des trésors et procédés monétaires).

Ces revenus de l'impôt et des taxes constituent les ressources propres de l'État, tandis que les revenus d'emprunt sont en principe, remboursables avec intérêt. Pour bien saisir la portée de l'expression « Finances publiques », il serait mieux de définir chaque terme séparément et ensuite donner les définitions de l'expression dans son ensemble. Le terme « finance », comme le souligne MWALABA KASANGANA (2006) « a toute une histoire et en revêt un sens ambivalent : au sens ancien, finance dérive du verbe "finer" qui signifie payé. Finance a aussi pour synonyme paiement et désignait ressource pécuniaire. Au sens moderne, la signification dépend de l'utilisation du mot et varie selon que l'article est au singulier ou au pluriel. Ainsi, finance (au singulier) désigne "l'ensemble des professions qui ont pour objet l'argent et ses modes de représentation notamment les valeurs mobilières".

C'est aussi la science de la gestion des patrimoines individuels, d'entreprise ou des deniers publics". Au pluriel, le terme "finances" désigne "les deniers publics ; ensemble des charges et des ressources de l'État ou d'une collectivité territoriale ; ensemble des activités qui ont trait à leur gestion". Le mot "publique" quant à lui renvoie à ce qui concerne le peuple pris dans son ensemble ; qui appartient à la collectivité sociale, politique et émane de la théorie communiste ; qui appartient à l'État ou à une personne administrative » (Encyclopédie économique, 2012).

Ainsi, en conciliant les deux termes « finances » et « publiques » sous l'expression « Finances publiques », nous pouvons dire qu'elles désignent l'ensemble des recettes et des dépenses publiques ; c'est-à-dire recettes publiques et dépenses publiques pouvant être mobilisées et engagées, soit par les collectivités publiques, soit par l'État lui-même.

Pour Ahmed SILEM et Jean-Marie ALBERTIN (2006), « les Finances publiques » sont : un ensemble des recettes et dépenses de l'État et des collectivités publiques (régions, communes, etc.). C'est une discipline à la fois juridique et économique ayant pour objet l'analyse des recettes et des dépenses publiques.

Maurice DUVERGER (2018) (cité par Mathalis Nathalie ? MBUMBA NZUZI, 2006 : 4), donne une définition classique des Finances publiques. Il considère les Finances publiques comme la science des moyens par lesquels l'État se procure et utilise les ressources nécessaires à la couverture des dépenses publiques, par la répartition entre les individus des charges qui en résultent.

Pour DUVERGER (2018), la première transformation de la notion des Finances publiques a consisté à dissocier les moyens des buts : au fur et à mesure de la substitution de l'interventionnisme au libéralisme, on s'est aperçu en effet que les techniques financières constituaient pour l'État des procédés très efficaces d'intervention dans le domaine économique et social notamment, en dehors de toute idée de couverture des dépenses publiques. Par conséquent, ont donc abouti à un élargissement notable du domaine de la science des Finances tel que le définissait la notion classique. La définition des Finances publiques est devenue beaucoup moins précise ; on pourrait dire qu'elle est dans la conception moderne : « la science qui étudie l'activité de l'État en tant qu'il emploie des techniques particulières dites techniques financières pour la couverture de ses dépenses, taxes, impôts, emprunts, procédés monétaires, budgétaires, etc. ».

Pour MWALABA KASANGANA (2006), « les Finances publiques sont une discipline scientifique dont l'objet est l'évaluation des prélèvements sur la richesse du pays et des dépenses publiques, mesurables en unités monétaires. Ses méthodes sont puisées dans les sciences connexes que sont le droit, la science politique, la sociologie, l'économie, la comptabilité, la statistique, etc. »

Il convient toutefois de noter que vu l'intérêt que suscitent les Finances publiques, il y a autant de définitions sur l'expression qu'il y a des auteurs qui abordent ce domaine ; mais tous gravitent autour des définitions se rapportant aux deux conceptions des Finances publiques et beaucoup plus sur la définition de la conception moderne qui corrige les failles de la définition classique et élargit par la même occasion l'objet de la science des Finances publiques.

Nous pensons que les Finances publiques sont une science pluridisciplinaire et autonome dont l'objet est l'étude, l'appréciation et l'évaluation quantitatives des obligations fiscales sur les revenus et biens économiques dont disposent et/ou utilisent les citoyens d'un pays exprimées en unités monétaires d'après des critères rationnels et objectifs, et des charges de l'État ainsi que celles de ses collectivités.

1.2. Conditions socio-économiques

Les conditions socio-économiques sont les conditions qui expriment la situation économique des ménages. Pour appréhender ces conditions, on se réfère à plusieurs éléments que les ménages possèdent pour saisir les conditions dans lesquelles vivent ces ménages. Il peut s'agir de se rendre compte non seulement de la qualité de matériaux avec lesquels l'habitat est construit mais aussi et surtout des biens d'équipement et d'autres biens possédés par le ménage. C'est dans ce même ordre d'idées que le professeur TSHIUNZA MBIYE (2008) montre que c'est à partir de ces éléments que l'on peut mesurer le niveau de vie des ménages.

1.3. Les dépenses publiques

La dépense publique est une dépense effectuée par l'autorité publique dans l'intérêt public. Ainsi, pour reconnaître qu'une dépense est publique, les critiques sont de deux ordres : la qualité juridique de l'auteur de cette dépense ; c'est-à-dire le fait qu'il est un organe ou une institution publique (l'État, les collectivités locales...) d'une part, et d'autre part l'intérêt public par opposition à l'intérêt privé.

La définition juridique de la dépense publique n'est pas en elle-même suffisante. Elle s'apparente à la conception classique des finances publiques, qui considère simplement l'État comme une personne morale. Cette personne étant juridique qui, parce que fictive, ne peut pas dépenser en réalité, il faut plutôt envisager les autorités publiques comme des êtres en chair et en os à travers les individus fonctionnaires qui sont investis de la puissance publique de l'État et qui exercent le pouvoir sur les citoyens et interviennent de ce fait dans leurs activités sociales et économiques. D'où la définition « socio-économique » de la dépense publique liée à la notion de l'État-providence des finances publiques modernes apprécie mieux le rôle de l'État dans la vie sociale et économique en tant qu'agent économique. Ainsi, la dépense publique est une dépense faite par l'État et les collectivités publiques dans l'exercice de leurs pouvoirs de commandement.

En revanche, les dépenses des autorités publiques, qui ne sont pas revêtues du pouvoir de commandement, sont des dépenses privées. Par contre, les dépenses des collectivités publiques ne sont pas toutes les dépenses publiques mais seulement une catégorie d'entre elles (dépenses relatives à la sécurité sociale). Cependant, il est à noter que les organismes privés, dotés de la puissance publique, peuvent engager les dépenses publiques : conditions sociales des travailleurs perçues par les sociétés privées.

Pour intervenir dans la vie économique du pays, l'État dispose des techniques et opérations financières adéquates, à savoir les dépenses publiques. Au sens strict, les dépenses publiques ou dépenses budgétaires « sont des dépenses de l'État inscrites dans le budget de l'État » (SILEM et ALBERTINI, 2004). Au sens large, le traité de Maastricht et le pacte de croissance et de stabilité les définissent comme étant « l'ensemble des dépenses des administrations publiques (État, collectivités locales, organismes de sécurité sociale) » (CAPUL et GARNIER, 2008 : 27).

Les dépenses publiques, ou charges budgétaires ou encore les dépenses de l'État « constituent un des moyens à travers lequel l'État intervient de façon financière dans la vie économique du pays » (BETON et LAZORLA, 2007). Cependant, ces dépenses publiques peuvent être présentées à partir de leur fonction. Il est donc question de connaître la destination des dépenses par grands secteurs. Et dans ce cas, on est en présence d'un budget fonctionnel. Ces dépenses peuvent aussi être présentées d'après leur nature.

1.3.1. Classification de dépenses publiques

La classification des dépenses publiques est très importante dans la formulation et l'identification de l'allocation des ressources entre les secteurs, pour davantage de transparence, pour un service public compatible avec l'autorisation législative, une analyse stratégique et performante, et une administration du budget le jour au jour. Ainsi, le système de classification fournit un cadre normatif en faveur des décisions politiques et de la transparence des administrations publiques (CORSETTI et PESENTI, 2001).

1.3.1.1. La nature des administrations publiques

« La définition de la notion de dépenses publiques peut paraître simple mais très complexe dans la réalité en raison de la problématique liée à la délimitation de l'univers public, définit les dépenses publiques comme les paiements engagés par l'ensemble des administrations publiques. Cette définition diffère explicitement de celle des dépenses budgétaires qui se limitent uniquement à l'État central » (KING et REBELO, 1990). Les administrations publiques comprennent :

- Les organismes publics chargés de piloter et de financer un ensemble d'activités dont l'essentiel consiste à fournir à la collectivité des biens et services non marchands ;
- Les institutions sans but lucratif (producteurs non marchands) gérées et globalement financées par des administrations publiques.

À travers cette définition, les entreprises publiques à production marchande sont exclues des administrations publiques. Toutes les écoles privées sous contrats avec l'État en font partie (POULANTZIS, 2013). D'une manière plus concrète, l'administration publique est répartie en quatre sous-secteurs :

- L'État dont l'action est décrite dans le budget général, les budgets annexes, les comptes spéciaux, et les opérations patrimoniales du trésor ;
- Les organismes divers d'administrations centrales (ODAC) qui constituent avec l'État l'ensemble des administrations publiques centrales (APUC). Ces organismes fonctionnent via des subventions de l'État, soit par affectation votée en loi des finances. Ils peuvent être responsables d'un service public dans l'emploi, dans l'enseignement supérieur (CNRS, universités, grandes écoles), les fonds de solidarité, les établissements publics gérant des actifs financiers (fonds de réserve des retraites) ou des passifs financiers (amortissement de la dette sociale) ;
- Les administrations publiques locales (APUL) regroupant l'ensemble des collectivités territoriales (régions, départements, communes et groupes de communes), les organismes divers d'administration locale (les centres communaux d'action sociale, les caisses des écoles, les services départementaux d'incendie et de secours, collèges et lycées, les chambres consulaires…) ;

- Les administrations de sécurité sociale incorporent les hôpitaux et l'ensemble des régimes de sécurité sociale, les régimes de retraite complémentaires, l'assurance chômage (Pôle emploi) (BLANCHARD, 2006).

Cette structuration de l'administration permet une classification plus aisée des dépenses des administrations publiques.

1.3.1.2. Classification des dépenses publiques

En fonction des buts poursuivis, les dépenses de l'État peuvent être classées suivant la classification traditionnelle de la comptabilité nationale (par sous-secteurs des administrations publiques ou par nature de flux) ou via la ventilation par fonction (BAXTER et KING, 1993).

1.3.1.3. Ventilation des dépenses publiques suivant leur finalité ou leur fonction

Les dépenses des administrations publiques sont réparties selon une nomenclature internationale définie dans le système de comptes nationaux : la COFOG (Classification of the Fonctions of Government). Toutes les dépenses, afférentes à une même fonction, sont rassemblées en une famille en dépit des conditions de leur mise en œuvre (DULLIEN, 2012). La classification COFOG permet :

- De mettre en exergue les dépenses de consommations en faveur des ménages individuels ;
- D'observer la dynamique des dépenses des administrations destinées à différents objectifs ;
- De faire aussi une comparaison entre des pays sur la manière dont leurs administrations publiques interviennent dans les affectations économiques et sociales (O'CONNOR, 1973).

Cette classification répartit les dépenses des administrations publiques en dix catégories selon leur finalité : services publics généraux, défense, ordre et sécurité publics, affaires économiques, protection de l'environnement, logement et équipements collectifs, santé, loisirs, culture et culte, enseignement, protection sociale (Michel BLANCHARD, 2006).

1.3.1.4. Dépenses en services publics généraux

En général, les services publics généraux des administrations publiques sont répartis en trois composantes :

- Les services publics et communs. Il s'agit principalement des dépenses publiques liées au fonctionnement des organes exécutifs et législatifs, aux affaires fiscales (calcul et collecte de l'impôt). Ils sont afférents également au financement des salaires d'agents publics (transfert interne), à la recherche et développement (R & D) en services publics généraux des administrations et les services généraux des administrations ;

- Les services internationaux concernent les aides économiques extérieures et la conduite de la politique extérieure de la nation ;
- Les services liés aux intérêts de la dette publique tels que le versement d'intérêt 264, notamment au titre de la dette de l'État (LINNEMANN et SCHABERT, 2003).

1.3.1.5. Les dépenses de défense

La définition des composants des dépenses de défense varie selon les pays. Néanmoins, les Nations Unies dans leur classification des dépenses publiques ont défini les dépenses de défense comme l'ensemble des dépenses militaires et civiles, les aides militaires à des pays étrangers, la R & D à propos de la défense et autres dépenses de défense (POULANTZIS, 2013). Les intérêts de la dette sont comptabilisés en « services publics généraux ».

1.3.1.6. Dépenses d'ordre et sécurité publique

Elles regroupent les règlements attachés aux services de police, de protection civile, aux tribunaux, à l'administration pénitentiaire, à la R & D concernant l'ordre et la sécurité publique, à l'ordre et les dépenses de sécurité publiques (ROBINSON, 1949).

1.3.1.7. Dépenses en affaires économiques

Les dépenses relatives aux affaires économiques concernent entre autres catégories :

- Les affaires relatives au développement des entreprises et de l'économie, à savoir les affaires économiques, commerciales et de l'emploi, le secteur de l'énergie, les industries extractives et manufacturières, la construction, la communication, les autres branches d'activités, les affaires économiques ;
- Les affaires économiques telles que la science et la technologie, la R & D concernant les affaires économiques ;
- Les politiques de l'emploi telles que les affaires sociales ;
- L'agriculture, la pêche et la chasse ;
- Le transport (Michel BLANCHARD, 2006).

1.3.1.8. Dépenses de protection sociale

Globalement, dans les pays à haut revenu, la protection sociale est la plus importante pourvoyeuse de dépenses publiques comme le logement, la maladie et l'invalidité, le chômage, la famille, l'exclusion sociale, la vieillesse, la R & D dans le domaine de la protection sociale (DULLIEN, 2012).

Ces dépenses sont composées en très grande partie de prestations, versées par les administrations de sécurité sociale, mais aussi par l'État qui assure en particulier le paiement des pensions de retraite des fonctionnaires. Les collectivités locales, essentiellement les chargés de l'aide sociale, et quelques organismes divers d'administration centrale (principalement, le fonds national d'aide au logement et le fonds national de l'habitation qui versent les prestations logement) se partagent en parts égales le reste des dépenses de protection sociale (BAKANDEJA WA MPUNGU, 2006).

1.3.1.9. Dépenses de santé

Elles sont constituées de la consommation en biens et services de santé (les produits, les appareils et le matériel médical, les services ambulatoires, hospitaliers et ceux qui concernent aussi les dépenses en soins de santé du personnel privé et public) et des services de santé collective (la santé publique et les programmes de prévention et d'administration). Sont exclues, les dépenses publiques environnementales et les dépenses de formation et de recherche liées à la santé (KING et REBELO, 1990).

1.3.1.10. Dépenses de loisirs, culture et culte

Les dépenses de services culturels et récréatifs comprennent les services récréatifs et sportifs, culturels, de radiodiffusion, de télévision et d'édition, le culte, et du culte et autres dépenses de loisirs, la culture et le culte (O'CONNOR ?, 1973).

1.3.1.11. Dépense d'éducation

Les dépenses d'éducation représentent toutes les dépenses effectuées, sur le territoire national, par les administrations publiques centrales et locales, pour des activités d'éducation telles que l'enseignement scolaire et extrascolaire de tous niveaux ; celles visant à organiser le système éducatif (l'administration générale, l'orientation, la documentation pédagogique et la recherche sur l'éducation) ; les services annexes à l'enseignement, les subventions liées à l'éducation en faveur des ménages. Sont exclus des dépenses publiques d'éducation, celles afférentes aux achats de livres par les familles, les tutorats privés et le coût de vie des étudiants (MBUMBA NZUZI, 2007).

1.3.1.12. Dépenses de protection de l'environnement

La dépense nationale attachée à l'environnement renferme les dépenses de protection de l'environnement ainsi que les dépenses d'activités dont l'objet premier n'est pas la protection de l'environnement mais des activités qui lui sont connexes. Elles comprennent la récupération et le recyclage, la mobilisation de la ressource en eau, la gestion des espaces verts urbains, la lutte contre la pollution, la R & D dans le domaine de la protection de l'environnement, la protection de l'environnement (CORSETTI et PESENTI, 2001).

1.3.1.13. Dépenses de logements et équipements collectifs

Elles concernent les logements, les équipements collectifs, l'alimentation en eau, l'éclairage public, la R & D dans le domaine du logement et des équipements collectifs, le logement et les équipements collectifs (LINNEMANN et SCHABERT, 2003).

Il est à mentionner que la méthode COFOG est plus usitée dans les pays de l'OCDE. On peut également noter l'existence d'autres méthodes telles que la classification par nature qui demeure la plus employée de par le monde (DULLIEN, 2012).

1.3.1.14. Nomenclature par nature

L'inventaire de la comptabilité nationale permet de distinguer les dépenses de fonctionnement (les rémunérations du personnel et les consommations intermédiaires), les transferts, les charges, l'intérêt de la dette et l'investissement (BLANCHARD, 2006).

- **Dépenses de fonctionnement** qui recouvre l'ensemble des salaires bruts des fonctionnaires et agents de l'État de même que les cotisations sociales. À cela s'ajoute, la consommation intermédiaire que l'on peut définir comme la valeur des biens autres que durables et les services consommés dans le processus de production de la période (le carburant, les fournitures de bureau, les frais de téléphone…) des administrations publiques (KING et REBELO, 1990).
- **Les charges d'intérêt** qui caractérisent les charges courantes de la dette publique (hors du principal). Ces charges d'intérêt sont très importantes dans les pays en développement vu leur recours massif à la dette et les risques de change éventuels (BRUBEEL, 1992).
- **Les transferts** qui sont des dépenses effectuées par l'État sans contrepartie aux ménages ou aux entreprises qui en tirent bénéfice.
  - Les prestations sociales correspondent à des versements sous forme de transferts dans une perspective de soulager les ménages de leurs charges liées à des risques sociaux ou besoins (la maladie, le soutien aux personnes handicapées, la dépendance, le chômage) (RSA : Revenu de Solidarité Active, RMI : Revenu Minimum d'Insertion, l'aide sociale à l'enfance).
  - Les subventions représentatives de transferts en faveur de certains producteurs du pays en vue de soutenir leur activité (les subventions sur les produits et celles d'exploitation).
  - Les transferts courants englobent les paiements effectués en faveur des administrations publiques étrangères ou des organisations

internationales (l'aide au développement), les primes nettes versées par l'État sous forme d'assurance dommages.

- o Les transferts en capital qui sont constitués des aides à l'investissement affectées ou non, c'est-à-dire les transferts à des unités institutionnelles afin qu'elles puissent s'octroyer des actifs fixes (les bâtiments, le matériel d'équipement). Ils comprennent aussi des aides à des sociétés pour leur permettre de couvrir des pertes exceptionnelles ou des aides à des régimes d'assurance sociale (MBUMBA NZUZI, 2007).

- **L'investissement public**, appelé aussi *dépense en capital*, est composé d'acquisitions nettes des cessions d'actifs fixes, corporels ou incorporels (les infrastructures portuaires ou routières ; les immeubles, etc.) (CORSETTI et PESENTI, 2001). Ces dépenses permettent de sauvegarder les patrimoines publics ou de les améliorer. Autrement dit, les dépenses d'investissement représentent celles qui laissent des empreintes visibles et durables après l'opération, alors que les dépenses de fonctionnement n'en laissent pas (POULANTZIS, 2013).

En dépit de son utilisation dans beaucoup de pays, la classification par nature ne permet pas de saisir les particularités qui sous-tendent les interventions publiques. En effet, la production de l'État s'évertue à mettre principalement des ressources à disposition des usagers alors que les producteurs privés cherchent par essence à se procurer des ressources. Ainsi, les dépenses publiques sont considérées comme des dépenses de consommations, car elles ne facilitent pas l'acquisition de biens durables. Dès lors, on oublie qu'à travers ces dépenses, l'État produit d'autres services ou produits semblables à ces biens durables (LINNEMANN et SCHABERT, 2003).

Ces différentes classifications permettent d'étayer les arbitrages des États entre accroître les impôts pour ne pas sacrifier la part des dépenses publiques et stabiliser les impôts en contrepartie d'un ajustement des dépenses publiques (MBUMBA NZUZI, 2007 : 66).

1.4. Processus de gestion des dépenses publiques

Comme nous l'avons pu le constater au niveau des procédures d'exécution des dépenses publiques, la gestion de celles-ci en République démocratique du Congo est assurée à tous les stades au sein de l'appareil administratif de l'État mais particulièrement assurée par les responsables des fonds, les gestionnaires de crédit des services étatiques, les comptables publics avec à leur tête le trésor public, le ministère des Finances, les ministères de l'Économie ainsi que celui de Budget (BAKANDEJA WA MPUNGU, 2006).

Comme cela paraît, ce n'est pas aussi simple que ça, et c'est dans cette chaîne de la dépense que la magouille, la gabegie financière et même les détournements des deniers publics interviennent.

1.5. Les rôles des dépenses publiques

Les dépenses publiques permettent à l'État outre d'intervenir dans la vie économique du pays. Cependant, les dépenses publiques, en dépit du rôle économique majeur qu'elles jouent dans la vie du pays à travers la croissance économique, permettent aussi le développement social, technologique du pays (AGLIETTA, 2001).

2. LE BUDGET

Selon GEORGE LAUFENBURGER (2016 : 93), « le budget désigne un acte des prévisions des dépenses et des recettes de l'État ». Vincent BAUDOUIN (2014 : 126) considère le budget comme « acte législatif contenant le tableau des recettes et des dépenses prévues pour une période déterminée et constituant de ses chefs la règle à suivre par le pouvoir exécutif et par l'administration qui en dépend ». Selon Eric DUVERGER (2013 : 123), le budget est compris comme étant « l'acte par lequel sont prévues et autorisées les recettes et dépenses de l'État et les autres services que les lois assujettissent aux mêmes règles ».

Cette dernière définition vient compléter les précédentes en ce qu'elle met en évidence le caractère prévisionnel du budget ainsi que celui d'autorisation.

C'est donc une prévision ou un état prévisionnel des dépenses et des recettes futures. Les budgets publics sont le budget de l'État et des autres collectivités publiques, à savoir les provinces, les villes, les communes, et chefferies ou secteurs.

3. BONNE GOUVERNANCE

3.1. Notion sur la bonne gouvernance

L'expression « bonne gouvernance » a été introduite dans la littérature pour la première fois en 1989 par la Banque mondiale dans son rapport annuel sur l'Afrique. Toutefois, le phénomène en lui-même existait bien avant l'usage de cette expression.

La bonne gouvernance comme tout autre concept comporte plusieurs définitions qui, parfois, se complètent en disant la même chose en des termes différents pendant que les auteurs vont donner l'impression de se contredire. En outre, à force de vouloir parfaire la définition pour éviter des contestations, la définition finit par devenir plus floue que l'objet à définir.

Nonobstant, cette difficulté à trouver des définitions faisant l'unanimité autour d'elle, nous allons à titre purement illustratif en donner quelques-unes :

Selon James WILLIAM (2010), ce qui nous intéresse plus selon l'auteur, la bonne gouvernance n'est autre que « la responsabilité des gouvernants et leur administration, la participation politique, la transparence des procédures, la prévisibilité des comportements, le prime de la règle du droit de l'ouverture de l'information par le bail d'une presse libre ».

La deuxième définition, celle avancée par WAMUOYA NTAMBWE qui pense que la « good gouvernance » tendue de la façon approximative en français par la « bonne gouvernance » peut être entendue comme la « gestion des affaires publiques » par génération d'un régime (ensemble des règles) accepté comme légitime visant à promouvoir et à améliorer les valeurs sociales, ou les conditions de vie de la population.

La troisième définition découle de la Banque mondiale dans son rapport paru en 1992 intitulé « Gouvernance et développement », qui définit la bonne gouvernance comme étant la manière dont le pouvoir est exercé pour générer des ressources nationales économiques et sociales consacrées au développement.

Ce rapport indique que l'intérêt que porte la Banque mondiale à la gouvernance découle de son souci d'assurer la viabilité des projets qu'elle finance et conclut que le développement durable suppose l'existence d'un cadre transparent et fiable des règles et d'institutions pour la conduite des affaires publiques et privées.

L'aspect essentiel de la bonne gouvernance, résidence d'une action gouvernementale prévisible transparente, est éclairé, doté d'une bureaucratie issue d'éthique professionnelle et d'un exécutif comptable des actions.

Tous ces éléments sont présentés dans une société civile solide qui participe aux affaires publiques et dont tous les membres respectent la primauté du droit. Dans son analyse, la Banque mondiale fait clairement la distinction entre la dimension politique et la dimension économique du concept.

La Banque mondiale ayant pour mandat de promouvoir un développement durable, elle s'intéresse uniquement à ce que la bonne gouvernance contribue au développement social et économique, et notamment à son objet fondamental qui est de réduire de manière durable la pauvreté dans le monde.

Nous estimons que ces trois définitions suffisent pour éclairer tous ceux qui pourront lire ce présent ouvrage sur la notion de gestion de finances publiques et de bonne gouvernance.

En effet, ce que l'on peut retenir de ces définitions est que l'État est le premier à être concerné par la bonne gouvernance dans la manière de gérer les affaires qui lui sont dues. Ensuite, la bonne gouvernance vise au fond des règles de gestion de la chose publique et elle concerne l'État de droit et la transparence dans la perception de la fiscalité pour permettre d'alimenter le budget et d'intervenir dans la vie économique et sociale de la population.

3.2. Critères de la bonne gouvernance

S'agissant des critères de la bonne gouvernance, nous signalons qu'il y a plusieurs critères mais ce que nous présentons dans le cadre de notre ouvrage paraît beaucoup plus plausible.

Le BIBG (Bureau International de Bonne Gouvernance) a décidé de tenir compte de la bonne gouvernance du fait qu'à son avis la gouvernance est au centre de la mise en place d'un environnement porteur pour le développement, et qu'un développement judicieux (notamment la bonne gouvernance) est lié inextricablement à l'efficacité de l'investissement qu'elle aide à financer.

La politique de la BAFD en matière de la bonne gouvernance correspond à sa vision pour un développement africain durable jusqu'au XXIe siècle et au-delà. Le principal objectif est d'intégrer la gouvernance dans les opérations de la BAFD.

Les interventions de la BAFD à l'appui d'une bonne gouvernance se centreront sur les critères ci-après qui seront traduits en activité spécifique :

- La responsabilité ;
- La transparence ;
- La lutte contre la corruption et toutes les formes d'antivaleurs ;
- La participation ;
- Les formats juridiques et judiciaires.

3.2.1. La responsabilité

Les élus et les organisations ayant un mandat public doivent rendre compte des actions spécifiques au public dont il délivre leur autorité.

Dans un sens restreint, la responsabilité a trait à la capacité de rendre compte de l'affectation de l'utilisation et du contrôle des biens publics conformément à des normes juridiques agréées. Dans un sens plus large, il s'agit de l'élaboration et de l'application effective des règles de gouvernance sociale.

3.2.2. La transparence

La politique du gouvernement doit être connue de tous et l'administration doit agir de façon qu'on ait confiance dans ses intentions. La lutte contre la corruption et toute autre forme d'antivaleur. Il convient d'apporter une aide pour lutter contre l'abus des fonctions officielles à des fins privées.

3.2.3. La participation

Les parties prenantes doivent influer sur la prise publique des décisions et participer à la gestion des ressources et des institutions qu'affecte leur vie mettant ainsi un frein du pouvoir public.

Ce processus se déroule à travers divers niveaux : à celui de la base et à ceux de l'administration locale, régionale et centrale moyennant des formes souples et décentralisées de gouvernement.

3.2.4. Les réformes juridiques et judiciaires

Il convient de créer un système juridique et judiciaire favorable à la gouvernance et au développement dans lequel les lois sont claires et appliquées uniformément par un système judiciaire objectif et indépendant.

4. LA CROISSANCE ÉCONOMIQUE

La croissance économique est définie comme étant une augmentation soutenue et durable de niveau d'activités pour une économie nationale, cette augmentation concerne plus spécialement la production en volume et elle est mesurée en général par la progression du PIB à prix constants.

Elle est entendue par Ahmed SILEM et J.-M. ALBERTINI (2012) sous l'angle macroéconomique comme une augmentation sur une longue période du produit national brut réel par tête. Elle est ensuite définie par Michel BLANCHARD (2012) comme consistant en une constatation sur une longue période d'une augmentation quantitative plus ou moins régulière de la production des biens et services.

La croissance économique désigne la variation positive de la production de biens et de services dans une économie de manière continue et durable sur une période donnée, généralement une période longue.

La croissance économique est un phénomène qui consiste en l'augmentation continue et durable de la qualité de ressources (B & S) pendant une période généralement l'année (PEROUX, 2013).

Ainsi, la croissance économique est une réponse à la problématique de départ des sciences économiques ; elle consiste à la « lutte contre la rareté des ressources économiques » (ANTONY SAMUELSON, 1955).

La croissance économique que l'on mesure le plus souvent par le taux de croissance du produit intérieur brut par tête — nous y reviendrons — est un phénomène de long terme, une tendance lourde animée de soubresauts de court terme ; comprendre les soubresauts de court terme occupe bon nombre de macroéconomistes, comprendre les déterminants de long terme est une tâche qui incombe aux théoriciens de la croissance.

À la condition que la redistribution des richesses ne soit pas outrancièrement inégalitaire, la croissance économique est un moteur d'amélioration des conditions de vie de l'humanité. Elle tire ses origines de la révolution industrielle anglaise qui a eu lieu aux alentours de 1820.

En effet, dans le cadre de cet ouvrage, nous entendons par croissance économique toute augmentation quantitative du PIB, observé pendant une longue période et résultant de la bonne gouvernance par des effets d'entraînement dû à l'investissement de l'ensemble de tous les secteurs.

4.1. Les causes fondamentales de la croissance économique

Dans *An Introduction to Modern Economic Growth* (2008), Daron ACEMOGLU distingue quatre causes fondamentales de la croissance : l'environnement naturel, la culture, les institutions et la chance.

4.1.1. L'environnement naturel

L'environnement est défini comme « l'ensemble des éléments (biotiques ou abiotiques) qui entourent un individu ou une espèce et dont certains contribuent directement à subvenir à ses besoins » ou encore comme « l'ensemble des conditions naturelles (physique, chimiques, biologiques) et culturelles (sociologiques) susceptibles d'agir sur les organismes vivants et les activités humaines » (Encyclopédie économique, 2010).

La notion d'environnement naturel, souvent désignée par le seul mot « entonnement », a beaucoup évolué au cours des derniers siècles et tout particulièrement des dernières décennies. L'environnement est compris comme l'ensemble des composants naturels de la planète Terre, comme l'air, l'eau, l'atmosphère, les roches, les végétaux, les animaux, et l'ensemble des phénomènes et interactions qui s'y déploient, c'est-à-dire tout ce qui entoure l'homme et ses activités, bien que cette position centrale de l'homme soit précisément un objet de controverse dans le champ de l'écologie.

Au XXIe siècle, la protection de l'environnement est devenue un enjeu, en même temps que s'imposait l'idée de sa dégradation à la fois globale et locale, à cause des activités humaines polluantes. La préservation de l'environnement est un des trois piliers du développement durable. C'est aussi le 7e des huit objectifs du millénaire pour le développement, considéré par l'ONU comme « crucial pour la réussite des autres objectifs énoncés dans la déclaration du sommet du millénaire » (FREDERIC LEBOIS, 1996).

4.1.2. La culture

En philosophie, le mot « culture » désigne ce qui est différent de la nature, c'est-à-dire ce qui est de l'ordre de l'acquis et non de l'inné. La culture a longtemps été considérée comme un trait caractéristique de l'humanité, qui la distinguait des animaux. Par contre, des travaux récents en éthologie et en primatologie ont montré l'existence de culture animale.

En sociologie, la culture est définie de façon plus étroite comme « ce qui est commun à un groupe d'individus et comme ce qui le soude ». Ainsi, pour une institution internationale comme l'UNESCO (2000) :

« Dans son sens le plus large, la culture peut aujourd'hui être considérée comme l'ensemble des traits distinctifs, spirituels et matériels, intellectuels et affectifs, qui caractérisent une société ou un groupe social. Elle englobe, outre les arts, les lettres et les sciences, les modes de vie, les droits fondamentaux de l'être humain, les systèmes de valeurs, les traditions et les croyances. »

Ce réservoir commun évolue dans le temps par et dans les formes des échanges. Il se constitue en manières distinctes d'être, de penser, d'agir et de communiquer. Par abus de langage, on utilise souvent le mot « culture » pour désigner presque exclusivement l'offre de pratiques et de services culturels dans les sociétés modernes, et en particulier dans le domaine des arts et des lettres.

4.1.3. Les institutions

Une institution désigne une structure sociale (ou un système de relations sociales) dotée d'une certaine stabilité dans le temps. Selon Paul DUPARC (Analyse des structures et sujets économiques, 1946), la définition plus élégante consiste à dire qu'une institution est une règle du jeu acceptée socialement.

Toute institution se présente comme un ensemble de tâches, règles, conduites entre les personnes et pratiques. Elles sont dotées d'une finalité particulière, c'est pourquoi on s'intéresse à l'esprit des institutions.

Le concept d'institution est fondateur pour la sociologie. Pour Émile Durkheim, il permet la construction de la sociologie comme une science autonome : « On peut appeler institutions, toutes les croyances et tous les modes de conduite institués par la collectivité. La sociologie peut être alors définie comme la science des institutions, de leur genèse et de leur fonctionnement. »

Les institutions sont des manières collectives d'agir et de penser, elles ont leur existence propre en dehors des individus. Pour Émile DURKHEIM (1895), les faits sociaux ne sont pas naturellement et immédiatement intelligibles mais doivent être compris à travers l'expérimentation et les observations. De plus, les faits sociaux exercent une influence coercitive sur les personnes.

Fustel de COULANGES (1830-1889), professeur d'Émile DURKHEIM, avait analysé les institutions de la Grèce et de Rome. Pour lui, les institutions ont une solidité qui résiste aux siècles, aux croyances liées à leurs origines. La société est réglée par ses institutions.

Pour Marcel MAUSS, une institution est un ensemble d'activités instituées que les individus trouvent devant eux. Ce qu'est la fonction de l'ordre biologique de même que la science de la vie est celle des fonctions vitales ; la science de la société est la science des institutions. Une distinction existe d'avec la notion de fait social total.

Par Max WEBER (1864-1920), fondateur de l'école allemande de sociologie, l'institution se rapproche de l'idée d'association, c'est un groupement dont les règlements statutaires sont octroyés avec un succès relatif à l'intérieur d'une zone d'action délimitant à tous ceux qui agissent d'une manière définissable selon les critères déterminés. C'est un régulateur des rapports sociaux. Le terme d'institutionnalisation est le processus qui tend à organiser les rapports aux modèles sociaux.

4.1.4. La chance

La chance est un concept qui exprime la réalisation d'un événement qu'il y ait un lien de cause à effet entre le désir et sa réalisation, bonne ou mauvaise. Vu sous cet angle, il s'agit d'une superstition. La chance existe en dehors de tout contrôle qu'une personne peut exercer sur un événement. Cette approche considère que la chance existe de façon magique. Certains croient qu'une personne a de la chance, la cultive ou la provoque. La chance peut donc être qualifiée de (GUELLEC et RALLE, 1995 : 112) :

- *Constitutionnelle* : la chance comme propriété intrinsèque. Un endroit de naissance et une constitution génétique en sont des exemples typiques.
- *Circonstancielle* : la chance apparaît selon les circonstances. Les accidents et les épidémies en sont les manifestations les plus connues.
- *Cultivée* : la chance est le fruit d'une activité intentionnelle.

Un rationaliste approche la chance comme l'application de la théorie des probabilités, tout en refusant toutes croyances non scientifiques. Il estime que la chance est une croyance qui naît des raisonnements fallacieux.

4.2. Mesure de la croissance économique

La croissance économique est généralement mesurée par l'utilisation d'indicateurs économiques dont le plus courant est le produit intérieur brut (PIB). Il offre une certaine mesure quantitative du volume de la production ; afin d'effectuer des comparaisons intermédiaires, on utilise également la parité de pouvoir d'achat, qui permet d'exprimer le pouvoir d'achat dans une monnaie de référence. Pour comparer la situation d'un pays à des époques différentes, on peut également raisonner à monnaie constante. Il est pour cela l'objet de plusieurs critiques :

- Il ne mesure que parfaitement l'économie informelle. Une part importante des transactions, non déclarées, sont perdues pour les statistiques comme le fisc.
- Il ne mesure que de façon imparfaite les productions qui ne sont pas commercialisées : ainsi, la production des administrations est supposée égale aux salaires des fonctionnaires ; une évaluation des productions des activités non marchandes, il ne mesure pas l'activité de production domestique (ménage, cuisine, bricolage…). Selon la boutade d'Alfred SAUVY (1980), il suffit de se marier avec sa cuisinière pour faire baisser le PIB.
- Le PIB ne mesure que la valeur ajoutée produite par les agents économiques résidents. Il ne prend pas en compte les transferts de ressources internationaux, alors que ces derniers représentent souvent une part importante de leur richesse nationale. Il est possible d'utiliser un outil plus pertinent tel que le revenu national brut.

- Enfin, il ne prend en compte que les valeurs ajoutées, et non la richesse possédée, par un pays, sans distinguer les effets positifs ou négatifs sur le bien-être collectif.

4.3. Le PIB (Produit intérieur brut)

L'agrégat PIB représente le résultat final de l'activité de production des unités productrices résidentes d'un pays. Cette notion peut se définir des trois manières :

- Le PIB est la somme des valeurs ajoutées brutes des différents secteurs institutionnels ou des différentes branches d'activités, augmentée des impôts moins les subventions sur les produits (lesquels ne sont pas affectés aux secteurs et aux branches d'activités) ;
- Le PIB est la somme des emplois finaux intérieurs de biens et de services (consommation finale effective, formation brute de capital fixe, variations de stocks), plus les exportations, moins les importations ;
- Le PIB est la somme des emplois des comptes d'exploitation des secteurs institutionnels : rémunération des salariés, impôts sur la production et les importations moins les subventions, excédent brut d'exploitation et revenu mixte.

4.3.1. Modes de calcul du PIB

L'appellation exacte du PIB est « le produit intérieur brut aux prix du marché ». Sa valeur comptable est issue d'un compte de résultat (charges et produits) et non du bilan (actif/passif). Il ne mesure que le flux de production, et non un stock de capital ou de dettes (comme « l'Adjusted Net Saving » de la Banque mondiale). Il ne prend pas non plus en compte le flux de déplétion (qui ne ferait un indicateur net et non brut), celui-ci nécessitant des imputations faisant intervenir des conventions arbitraires et des données qui ne sont pas disponibles de façon continue sur des durées aussi longues (GUELLEC et RALLE, *op. cit.* : 112).

Le PIB mesure la valeur de l'ensemble des biens et services produits sur le territoire d'un pays donné au cours d'une période donnée (en général, une année, parfois un trimestre), quelle que soit la nationalité des producteurs présents sur ce territoire.

Le PIB (produit intérieur brut) se distingue :

- Du PIB calculé « au coût des facteurs » qui ne tient pas compte des impôts indirects des subventions d'exploitation ;
- Du PNB (Produit national brut). Rappelons que le PNB = PIB + revenus des facteurs en provenance de l'extérieur – revenus des facteurs versés à l'extérieur. Les revenus issus des avoirs détenus à l'extérieur ne sont pas inclus dans le PIB, mais sont en revanche ajoutés au PNB pour former le revenu national brut.

4.3.2. Déterminant des composantes du PIB

– Composantes marchandes ou non marchandes

Le PIB recense à la fois la production marchande et la production non marchande, composée exclusivement de services. Le PIB non marchand est presque exclusivement le fait des administrations publiques (sécurité, justice, santé, enseignement). Par convention, il est évalué à son coût de production.

– Composantes vues sous l'angle de production

Le PIB est égal à la somme des valeurs ajoutées des agents économiques résidents, calculée au prix du marché, à laquelle on ajoute la part de la valeur ajoutée récupérée par l'État (taxe sur la valeur ajoutée et droits de douane) et à laquelle on soustrait les subventions.

PIB = somme des valeurs ajoutées + TVA + droits et taxes sur les importations – subventions sur les produits.

Si potentiellement trois méthodes coexistent pour calculer le PIB d'un pays ou d'une région (via la production, la dépense ou le revenu), la première méthode (approche par la production) est utilisée pour des raisons pratiques. Selon cette technique, on additionne toutes les valeurs ajoutées issues des comptes de résultats fournis par les entreprises, et les administrations publiques.

– Composantes vues sous l'angle des dépenses

Le PIB est égal à la somme des emplois finaux intérieurs de biens et de services, c'est-à-dire : la consommation finale effective (CF), l'investissement (Formation brute de capital fixe (FBCF) dans le jargon statistique) et les variations de stocks (VS). Cette définition se déduit de l'égalité comptable entre les ressources de l'économie (PIB) et les emplois qui sont faits de ces ressources.

En situation d'autarcie, on a : Ressources = emplois

PIB = CF + FBCF + VS

Dans une économie ouverte, les importations (notées M) s'ajoutent aux ressources, les exportations (notées X) aux emplois :

Ressources = Emplois

PIB + M = CF + FBCF +/- VS + XPIB = CF + FBCF +/- VS + X – M

PIB = C + I + G + (X – M)

- Consommation (C),
- Investissements (I),
- Dépenses publiques courantes (G),
- Exportation (X),
- Importation (M).

– Composantes vues sous l'angle des revenus

Le PIB est égal à la somme des revenus bruts des secteurs institutionnels : rémunération des salariés (RS), impôts sur la production et les importations moins les subventions (T), excédent brut d'exploitation et revenus mixtes (EBE) (GUELLEC et RALLE, *op. cit.* : 112).

PIB = (S + B + I + Rn + A) + (Tn + D)

- Rémunération des salariés (S),
- Bénéfices des sociétés avant impôts (B),
- Intérêt et revenus divers de placement (I),
- Revenus nets des entreprises (Rn),
- Ajustement de la valeur des stocks (A),
- Taxes nettes (Tn),
- Dépréciation (D).

4.3.3. Mesure du PIB en volume et en valeur

– Le PIB réel ou en valeur

Selon le professeur Paul RENARD (1976). Le PIB réel ou en volume est la valeur du PIB en ne tenant pas compte des variations des prix, c'est-à-dire de l'inflation. Le PIB réel a l'avantage de montrer les variations à la hausse et à la baisse dans le volume (les quantités) de la production de biens et services. C'est la valeur utilisée lorsque l'on mesure la croissance du PIB.

En effet, on ne peut pas savoir uniquement en observant le PIB nominal (en valeur), si la hausse de l'indicateur provient d'une hausse des prix, d'une hausse de la production ou dans quelles proportions ces deux variations se combinent.

Soit le prix d'un bien au cours d'une période (par exemple, une année) et la quantité produite de ce bien au cours de la période ; alors :

$PIB_{nominal,t} = \sum i \ P_{i_t t} . Q_{i_t t}$

Le PIB réel est constitué par la valeur des biens i produits au cours de la période t, mesurés à prix constants (année de la base notée t 0), soit :

$PIB_{réel,t} = \sum i \ P_{i_t t_0} . Q_{i_t t}$

Le déflateur du PIB équivaut au rapport entre le PIB nominal et réel.

PIB = RS + T + EBE

Une augmentation à court terme du PIB correspond à une expansion, tandis qu'une diminution indique une récession économique. L'augmentation à long terme du PIB par habitant est un indicateur de croissance économique.

Le PIB/habitant ou produit intérieur brut par habitant (ou par capital) est la valeur du PIB divisée par le nombre d'habitants d'un pays. Il est plus efficace que le PIB pour mesurer le développement d'un pays, cependant, il n'est qu'une moyenne donc il ne permet pas de rendre compte des inégalités de revenu et de richesse au sein d'une population. En général, un pays est considéré comme « développé » lorsqu'il dépasse les 20 000 USD de PIB par habitant. Cet indicateur n'est pas égal au revenu par tête. Il est un bon indicateur de la productivité économique, mais il ne rend compte qu'imparfaitement du niveau de bien-être de la population ou du degré de réussite d'un pays en matière de développement. Il ne montre pas quelle est la répartition du revenu d'un pays entre ses habitants.

Dérivé du PIB, il ne reflète pas les atteintes causées à l'environnement et aux ressources naturelles par les processus de production, et ne tient pas compte du travail non résumé qui peut être effectué au sein des ménages ou des communautés, ni de la production à mettre au compte de l'économie souterraine.

Le PIB par habitant n'est pas construit comme un indicateur de la qualité de la vie (cette dernière, bien plus subjective, est difficilement mesurable, même si certains indicateurs comme l'indice de développement humain (IDH) ambitionnent de l'évaluer).

Le PIB est défini comme étant le total des revenus gagnés sur le territoire national, y compris par les facteurs de production dont la productivité est étrangère, dépenses totales en bien et services produits sur le territoire national.

Il comprend l'ensemble des biens et services produits sur le territoire national quelle que soit la nationalité des producteurs. Il s'agit de la production des biens des services, valorisée à prix constants (voir page 50).

En effet, il s'agit de la production globale d'une économie à l'intérieur de la nation valorisée à prix constants pendant une période d'une année. Il peut s'agir d'un indicateur macroéconomique des bases, car mesurant les performances économiques d'une nation.

Il se définit aussi à partir de ses composantes en ce qu'il correspond à la somme des biens de consommation et d'investissement, des achats de l'État et des exportations nettes en provenance du reste du monde.

4.4. Les limites à la croissance économique

La croissance économique suppose une croissance rapide de l'utilisation de la terre et des ressources minières et si elle n'est pas contrôlée, de la pollution de l'air et de l'eau. Les inquiétudes de la viabilité de la croissance ont émergé de manière marquante dans une série d'études du club de Rome au début des années 1970.

4.4.1. Premières inquiétudes

– La crainte croissante devant l'augmentation de la population des pays en voie de développement et après 1973, en raison de la spirale inflationniste des prix du Brut, du déclin rapide de la croissance de la productivité et des niveaux de vie dans les pays industrialisés.

Cette vague d'anxiété se calma avec la baisse des prix des ressources naturelles après 1980 et le ralentissement de la croissance de la population des pays en voie de développement.

4.4.2. Deuxièmes inquiétudes

Elle ne porte plus sur l'équipement des ressources minérales comme le pétrole et le gaz.

4.4.3. Troisièmes inquiétudes

Parmi les actuels, il y a le réchauffement global, l'usage de combustible fossile réchauffant le climat, l'extension évidente des pluies acides, l'apparition du trou dans la couche d'ozone, la déforestation qui peut bouleverser l'équilibre écologique global, l'érosion des sols, qui menace la possibilité de l'agriculture à long terme et enfin, l'extinction des espèces, qui risque de limiter les technologies médicales.

Tableau n° 2 : synthèse des théories de la croissance économique[4]

Les théories de la croissance	Origines de la croissance	Caractéristiques
Adam SMITH (1776)	Division du travail	Croissance illimitée
Robert MALTHUS (1798)	Réinvestissement productif du surplus	Croissance limitée en raison de la loi de la population
David RICARDO (1817)	Réinvestissement productif du surplus	Croissance limitée en raison du rendement décroissant des terres
Karl MARX (1867)	Accumulation du capital	Croissance limitée dans le monde de production capitaliste en raison de la baisse tendancielle du taux de profit
Joseph SCHUMPETER (1911), (1939)	Rôle de l'entrepreneur Grappes d'innovations	Instabilité de la croissance, théorie explicative du cycle long de type Kondratief
HARROD (1936, 1948, 1960) DOMAR (1946, 1957)	Le taux de croissance est fonction du rapport entre le taux d'épargne et le taux d'investissement	Keynésien, instabilité de la croissance
Modèle post-solow (1956, 1957, 1966) Modèle post néo-classique	Population et progrès technique exogène	Caractère transitoire de la croissance en l'absence de progrès technique
Rapport Meadows, modèle du club de Rome (1972)	Croissance exponentielle de 5 variables	La croissance est finie en raison de l'explosion démographique, de la pollution et de l'épuisement des ressources naturelles
Michel AGLIETTA (1976), BOYER et MUSTRAL E. (1978) Robert BOYER (1986), théorie de la régulation	Articulation entre régime de productivité et régime de demande	Diversité dans le temps et dans l'espace des types de croissance
R. ROMER (1986) R. E. LUCAS (1988) R. BARRO (1990) Greenwood et JOVANOVIC (1990), théorie de la croissance endogène	Capital physique, technologie, capital humain, capital public, intermédiaires financiers	Caractère endogène de la croissance, réhabilitation de l'État, prise en compte de l'histoire
G. BECATTINI (1991), Modèle des districts industriels	Forme d'organisation industrielle et territoriale	Explication des inégalités régionales de la croissance

Source : nous-même, sur base de notre grille de lecture.

4.5. Expansion économique

Elle consiste en l'accroissement des investissements entraînant une élévation des revenus, de la consommation et de l'emploi. Elle correspond à la phase d'augmentation de la production globale réelle venant juste après la reprise économique.

---

[4] Source : www.economica.net/private/cours/economiegenerale/CAPET/o4.croissance.pdf, janvier 2020.

Elle est ainsi une augmentation du PIB observé à court terme, c'est-à-dire d'une année à une autre. Si elle se poursuit à long terme, l'on est prisonnier d'un processus cumulatif vers le haut traduisant à la croissance économique.

4.6. La récession économique

La récession économique consiste à la diminution des revenus du réseau global, c'est la baisse de la demande des biens de consommation.

Il s'agit en fait d'une diminution du PIB observée d'une année à l'autre. Ici, la productivité globale part du point de retournement appelé PIC, qui est le sommet vers la dépression.

C'est la première phase de diminution de la productivité observée à court terme. Elle est caractérisée par la diminution des investissements, de l'emploi, l'augmentation du chômage, le ralentissement de la distribution du crédit par les banques.

4.7. La dépression économique

Elle est définie par Grégory N. MANKIW (2004) comme étant l'arrestation particulièrement grave. Elle correspond à un prolongement de la récession et elle amènerait l'économie vers la dépression prolongée en cas d'absence de l'effort de relance économique négatif à l'augmentation de la production.

Il convient de noter que ce soit la récession ou la dépression, le niveau de la production est en baisse et cela a des conséquences graves sur les autres variables économiques notamment la diminution des revenus, de la consommation, de l'épargne, des investissements et éventuellement la production demeurera en perpétuelles contractions.

4.8. Reprise économique

La reprise économique est caractérisée par des perspectives de rentabilité des investissements (taux de salaire et d'intérêt suffisamment bas et taux de profit prévu suffisamment élevé), la facilité des crédits accordés par des banques, les incitations des pouvoirs publics, la relance de la demande en bien d'investissements et le prix de l'activité économique.

Elle consiste en une augmentation quantitative du PIB d'un pays partant du creux en retournement vers l'expansion. Il s'agit de la première phase de la croissance économique mais observée à court terme, c'est-à-dire d'une année à une autre.

La croissance économique est d'abord un indicateur quantitatif parce qu'elle traduit l'augmentation du volume de la production au cours d'une certaine période.

Les économistes calculent un autre indicateur se rapportant à la croissance relative de la production, appelé taux de croissance économique.

Ce dernier est défini comme un rapport entre la variation de l'agrégat entre deux dates de l'agrégat à l'origine. Il s'agit du pourcentage de l'augmentation du volume de la production d'une année à l'autre ou en partant d'une période de base.

Il convient ainsi de noter que la croissance économique se calcule généralement, non pas sur le produit brut réel, mais plutôt sur le produit intérieur brut réel, c'est à partir de celui-ci que le taux de croissance économique est toujours calculé quel que soit le type d'une économie. Ainsi, voici ci-après la formule du taux de croissance économique :

$$Taux\ de\ croissance\ économique = \frac{PIB\ réeln_1 - PIBréel_0}{PIBréel_0} x\ 100$$

Avec le PIB réeln$_1$ = PIB réel de l'année considérée

PIB réel$_0$ = PIB réel de l'année des bases ou années de référence

NB : Si cet indicateur est positif, il y a croissance économique, mais dans le cas contraire, il y a dépression.

4.9. Type de croissance économique

Parmi les types de croissance économique, nous avons quatre types que nous pouvons comparer deux à deux :

4.9.1. Croissance intensive et extensive

La croissance intensive consiste en un mode de croissance dans lequel le rythme d'accroissement de la production s'applique principalement par le progrès de la production et procède davantage d'une efficacité accrue dans la mise en œuvre des facteurs de production que leur mobilisation croissante, l'utilisation plus rationnelle des facteurs de production conduit à modifier l'organisation de l'économie (la formation et l'éducation deviennent des enjeux essentiels).

Ainsi, elle se réfère à une amélioration de la combinaison des différents facteurs de production par l'innovation et le progrès technique pour accroître le niveau du produit global réel. Tandis que la croissance extensive se veut un mode de croissance dans lequel le rythme de croissance de la production s'explique principalement par l'accroissement des facteurs de production et de ressources mobilisées pour la production, pour l'essentiel, le produit croît parce que les quantités de travail, des capitales, des matières premières mises en œuvre croissent. Elle résulte donc de l'augmentation quantitative des facteurs de production pour accroître le niveau du produit réel.

4.9.2. Croissance équilibrée et déséquilibrée

La première se veut un ensemble de la structure productive qui doit se développer en respectant un équilibre entre les secteurs dont chacun doit offrir à l'autre fournisseur et déboucher sur les marchés.

Elle correspond à un développement homogène de l'ensemble des secteurs économiques pour provoquer l'augmentation du produit global réel.

Alors que la seconde vise à favoriser les investissements qui maximisent les « liaisons » et engendrent les plus grands effets d'entraînement sectoriels entraînant une puissante force de développement.

4.10. Facteurs de la croissance

Étant donné que la croissance économique est une augmentation de la production alors que les facteurs de la croissance sont les mêmes que ceux de la production.

Parmi ces facteurs, nous avons notamment les ressources naturelles, les ressources humaines, les questions sans capital ainsi que l'innovation et le progrès technologique.

4.10.1. Les ressources naturelles

Elles comprennent les ressources du sol, du sous-sol, les eaux, les forêts, les ressources aquatiques, le climat, les quantités des précipitations et toutes les autres ressources disponibles sur un territoire et susceptibles d'être mises à profit dans une finalité productive.

Elles constituent donc un don providentiel et permettant à tous les pays qui en disposent en abondance de les exploiter à moindres frais au profit de leur population ou du reste du monde.

Notons également que la plupart des pays en développement en disposent en abondance mais mal exploité.

4.10.2. Les ressources en capital

Celles-ci comprennent deux composantes importantes dont d'une part et au sens strict des biens d'équipement, des biens de production et même des capitaux frais utilisés pour financer les investissements des entreprises en vue de produire et d'augmenter le niveau de la production d'un pays, on les appelle « biens capitaux », d'autre part il s'agit des infrastructures économiques et sociales, qui véhiculent la croissance, parmi elles nous pouvons citer les barrages hydroélectriques, les chemins de fer, les routes, les écoles, les hôpitaux, etc.

4.10.3. Les questions humaines

Elles désignent les stocks des connaissances valorisables, économiques et incorporés aux individus, ce sont non seulement les qualifications, mais aussi l'état de santé, la nutrition, l'hygiène, elles sont aussi appelées « capital humain ».

L'existence d'une population active ne signifie pas à proprement parler de capital humain. Le passage au capital humain est effectué lorsque la population active est instruite, en bonne santé et disposant d'un savoir-faire lui permettant de transformer d'une manière rationnelle et optimale les autres facteurs de la croissance.

Notons qu'en raison de la forte natalité, les pays en voie de développement disposent des ressources humaines en abondance. Cependant, la question relative à leurs qualités en vue de générer la croissance reste encore préoccupante.

4.10.4. Technologies et innovation

La technologie consiste en un ensemble des connaissances relatives à certains types d'événements et d'activités associées à la production et à la transformation de matériaux.

Il s'agit d'un important facteur générateur d'une croissance intensive grâce aux gains de productivité qu'il permet. Les innovations et les progrès techniques ont poussé la plupart des nations à mettre en place un budget important consacré à la recherche et développement pour permettre à leur population active d'apprendre des nouvelles technologies, de procéder à de nouvelles inventions et de réfléchir constamment sur des possibilités pouvant s'offrir, de manière à augmenter la productivité des facteurs en diminuant leur utilisation dans le processus de production.

Notons également que dans les pays en développement, se pose un problème relatif à l'innovation et au progrès technologique. Ainsi, pour pallier ce problème, les pays en voie de développement sont censés, soit envoyer leurs membres dans les pays développés, soit attirer les investissements des pays développés en vue de se familiariser avec leurs technologies.

5. LA NOTION DE L'ÉTAT-GENDARME

L'État-gendarme est donc l'État qui remplit ses fonctions régaliennes lesquelles découlent directement du concept de souveraineté. Ces fonctions sont également au nombre de quatre :

- Assurer la sécurité extérieure par la diplomatie et l'armée ;
- Assurer la sécurité intérieure par la police et l'ordre public ;
- Assurer la justice au moyen des règles de droit ;
- Faciliter les échanges en émettant une monnaie au moyen d'une banque centrale.

Cette dernière fonction est d'ailleurs contestée par certains économistes libéraux comme Jean-Baptiste SAY (1825) ou FRIEDRICH VON HAYEK (1985), selon eux, les monnaies peuvent être privées et ne relèvent pas nécessairement de l'État.

5.1. La notion d'État-providence

Dès la fin du XIXe siècle, un nouvel État se profile. L'État-providence, appelé aussi Welfare State, succède à un État longtemps considéré comme gendarme. Face aux avancements économiques, politiques ou encore sociaux, l'État-providence semble perdre de sa grandeur, de son efficacité. Le voilà incapable de relever les défis qui lui sont imposés. L'expression « État-providence » apparaît au cours de la seconde moitié du XIXe siècle puisqu'elle est employée, pour la première fois, par un député libéral en 1870, Émile Olivier.

Cependant, l'expression est péjorative, car elle dénonce la prétention de l'État à se substituer à la providence divine. Seul le marché peut réguler l'économie et l'État ne doit avoir pour seules fonctions que ses missions régaliennes : la défense de la propriété privée contre les agressions intérieures (domaine de la police et la justice) ou extérieures (domaine de l'armée).

Néanmoins, la réalité montre que l'État est toujours intervenu et que son rôle dépasse les limites du simple État-gendarme en pratiquant des politiques protectionnistes ou en prenant en charge, directement ou indirectement, des investissements difficilement rentables pour le secteur privé (infrastructures), mais indispensables à la collectivité, ainsi que dans le domaine de l'éducation, afin de fournir une main-d'œuvre suffisamment qualifiée pour faire face aux besoins de l'industrie.

5.1.1. Le choix d'un concept

Expression qui désigne l'extension de l'intervention de l'État dans le domaine économique et social. Celui-ci est responsable de la croissance économique qu'il doit réguler et du bien-être social qu'il doit assurer.

Selon Robert Musgrave, l'État-providence remplit trois fonctions :

- Une fonction d'allocation des ressources (avec la politique structurelle et la prise en compte des externalités) ;
- Une fonction de redistribution des revenus (prélèvements et réaffectations) ;
- Une fonction de stabilisation de la conjoncture (croissance équilibrée et lutte contre l'inflation et le chômage par la politique conjoncturelle).

Quatre types de politiques permettent de mettre en exergue les fonctions de l'État-providence : des interventions publiques garantissant et protégeant les droits sociaux + des interventions publiques influençant le niveau de revenu + des interventions dans le but d'améliorer les conditions sociales et matérielles de l'environnement + des interventions publiques pour améliorer directement les compétences des individus.

On oppose souvent la notion d'État-providence à celle d'État-gendarme, terme qui désigne un État qui n'assure que la sécurité (police, armée, justice), le fonctionnement des administrations et la prise en charge des infrastructures non rentables (les routes, par exemple, ou les ponts, etc.). Cette conception reste cependant très théorique, l'État étant intervenu fréquemment et de plus en plus dans l'activité économique et sociale, et ce, même dans les pays les plus libéraux (Grande-Bretagne, États-Unis).

Ainsi, l'État-providence est une conception politique de l'État dans laquelle celui-ci prend en charge les conséquences « humaines » des déficiences des marchés. Elle se traduit directement par un ensemble des distinctions (Sécurité sociale, caisses de retraite, assurance chômage...) chargées d'assurer la protection sociale. L'État-providence est le « Welfare State » et la terminologie anglaise exprime cette idée selon laquelle il importe de s'occuper du bien-être social des citoyens, et non plus seulement de la police, de battre monnaie, de gérer ses relations internationales ou de faire la guerre.

5.1.2. Les origines de l'État-providence

À ses premiers souffles, l'État-providence est une notion qui pèche par son aspect négatif. Il exprime en effet l'idée que dans une société atomisée où les corps intermédiaires tels que la famille ou les corps professionnels, ne sont pas à même de remplir un rôle de solidarité, l'État est nécessairement appelé à intervenir.

5.1.3. Émergence de l'idée d'État-providence

Les conséquences de la Première Guerre mondiale contraignent l'État à prendre en charge l'aide aux victimes de la guerre (mutilés, veuves et orphelins). Mais c'est surtout la crise de 1929 qui bouleverse le paysage social par son ampleur (des millions de chômeurs), sa durée (il faudra des années pour que l'économie mondiale retrouve son niveau d'activité d'avant la récession), ses suites (dont la moindre n'est pas l'avènement du nazisme en Allemagne, accélérant la marche vers la guerre). La décennie qui précède le second conflit mondial est le moment d'une prise de conscience dans tous les milieux dirigeants de l'Europe occidentale et de l'Amérique. L'économie mondiale a failli être victime d'une implosion ; il est donc indispensable de donner de nouvelles bases à son fonctionnement. Il ne s'agit plus seulement de protéger les plus pauvres contre les risques sociaux les plus graves. Il est nécessaire d'accorder à toutes les catégories de la population la possibilité de consommer, y compris pendant les périodes de difficultés économiques, grâce à un système de transferts sociaux (allocations chômage, allocations maladie, allocations famille, etc.). Cette prise de conscience collective est à l'origine de l'État-providence.

5.1.4. Mise en place de l'État-providence

Deux faits majeurs caractérisent la mise en place de l'État-providence :

5.1.4.1. Le « social security act » de 1935

Il concerne les États-Unis. Le 15 août 1935, au cours de ce que l'on a appelé les « deuxièmes cent jours » du « new deal » (le deuxième et le plus important des trains de réformes de Roosevelt), est adopté le « social security act ». Il s'agit de la mise en place d'un système national d'assurance vieillesse (pour les plus de 65 ans) accompagné d'une assurance chômage, organisée librement par chaque État, sous le contrôle et, si nécessaire, avec l'aide financière du pouvoir fédéral. Dans le pays qui passait pour la forteresse du capitalisme libéral, le social est intégré à l'économique sous le contrôle et l'impulsion de l'État.

5.1.4.2. Le rapport Beveridge de 1942

Le second fait est celui de la publication, en Angleterre, pendant la guerre, du rapport Beveridge. Lord William BEVERIDGE fut chargé, en 1941, par le gouvernement de Winston CHURCHILL, de rédiger un rapport sur l'organisation d'un système de sécurité sociale. Publié en 1942, son travail (Social Insurance and Allied Service) servit de base à la mise en place de la législation britannique. Il donne un contenu au terme « sécurité sociale » utilisé par la loi américaine de 1935. Les principes de base sont clairs : le système doit être généralisé (accès à l'aide sans discernement), unifié (une seule cotisation suffit pour accéder aux différentes aides), uniforme (les présentations de services sont identiques pour tous), centralisé (le système est géré par un organisme public unique) et global (le système rassemble toutes les formes d'aides et d'assurance). C'est bien d'une conception nouvelle de la croissance économique et de l'organisation sociale qu'il s'agit : les travaux de Beveridge, en donnant naissance à la sécurité sociale, marquent du même coup la genèse de l'État-providence.

5.1.5. Les problématiques soulevées par l'État-providence

5.1.5.1. Les États-providence et le développement économique

L'État-providence ne se focalise pas sur la gestion des plus pauvres et des plus démunis. Il doit étendre son action dans les domaines économiques et sociaux, justifiant son nouveau territoire par les nécessités publiques. La forme nouvelle de l'État-providence social est l'État-providence keynésien qui s'efforce tout à la fois de promouvoir la croissance économique, de surmonter les oppositions sociales et d'assurer une fonction d'allocation équitable des richesses. Dans tous les pays connaissant ce système, la concertation est recherchée par l'institutionnalisation d'institutions mixtes État-syndicat-patronat. En matière de politique conjoncturelle, malgré une tendance inflationniste qui accompagne la croissance, les politiques se révèlent efficaces. Nous avons affaire à une figure d'un État qui se précise toujours plus ; un État qui protège le droit des citoyens, développant son action pour répondre aux nouveaux besoins sociaux. L'État-providence est-il capable de répondre aux aspirations les plus contradictoires ?

5.1.5.2. Des providences en crise

Dès 1980, les Welfare states ne parviennent pas à négocier le virage ; le dérapage semble inéluctable ; la crise financière ouvre sur un renouveau des doctrines libérales qui ébranlent les fondements des politiques de gestion de la question sociale. De nouvelles formes de précarité forcent les décideurs à payer au plus pressé. Les marges de manœuvre financières des États s'amoindrissent alors que l'évolution des structures démographiques aggrave les problèmes.

On peut légitimement parler de remise en cause de l'État-providence. La capacité de l'État d'assurer la croissance est limitée par l'interconnexion des économies et rejetée par la nouvelle orthodoxie économique. La fonction providence de l'État est jugée infondée et sources d'effets pervers. L'État apparaît à la fois impuissant face à la crise et bouc émissaire de toutes les frustrations qu'elle engendre. C'est dans ce contexte que se pose aujourd'hui concrètement la question de la construction de l'Europe sociale et plus précisément la question de la convergence des systèmes européens d'État-providence.

5.1.6. Le fondement de l'État-providence

5.1.6.1. L'irrésistible montée de l'État-providence

Au cours de la première moitié du XXe siècle, les assurances sociales se développent dans les pays industrialisés. Mais la crise des années trente et l'œuvre théorique de Keynes vont conduire à un renouvellement de la conception de l'État-providence. En 1942, est publié le plan Beveridge qui propose un système de sécurité sociale fortement influencé par la théorie keynésienne. Dans ce plan, on trouve les fondements du Welfare State, qui seront mis en œuvre après la Seconde Guerre mondiale. Au cours de la période des Trente Glorieuses, on assiste à une croissance régulière des dépenses publiques et des prélèvements obligatoires (impôts et cotisations sociales), et à la mise en place d'un système de protection sociale.

Cependant, la crise économique des années soixante-dix marque la fin de l'âge d'or de l'État-providence, qui est progressivement remis en cause dans tous les pays développés.

Le renouveau des théories libérales accentue le phénomène. Néanmoins, l'importance croissante de besoins collectifs ne permet pas d'envisager un retour à un « État minimal », et oblige les pouvoirs publics à prendre en charge des secteurs entiers de l'économie et de la société (éducation, santé, etc.).

5.1.7. Les différentes formes de l'État-providence

On peut distinguer trois formes de l'État-providence. Sous la première forme (aux États-Unis, au Canada, en Australie), il est qualifié de « libéral » et encourage le marché en garantissant un minimum de bien-être pour les plus défavorisés en subventionnant les projets privés d'assurance sociale.

Sous la deuxième forme (en France, Autriche, Allemagne, Italie), il est qualifié de corporatiste et prévoit une intervention de l'État pour se substituer au marché, si celui-ci ne peut assurer le bien-être à la population.

Enfin, le dernier modèle (dans les pays scandinaves) peut être qualifié de social-démocrate, car il vise à instaurer l'égalité des conditions entre les différents membres de la société.

Il faut rechercher les causes des différents régimes d'État-providence dans l'histoire des pays, notamment dans l'interaction entre la mobilisation des catégories les plus défavorables (la classe ouvrière) et les forces politiques de ces pays.

5.1.7.1. La pauvreté

Aujourd'hui, tout le monde s'accroche sur le fait que la pauvreté est un phénomène complexe, pluridimensionnel, ne pouvant être résolu de façon sectorielle. Il s'agit d'un problème multidimensionnel qui nécessite des « solutions multisectorielles intégrées ». De même, la Banque mondiale affirme que la pauvreté a « des dimensions multiples », de « nombreuses facettes » et qu'elle est « la résultante de processus de l'état d'indigence dans lequel vivent les personnes pauvres ».

Dans le rapport « Vaincre la pauvreté humaine » (2000) du PNUD, un encadré définit spécifiquement « l'extrême pauvreté » : la pauvreté générale et la pauvreté humaine ainsi, « une personne vit dans la pauvreté extrême si elle ne dispose pas des revenus nécessaires pour ses besoins alimentaires essentiels habituellement définis sur la base de besoins caloriques minimaux » (LIONEL COLIN, 1991).

Une personne vit dans la pauvreté générale si elle ne dispose pas des revenus suffisants pour satisfaire ses besoins essentiels non alimentaires tels l'habillement, l'énergie, le logement et l'alimentaire.

La pauvreté humaine quant à elle, est présentée comme l'absence des capacités humaines de base : analphabétisme, malnutrition, longévité réduite, mauvaise santé maternelle, maladie pouvant être évitée.

5.1.7.2. Les inégalités

L'inégalité est le caractère de ce qui n'est pas égal. Les inégalités sociales désignent les traitements différents qui peuvent avantager une classe sociale, un groupe ou un individu par rapport à d'autres et qui établissent des hiérarchies sociales. Certains régimes sont, par construction, fondés sur l'inégalité, par exemple : l'Ancien Régime avec les trois ordres (noblesse, clergé, tiers-état) ou le système de castes en Inde.

De nos jours en France, les hommes naissent libres et égaux en droit, selon la Déclaration des droits de l'homme et du citoyen. Cependant, les différences liées aux origines, classe sociale, pays, culture au niveau d'éducation, au sexe, ou à l'âge, à la couleur de la peau, à l'apparence physique, aux pratiques religieuses… sont prises en compte par les sociologues pour leurs contributions aux inégalités économiques (revenus, chômage…), les observations des sociétés théoriquement égalitaires montrent l'existence des dispositifs qui installent et pérennisent des inégalités au fil des générations.

Ces inégalités peuvent être explicites et assumées (niveau d'études pour l'accès au poste de responsabilité) ou implicites (il y a égalité des salaires homme/femme, ou Français d'origine étrangère), l'appréciation du caractère injuste ou non des inégalités est relative. C'est qui peut paraître injuste dans une société peut être considéré comme acceptable dans une autre. La définition des inégalités (injustes) constitue de ce fait l'un des enjeux de la politique.

Pour certains, les inégalités sociales sont tout à fait acceptables et il n'est pas nécessaire de les corriger. Un nivellement par le bas s'avérerait inefficace en démobilisant les qualités individuelles.

Pour d'autres, les inégalités sociales sont la conséquence de la domination économique, politique ou sociale. Au niveau du nom de la justice, elles doivent être corrigées ou réduites le plus possible.

5.2. Les débats théoriques relatifs au rôle de l'État

L'évolution du rôle de l'État a été souvent le résultat d'un débat acharné entre les partisans du marché autorégulateur et d'une faible intervention de l'État et les partisans d'une régulation étatique de l'activité économique.

5.2.1. Les théories sur le vol de l'État

5.2.1.1. L'État minimal du courant libéral

Si l'opposition entre l'État-gendarme (XIXe siècle) et l'État-providence (XXe siècle) occupe une place importante dans la théorie économique, elle ne permet pas de comprendre toute la complexité des débats entre économistes. En effet, le courant libéral a souvent insisté sur le fait qu'un certain degré d'intervention de l'État était nécessaire. On parle ainsi d'État minimal. Dans son ouvrage *Recherches sur les causes et nature de la richesse des nations*,

Adam SMITH en (1776) a posé les bases d'un État minimal : « dans le système de la liberté naturelle, le souverain n'a que trois devoirs à remplir ; trois devoirs, à la vérité, d'une haute importance, mais clair, simple et à la portée d'une intelligence ordinaire.

- Le premier, c'est le devoir de défendre la société de tout acte de violence ou d'invasion de la part des sociétés indépendantes.
- Le deuxième, c'est le devoir de protéger, autant qu'il est possible, chaque membre de la société contre l'injustice ou l'oppression de tout autre membre, ou bien le devoir d'établir une administration exacte de la justice.
- Et le troisième, c'est le devoir d'ériger et d'entretenir certains ouvrages publics et certaines institutions que l'intérêt privé d'un particulier ou de quelques particuliers ne pourrait jamais les porter à ériger ou à entretenir, parce que jamais le profil n'en rembourserait la dépense à un particulier ou à quelques particuliers, quoiqu'à l'égard d'une grande société ce profit fasse beaucoup plus que rembourser des dépenses. »

Par la suite, les économistes néoclassiques (entre autres PIGOU, SAMUELSON) vont admettre que l'État peut avoir une action correctrice dans certains cas :

- Le principal ouvrage de PIGOU, *Weath and Welfare* (1912), introduit l'économique du bien-être dans l'analyse économique. En effet, PIGOU a été le premier économiste à proposer d'internaliser les effets externes négatifs à l'aide d'une taxe mise en place par l'État. La présence d'effets externes négatifs pose le problème de la désadéquation entre les coûts privés et le coût collectif (coût social) des activités économiques. Le cas d'école choisie par la théorie néoclassique pour mettre en scène les effets externes négatifs est celui d'une firme A (blanchisserie) qui utilise un cours d'eau comme vecteur de ses rejets polluants, rendant ainsi impossibles d'autres usages de l'eau pour une entreprise B (pisciculture), située en aval de la première.
- Paul Samuelson (1915) a précisé dans son ouvrage *Economics* (1948) les facteurs qui motivent les interventions de l'État :
  - (i) Le régime du laisser-faire serait compatible avec un État minimal, il faut des tribunaux publics et des agents de police pour faire régner l'honnêteté, le respect des contrats, le refus de la fraude et de la violence, la protection contre les voleurs et les agresseurs, la garantie des droits de propriété légaux.
  - (ii) Il existe de nombreuses branches où la production ne peut être réalisée avec le maximum d'efficacité que par des entreprises d'une taille supérieure à celle compatible avec la concurrence parfaite. Ces monopoles naturels justifient une intervention de l'État qu'il conviendra de délimiter.

- Par l'intermédiaire de ses biens tutélaires, l'État peut intervenir de manière à modifier les comportements des agents économiques et à agir sur les consommations dites sensibles : taxer des cigarettes, interdire les drogues…
- L'une des fonctions principales de l'État est de financer les biens collectifs (défense nationale, la police, la justice…). L'intervention de l'État est ici nécessaire pour produire des biens et des services que le marché ne serait pas en mesure d'offrir (contrairement aux biens privés, la consommation d'un bien public ne génère ni rivalité, ni exclusion). Par ailleurs, les biens publics sont gratuits ou quasi gratuits (payés par les impôts).
- Samuelson note que l'existence d'économies ou des économies externes modifie l'analyse des coûts et de l'offre à long terme. S'appuyant sur les travaux des Pigou, Samuelson rappelle que les externalités se manifestent lorsque le comportement propre d'un agent économique a des conséquences économiques, bonnes ou mauvaises, pour d'autres agents. Comme l'agent économique, en quête des profits et des bien-être, fait état seulement des bénéfices et des comptes privés, il s'ensuit une divergence entre les coûts sociaux et les coûts privés. Pour Samuelson, une telle situation légitime l'intervention de l'État.

5.2.2. La théorie marxiste de l'État

D'une manière générale, la théorie marxiste part du principe que l'État est lié à la division de la société en classes sociales et que l'État est au service de la classe dominante. Pour Karl MARX et Friedrich ENGELS, l'avènement du communisme ne peut être pensé comme une réalisation immédiate mais nécessite une période de transition pendant laquelle un État de transition, un État ouvrier et socialiste accomplissant la dictature du prolétariat, prépare son propre dépérissement. Il est donc possible de distinguer trois périodes : (i) la destruction de l'État bourgeois (période révolutionnaire), (ii) le socialisme et la dictature du prolétariat (période de transition), (iii) le communisme caractérisé par la libre association des producteurs et l'absence de l'indivision de la société en classes antagoniques. De ce fait, on trouve une double approche du rôle de l'État dans la théorie marxiste :

D'une part, une contestation de l'État, symbole du pouvoir de la classe bourgeoise. D'autre part, une affirmation de la nécessité de la dictature du prolétariat est un État fort. Ainsi loin d'exclure le socialisme d'État, Karl MARX le prescrit explicitement : centralisation de la rentrée foncière, monopole étatique sur le crédit et la Banque nationale, contrôle du transport, planification industrielle, économie centralisée.

5.2.3. L'État interventionniste de John Maynard Keynes

Dans sa *Théorie générale de l'emploi, de l'intérêt et de la monnaie*, John Maynard KEYNES (1936) montre que, contrairement aux analyses des économistes classiques (loi des débouchés de Say) et néoclassiques (dichotomie entre sphère réelle et sphère monétaire), une économie ne peut être bien lorsqu'elle se trouve durablement en équilibre de sous-emploi (ce qui signifie donc un chômage durable).

Pour remédier à cette situation, il faudrait pouvoir agir sur les éléments de la demande globale, c'est-à-dire la consommation des ménages et la demande d'investissement des entrepreneurs. Or, Keynes montre qu'il est difficile d'influencer la consommation des ménages (car leur propension marginale à consommer est relativement stable) et qu'il est également difficile d'influencer la demande d'investissement des entreprises privées qui dépend des multiples facteurs (dont la fameuse anticipation). Le seul moyen dégonflé de la demande globale, et donc en fin de compte, de retrouver (par le jeu du multiplicateur) un niveau de plein emploi, c'est d'accroître la demande de l'État, c'est-à-dire le volume de ses dépenses (d'où le déficit budgétaire). Cette dépense supplémentaire va au bout d'un certain temps se traduire par un accroissement plus que proportionnel du revenu des ménages, qui, par leurs dépenses nouvelles, vont stimuler l'activité économique et en particulier redonner confiance aux entrepreneurs qui investiront à nouveau et créeront des emplois.

5.2.4. L'école autrichienne et le refus de l'intervention de l'État

L'école autrichienne est un courant des pensées qui a pris naissance à Vienne, à la fin du XIXe siècle. Sous l'impulsion de Menger (1840-1921), de VONBÖHM-BAWERK (1851-1914), puis de VON MISES (1881-1973) et de HAYEK (1899-1992), l'école autrichienne reste favorable au libéralisme économique et hostile à l'intervention de l'État. Pour ces auteurs, le marché constitue la seule procédure qui permet de rendre comptables les décisions individuelles des agents économiques tout en respectant leur liberté.

Pour HAYEK, le marché est un processus de transmission des informations et des connaissances. Lorsque l'État intervient et modifie le jeu naturel du marché, il contraint les agents à adopter un type de comportement qui n'est pas celui auquel aurait conduit le marché. Dans son ouvrage *Prix et production* (1931), HAYEK précise que l'intervention de l'État, via les commandes publiques et les subventions, détourne les capitaux et les travailleurs de leur meilleure allocation. En modifiant les prix du marché, l'État risquerait d'amener les travailleurs et les capitaux vers des productions inutiles.

Dans un autre ouvrage intitulé *La route de la servitude*, HAYEK (1944) avance qu'au fil des années, le socialisme aurait supplanté le libéralisme dans l'esprit de la majorité des gens et pris des progrès. Les hommes auraient ainsi abandonné la liberté économique sans laquelle la liberté personnelle et politique n'a jamais existé. Aux dires d'HAYEK, la socialisation de l'économie devrait entraîner une rupture brutale non seulement avec le passé, mais encore avec toute l'évolution de la civilisation occidentale. Les hommes auraient ainsi entrepris de remplacer le mécanisme impersonnel et anonyme du marché pour une direction collective et consciente dans toutes les forces sociales en vue d'objectifs délibérément choisis.

Hayek (1946 : 30) s'appuie ici sur une confusion qui porte sur le concept de socialisme. Ce terme peut définir simplement des idéaux en termes de justice sociale, d'égalité et de sécurité. Mais il peut également renvoyer à une méthode particulière. Dans cette dernière acceptation, le mot « socialisme » signifie « abolition de l'entreprise privée, de la propriété privée des moyens de production et création d'un système d'économie planifiée où le chef d'entreprise travaillant pour un profit est remplacé par un organisme planificateur central ». Hayek est donc amené à condamner l'intervention étatique, qu'il qualifie de planisme, car elle est contraire aux intérêts individuels et à la liberté économique. Le planisme est avant tout une direction centralisée de toute l'activité économique conformément à un plan unique, exposant comment les ressources doivent être utilisées pour atteindre un objectif déterminé.

5.2.5. La remise en cause des décisions publiques, l'école du *public choice*

L'école du *public choice* (choix public) est constituée de nombreux économistes américains tels que Gordon TULLOCK, James BUCHANAN et Georges STIGLER. Ces auteurs s'appuient sur les outils de la micro-économie. Ils partent du principe que les hommes politiques et les fonctionnaires se comportent comme le feraient les consommateurs et les producteurs dans la théorie économique. Ils cherchent à maximiser leurs propres intérêts personnels. Les politiciens chercheraient à maximiser leurs chances d'être élus ou réélus alors que les fonctionnaires maximiseraient une fonction d'utilité (ascension sociale, hausse de revenus, responsabilités...). Cette interprétation de l'école des choix publics remet ainsi en cause l'idée que l'État agirait au service de l'intérêt général. L'État ne serait alors que l'expression d'une coalition d'intérêts privé (lobbys), corporatif ou encore un moyen de promotion pour les hommes politiques. Il existerait ainsi un processus politique qui guiderait les choix en matière de dépenses publiques.

Une des conclusions de la théorie des choix publics est que les démocraties produisent moins de bonnes décisions que l'optimum, en raison de l'ignorance et de l'indifférence rationnelles des électeurs. En effet, aucun électeur singulier ne peut s'attendre à ce que sa voix ait un poids sensible sur le résultat des élections, tandis que l'effort nécessaire pour s'informer afin de voter en toute connaissance est, lui, considérable. Ainsi, le choix rationnel de l'électeur est de rester dans l'ignorance, voire de s'abstenir (les experts parlent de l'irrationalité de la voix).

5.2.6. La théorie de la croissance endogène, une nouvelle légitimité de l'État

Dans les années 80, un certain nombre de travaux ont cherché à redonner une certaine légitimité au rôle de l'État. La théorie de la croissance endogène précise que l'État peut intervenir dans la sphère économique afin d'établir les conditions de la croissance.

La technologie, cette approche, repose sur l'analyse des conditions économiques qui favorisent le changement technique. Chaque changement technique provient d'une idée mise en forme et testée. Cependant, entre l'émergence d'une idée nouvelle et sa mise en œuvre concrète, il peut y avoir un très long chemin (test, essais, erreurs…) qui nécessite le concours de plusieurs personnes. Bref, des coûts de mise au point qui peuvent être très élevés. C'est justement lorsque l'on souhaite que les idées nouvelles bénéficient à tous qu'il devient nécessaire d'en faire supporter le coût par la collectivité. Ainsi, le financement de la recherche fondamentale est public afin que chacun puisse librement accéder à ses résultats, c'est un bien collectif.

Pour ROMER (2000), l'État a donc un rôle important à jouer. L'État doit intervenir non pas par le biais de la dépense publique mais en venant au secours des innovations par le biais d'une fiscalité compensatrice (moindre taxation des bénéfices issus des produits nouveaux), de mesures juridiques incitant la recherche-développement et les externalités de connaissances, de mesures anti-concurrentielles non dissuasives (ne pas décourager les innovateurs).

Le capital public correspond aux infrastructures de communication et de transport. Elles sont au cœur du modèle élaboré par Robert BARRO (1995).

En théorie, le capital public n'est qu'une forme de capital physique. Il résulte des investissements opérés par l'État et les collectivités locales. Le capital public comprend également les investissements dans les secteurs de l'éducation et la recherche. En mettant en avant le capital public, la théorie de la croissance endogène entend souligner les imperfections du marché.

Outre l'existence de situation de monopole, ces imperfections tiennent aux problèmes de l'appropriation de l'innovation. Du fait de l'existence d'externalités entre les firmes, une innovation — comme il a été dit —, se diffuse d'une façon ou d'une autre dans la société. La moindre rentabilité de l'innovation qui en résulte dissuade l'agent économique d'investir dans la recherche-développement. Dans ce contexte, il pourra incomber à l'État de créer des structures institutionnelles qui soutiennent la rentabilité des investissements privés et de subventionner les activités insuffisamment rentables pour les agents économiques et pourtant indispensables à la société.

En France et en RDC, une illustration du nouveau rôle de l'État prend la forme de pôles de compétitivité, ces derniers ont vu le jour en novembre 2004. Ils se définissent « comme la combinaison, sur un espace géographique donné, d'entreprises, de centres de formation et d'unités de recherche publiques ou privées, engagés dans une démarche partenariale destinée à dégager des synergies autour de projets innovants » (DGCIS, 2009 : 2).

Sur 105 projets déposés, 67 ont reçu le label « pôle de compétitivité » du comité interministériel pour l'aménagement du territoire (CIADT) du 12 juillet 2005. L'État a affecté plus de 1,5 milliard d'€ (période 2006-2008) à ces pôles qui bénéficient également d'exonérations fiscales et d'allégements de cotisations sociales (300 millions d'€). Ces pôles de compétitivité ont été sélectionnés sur la base de trois critères (Marc Jacquet, 2013).

DARMON (2005), prône l'existence d'un partenariat science-industrie, la référence à un marché et/ou une technologie et l'exigence d'un mode partenarial de gouvernance (l'objectif des pouvoirs publics est d'inciter à la coopération une multitude d'acteurs qui doivent maîtriser ensemble le développement du couple marchés/technologies, le choix des actions revient non aux pouvoirs publics mais à cette structure de gouvernance, les pouvoirs publics ne choisissent plus ni les acteurs, ni les produits).

L'objectif de ces pôles vise à rendre les territoires compétitifs ou attractifs. La logique d'agglomération et les effets externes liés à la proximité d'entreprises ayant les mêmes spécialisations favoriseront les entreprises qui y sont ou s'y installeront. La création de pôles sur l'ensemble du territoire doit ainsi donner à certaines régions françaises une impulsion véritable, car 70 % des dépenses en R et D, publique et privée, se réalisent aujourd'hui dans 4 régions (Île-de-France pour 40 %, Rhône-Alpes, PACA et Midi-Pyrénées).

Parmi les 67 projets, six ont déjà une envergure mondiale : l'Île-de-France avec les neurosciences et les systèmes informatiques complexes ; Toulouse et Bordeaux avec l'aéronautique et l'espace ; Lyon avec la santé (Lyon Bio pôle) ; Grenoble avec les nanotechnologies (pôle MINALOGIC avec les solutions miniaturisées intelligentes) ; la région Provence-Alpes-Côte d'Azur avec les communications informatiques sécurisées.

5.2.7. Le courant libéral et l'action économique de l'État

Conformément à la doctrine élaborée aux XVIIIe et XIXe siècles, le rôle de l'État était le maintien de l'ordre public et la réalisation des missions régaliennes. C'est la conception de l'État-gendarme ; selon cette conception, le budget de l'État avait pour mission de financer la force publique, la justice, la diplomatie. Toute autre dépense publique, surtout dans le secteur économie et social, ne répondait pas, selon les classiques, au rôle de l'État et portait atteinte à la liberté individuelle, à l'initiative privée et aux lois naturelles de l'économie du marché. Ainsi le courant libéral ou classique, prône le libéralisme économique et l'abstention de l'État dans l'économie. Il faut promouvoir le laisser-faire et laisser les marchés s'autoréguler par le biais de la main invisible chère à Adam SMITH.

Par ailleurs, depuis les années 1970, il y a résurgence des thèses libérales avec des économistes néolibéraux tels que Milton FRIEDMAN (École monétariste), Thomas SERGENT (Théorie des anticipations rationnelles) et Arthur LAFFER (Théorie de la pression fiscale optimale) qui ont soutenu et prouvé que les interventions de l'État étaient déstabilisantes sur l'économie, que les agents économiques réagissaient toujours aux décisions économiques de l'État, que moins d'État était mieux État. Ils ont prôné des politiques anti-inflationnistes se caractérisant par l'autolimitation du pouvoir financier de l'État et dénoncé les méfaits des déficits budgétaires notamment leurs effets d'éviction sur le secteur privé et leurs effets boule de neige qui font croître l'endettement. Bref, ils ont tous appelé au désengagement de l'État dans l'économie (privatisations) et à la déréglementation (l'État a renoncé d'assumer certaines de ses missions régaliennes de fixer des normes, des règles dans plusieurs secteurs du monde économico-financier). C'est cette doctrine qui prévaut dans le monde anglo-saxon et dans les institutions économiques internationales notamment le fonds monétaire international (FMI). Fort malheureusement, l'autorégulation des marchés n'a toujours pas fonctionné d'une part et d'autre part, il y a l'existence des biens dits publics que les libéraux ont négligés. Ces deux facteurs ont nécessité et nécessitent toujours l'intervention de l'État dans l'économie.

5.2.8. La doctrine interventionniste de l'État dans l'économie

Avec la crise de 1929, le modèle libéral basé sur le laisser-faire devenait caduc parce qu'il venait d'étaler ses limites notamment une crise de surproduction qui a fait plonger les marchés boursiers surtout Wall Street. L'autorégulation du marché n'a pas eu lieu, car l'offre ne créait pas sa propre demande comme le prétendaient les classiques en l'occurrence Jean-Baptiste SAY (1825), et qu'une crise de surproduction n'était pas impossible. Pour faire face aux retombées de la crise, il fallait une nouvelle doctrine pour légitimer l'action de l'État dans l'économie. Le professeur d'économie à l'université de Cambridge, John Maynard KEYNES (1935), dans son livre intitulé *Théorie générale de l'emploi, de l'intérêt et de la monnaie*, a fait l'apologie de l'intervention de l'État dans l'économie et a encouragé les États à voter et à appliquer des budgets en déficit afin de relancer les économies meurtries par la crise. Les grandes politiques d'intervention économique qui vont s'ensuivre dont le New Deal (aux États-Unis) vont être à l'origine d'une croissance soutenue qui va relancer les économies occidentales jusqu'au choc pétrolier de 1973. En France, les trente années de croissance qui ont précédé la récession engendrée par le choc pétrolier de 1973 ont été qualifiées de Trente Glorieuses. À l'État-gendarme des libéraux, avait succédé l'État-providence qui, en réalité, ne fait que compléter le premier.

5.2.9. La crise de l'État-providence

Au lendemain de la crise économique de 1974 et à la suite de l'échec des politiques de relance keynésiennes, l'État-providence est sérieusement remis en question. Sur le plan économique, les thèses monétaristes de Milton FRIEDMAN remettent en cause l'efficacité des politiques keynésiennes en leur attribuant la montée de l'inflation ; les théoriciens de l'économie de l'offre, en la personne d'Arthur LAFFER, dénoncent le poids excessif des prélèvements obligatoires et leurs conséquences sur le comportement des agents économiques (réduction de la propension à travailler).

Sur le plan politique, Margaret THATCHER et Ronald REAGAN entendent incarner ce puissant mouvement de contestation et le renouveau de la pensée libérale. Sur le plan social, le ralentissement de la croissance économique conduit à une inquiétude concernant le financement de la protection sociale et le versement des revenus de transferts, aux yeux de financement de la protection sociale et le versement des revenus de transferts. Aux yeux de Pierre ROSANVALLON (1981), l'État-providence traverserait une triple crise (financière ; d'efficacité et de légitimité) qui obligerait l'ensemble des économies occidentales à reconsidérer la place et le rôle de l'État.

5.2.9.1. La crise financière

La situation des finances publiques des pays occidentaux s'est traduite dans les années 80 et 90 par un accroissement régulier des déficits publics et la montée de l'endettement. La France n'échappe pas à cette évolution.

Pour avoir une vue exacte de la situation des finances publiques, il conviendrait de rajouter au déficit budgétaire de l'État, la situation des organismes divers d'administration centrale : le déficit des administrations locales et celui des organismes de sécurité sociale. Le déficit de la sécurité sociale s'explique par une inadéquation entre les besoins et les recettes. Les recettes évoluent avec la masse salariale et dépendent des effectifs occupés (population active) ainsi que des salaires. Ces derniers sont eux-mêmes fonction de l'évolution des qualifications et des gains de productivité dégagés par l'économie française. Les besoins répondent à des déterminants propres qui sont différents selon les risques mais dont aucun n'est lié à l'évolution des recettes. Il s'agit notamment de l'évolution du taux de fécondité pour la branche famille, de la modification de l'espérance de vie pour les retraites, de l'évolution de la population totale, du progrès médical pour l'assurance maladie.

5.2.9.2. La crise économique

La protection sociale serait à l'origine d'un double effet : un effet pervers (les prélèvements sociaux, jugés d'un niveau excessif, augmentent les coûts salariaux et seraient l'une des causes du chômage, en voulant protéger les salariés, on limiterait leur accès à l'emploi) et un effet de désexcitation des agents économiques (la part excessive prise pour la redistribution diminue la part du revenu direct, réduisant en conséquence l'incitation à produire chez les individus, la protection des salariés limiterait leur accès à l'emploi). Dans ce dernier cas, on considère que la distribution des revenus de transferts peut occasionner un système de trappes.

Dans le cas de la trappe à chômage et à inactivité, les décisions d'offre de travail sont le résultat de choix discrets (passage du non-emploi à l'emploi à temps partiel, ou du temps partiel au temps plein, ou d'un emploi à un autre emploi mieux rémunéré). Si, en passant du non-emploi à temps partiel, l'individu ne perçoit qu'un gain faible ou nul, il peut alors être tenté de rester inactif.

Dans le cas de la trappe à pauvreté, l'interaction de l'impôt sur le revenu et des prestations sociales crée un ou plusieurs points de retournement sur la contrainte budgétaire des travailleurs à faible revenu. Au-delà de ces points, travailler davantage rapporte moins à la marge. Ainsi, ceux qui sont sur le marché du travail ne sont pas incités à travailler au-delà d'un certain nombre d'heures.

5.2.9.3. La crise sociale

L'État-providence ne serait pas parvenu à atteindre l'un des objectifs prioritaires qu'on lui avait assigné à l'origine : la réduction des inégalités. Il est clair que l'effort en vue d'assurer une plus grande égalité réelle entre les individus au travers des politiques sociales, et notamment la redistribution, se révélait vain, celles-ci ne faisant souvent que reproduire les inégalités économiques. En France, ces inégalités connaissent un double mouvement : elles se généralisent à de nombreux domaines de la vie économique et sociale ; elles se creusent dans des domaines particulièrement sensibles au vécu de l'individu.

Traditionnellement, on distingue deux types d'inégalités : les inégalités entre catégories socioprofessionnelles et à travers elles, entre classes sociales (inégalités des revenus, de consommation, de patrimoine, d'accès à la santé) ; les inégalités extra-professionnelles (entre sexes, classes d'âge, espaces sociaux : ville/campagne). Si les premières sont bien connues, car appuyées par des données statistiques, les secondes sont, quant à elles, plus difficiles à déchiffrer. Plus précisément, la diversité des inégalités ne soit pas cacher une idée de force : elles reposent toutes sur des différences de formation et des différences d'emplois.

Lorsque l'on aborde le problème des inégalités sociales, et plus précisément la notion de justice sociale, force est de constater que l'on peut appréhender ce terme sous deux angles radicalement différents.

La justice sociale est associée à l'idée d'égalité. Le débat sur l'égalité s'ordonne autour de deux idées opposées : d'une part, l'inégalité est systématiquement dénoncée parce qu'elle traduit l'existence d'un pouvoir économique de certains individus sur d'autres, d'autre part, l'inégalité est acceptée si elle est le résultat d'actions librement engagées par un individu et pleinement consenties par les autres (si un individu perçoit des revenus plus élevés que d'autres parce qu'il a fait le choix de travailler plus, l'inégalité est juste). Dans cette dernière vision, l'égalité entre les agents n'est pas souhaitable pour trois raisons principales : l'égalité est synonyme d'uniformité ; l'égalité est synonyme d'inefficacité : l'égalité n'est pas toujours compatible avec la notion de liberté.

La justice sociale peut dans un second temps être associée à l'idée d'équité. Cette conception des inégalités sociales fut introduite par John Rawls dans les années 70. Selon cet économiste américain, les inégalités sociales doivent remplir deux conditions ; elles doivent tout d'abord être ouvertes à tous dans des conditions de juste égalité des chances. Ce qui signifie qu'elles sont acceptables dès lors qu'à la base, tous les individus ont eu des chances égales pour les faire émerger. Elles doivent ensuite être au plus grand avantage des membres les plus défavorisés. Ainsi, le droit des plus défavorisés à l'aide sociale, l'instauration d'un minimum social garanti sont autant d'inégalités totalement légitimes.

5.3. Justification, rôle et moyens de l'intervention de l'État dans l'économie

5.3.1. Justification de l'intervention de l'État et son rôle dans l'économie

5.3.1.1. Justification de l'intervention de l'État en économie

– Les déficiences du marché

Le marché ne fonctionne pas toujours de façon à sauvegarder les intérêts de tous les agents, à assurer sa survie et à éviter des crises. C'est pourquoi l'État doit intervenir pour protéger les intérêts communs et assurer le fonctionnement optimal de l'économie. Tel fut le cas en 2007-2008 avec la crise de subprimes déclenchée par les marchés immobiliers et financiers américains de suite d'une distribution inconsidérée des crédits immobiliers aux ménages sans commune mesure avec leurs revenus.

– L'existence des biens collectifs

À côté des biens privés qui sont l'objet de l'économie marchande, il existe des biens dits collectifs ou publics qui ont les caractéristiques suivantes : une fois produits, ils produisent, ils profitent à tous les usagers de la même façon sans que la consommation de l'un puisse préjudicier celle de tous les autres. C'est le cas de l'éclairage public. Par ailleurs, dès qu'un bien public est mis à la disposition de l'un tout le monde en bénéficie. D'où la difficulté d'en faire payer le prix aux usagers, car ceux-ci vont recouvrir systématiquement à la non-révélation des préférences. Dès lors, la production de tels biens ne peut être assurée que par les pouvoirs publics, car on ne peut pas opérer de discrimination de la consommation dès qu'ils sont mis en marche.

– La fonction de redistribution

Les répartitions primaires des revenus et de la richesse nationale ne satisfont toujours pas aux principes de la justice et de l'équité sociale. D'où le rôle de l'État de devoir restaurer cette justice et cette équité sociale en agissant dans l'économie par la fiscalité et les transferts (subventions, prestations sociales). Il y a deux types de redistribution : horizontale et verticale. La redistribution est dite verticale quand l'État redistribue en faveur des agents économiques défavorisés par la répartition primaire ; en revanche, cette redistribution est horizontale quand elle représente les transferts entre agents : par exemple, on prend aux riches pour donner aux pauvres ; les bien-portants financent les soins de santé des malades. En veillant à la redistribution, au plus grand bien-être collectif et à la meilleure protection contre les risques, l'État est devenu l'État-providence ou le Welfare State chez les Anglo-Saxons.

Passons à présent aux instruments d'intervention de l'économie dans l'orientation de l'économie.

5.4. Les instruments d'intervention de l'État dans l'économie

5.4.1. Les politiques conjoncturelles

Les politiques conjoncturelles sont des politiques de court terme qui portent essentiellement sur la demande globale dans le but de stabiliser ou de relancer l'économie.

5.4.2. Politique de stabilisation macroéconomique

Également appelée politique de rigueur ou d'austérité, la politique de stabilisation est constituée d'un arsenal de mesures afin de lutter contre l'inflation, conséquence de l'excès de la demande globale sur l'offre. La stratégie consiste à réduire cette demande globale par l'action des pouvoirs publics sur la masse monétaire et sur le budget en menant une politique économique restrictive (élévation des taux d'intérêt directeurs de la banque centrale, diminution des dépenses publiques, augmentation de la pression fiscale) afin de réduire la liquidité de l'économie.

5.4.3. Politique de relance

La politique de relance a pour objectif de faire redémarrer l'activité économique grippée à cause de la rareté de liquidités ou qui est en récession en opérant l'accroissement de la demande globale. Dès lors, l'ensemble des mesures monétaires et budgétaires aura pour effet d'accroître les liquidités dans l'économie par la baisse des taux d'intérêt, par l'augmentation de la masse monétaire, par l'augmentation des dépenses publiques et par la baisse des impôts.

5.4.4. Les politiques structurelles

Les politiques structurelles sont constituées des mesures sur les structures économiques, politiques dans le but d'augmenter l'efficacité de l'appareil productif. Ces politiques ont un horizon temporel d'impact de moyen et long termes. Ici, les mesures sont prises dans tous les secteurs (politiques sectorielles) : agriculture, transport, infrastructures, industrie, marché du travail, commerce extérieur, réglementation économique, recherche, formation professionnelle, fonctionnement des marchés et institutions financières, etc.

5.4.5. Les politiques structurelles de type libéral

Ces politiques ont pour but de favoriser un meilleur fonctionnement des marchés et le désengagement de l'État. En effet, l'État cherche à alléger son emprise sur l'économie par dérèglementation (libéralisation des prix en 1986, suppression de l'encadrement du crédit en 1984, suppression de l'autorisation administrative de licenciement, suppression du contrôle des changes en 1986) et par les privatisations pour rendre les entreprises plus productives et plus rentables en les soumettant à la concurrence. C'est dans cette catégorie qu'il faut classer les politiques d'ajustement structurel qui ont été menées par le FMI et la Banque mondiale dans les pays en voie de développement (PVD).

5.4.6. Les politiques structurelles de type interventionniste

À cause du fonctionnement non optimal des marchés, l'État est tenu d'intervenir dans les structures de l'économie afin d'assurer le progrès économique et le bien-être des populations. De ce fait, l'État agit par la réglementation (création du salaire minimum interprofessionnel garanti en 1952, instauration de la 5ᵉ semaine des congés payés en 1982, loi Fillon sur les retraites en 2003, etc.), de grands travaux et les nationalisations. Ces nationalisations ont pour mission de prendre en charge les entreprises en difficulté mais indispensables à l'économie nationale, de protéger la collectivité par rapport aux intérêts privés, de doter l'État d'un pouvoir suffisant pour orienter l'activité économique, de contrôler les entreprises stratégiques et d'accroître l'indépendance nationale.

6. APPROCHE THÉORIQUE SUR LA POLITIQUE FISCALE

Dans ce chapitre, il sera question d'une part de présenter les approches théoriques de la fiscalité selon les différents courants : selon le courant libéral, nous avons retenu la théorie de la courbe de cloche d'Arthur LAFFER et la théorie de la fiscalité d'Ibn KHALDOUN ; selon le courant classique, nous avons retenu les pensées d'Adam Smith, de David RICARDO et de Jean-Baptiste SAY ; nous avons également le courant keynésien et en dernière position, nous avons parlé de la théorie moderne de la fiscalité optimale du prix Nobel James A. MIRRLEES.

Selon le courant libéral, nous avons pris :

6.1. La théorie de la courbe de la cloche d'Arthur LAFFER

« Trop d'impôts tue l'impôt ! ». Ce dicton populaire est le propre d'une économie libérale américaine. Arthur LAFFER s'insurge en ardent défenseur de la réduction des impôts lors d'un dîner organisé en décembre 1974 entre le journaliste WANNISKI, LAFFER (de l'Université de Chicago), Donald RUMSFELD (Directeur de cabinet du président Gerald Ford) et Dick CHENEY (adjoint de Rumsfeld et ancien condisciple de Laffer à Yale), dans un restaurant français de Washington. Arthur LAFFER aurait dessiné sur la nappe une courbe illustrant le « Trade-off » entre les taux d'imposition et les revenus fiscaux, ce que le journaliste appela la « courbe de Laffer » (une courbe « en cloche »), et l'expression a connu un grand succès dans les années 1980 et surtout 1986 lors des réductions d'impôts de l'administration Reagan.

Le but de cette courbe en cloche est de montrer l'existence d'un plafond des recettes fiscales. Au fur et à mesure que le taux marginal d'impôt augmente, les recettes fiscales augmentent jusqu'à leur maximum (le sommet de la cloche), car à partir de 100 %, il y a baisse de rendement de ces rentrées fiscales. Donc, plus on travaille et plus on paie des impôts, mais, parvenus à un taux, il y a un effet pervers qui se produit, n'incitant plus au travail, ne voulant plus travailler au service exclusif de l'État.

Autrement dit, à partir d'un certain taux d'imposition, la baisse du volume de production diminue la base d'imposition. On est en droit d'ajouter que la trop forte hausse du taux d'imposition suscite des comportements d'évasion, voire de fraudes fiscales, qui sont à l'origine de pertes fiscales pour l'État. Par conséquent, plus le taux d'impôt augmente, plus les rentrées fiscales sont importantes jusqu'à un certain taux. En effet, ensuite, les recettes baissent du fait que les agents économiques refusent de travailler, ou pratiquent la fraude fiscale pour éviter une taxation trop lourde. En poussant à l'extrême la démonstration de Laffer, une taxation à 100 %, par exemple, ferait que très certainement, personne ne voudrait travailler.

Cette théorie a donc été appliquée par l'administration Reagan dans les années 80 à 86, mais aucune vérification de la courbe de Laffer n'a été apportée, débouchant même sur les résultats plutôt controversés. Par exemple, il y a l'inévitable « effet-retard » d'une diminution des taux d'imposition, avant que l'on ne puisse constater que les caisses de l'État se remplissent de nouveau (il peut s'écouler plusieurs mois pendant lesquels la situation peut être difficile à gérer). Le paradoxe de la fiscalité est le suivant : plus les impôts augmentent, plus ils sapent l'économie de marché et, parallèlement, le système fiscal lui-même. Chaque impôt lui-même en lui-même, et de même l'ensemble du système fiscal d'un pays, se détruit lui-même en dépassant un certain niveau des taux de prélèvement.

Graphique n° 1 : La courbe de Laffer[5]

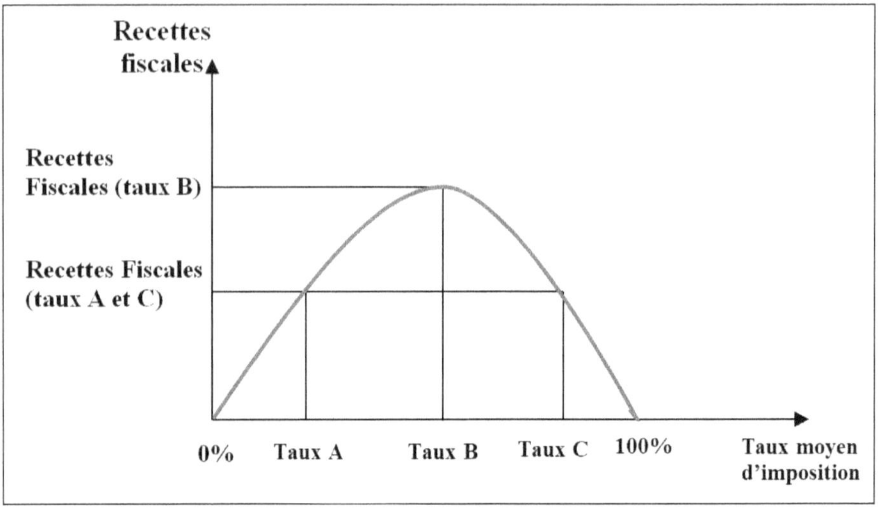

La courbe de Laffer se base sur les effets microéconomiques : « effets de substitution et effet de revenu ».

6.1.1. La hausse des taux d'imposition entraîne un effet des substitutions

Un accroissement de la fiscalité entraîne une baisse des salaires effectivement perçus ce qui revient à une diminution du coût du loisir et conduit le contribuable à réduire son offre de travail.

6.1.2. La hausse des taux d'imposition entraîne un effet de revenu

Les ménages souhaitent maintenir leur niveau de compensation. Ils vont donc compenser la perte de revenu liée à la hausse de la fiscalité par une offre de travail plus abondante.

6.1.3. Toute la question est de savoir quel est l'effet qui va dominer

« Il n'y a pas de raison pour qu'on puisse s'attendre *a priori* à ce qu'un impôt sur le revenu accroisse ou réduise l'offre de travail. Seule la recherche empirique peut fournir une réponse » (MUSGRAVE). Tout va donc dépendre du poids de la fiscalité.

[5] https://www.melchior.fr

6.2. La théorie de la fiscalité d'Ibn KHALDOUN

Le noyau de la théorie de la fiscalité d'Ibn KHALDOUN, s'axe autour de la réduction des montants des impôts individuels perçus sur les personnes capables d'entreprendre. De cette manière, ces personnes seront psychologiquement disposées à entreprendre, parce qu'elles peuvent être confiantes de tirer profit d'eux.

Ainsi, il préconise de diminuer le fardeau de la fiscalité pour les hommes d'affaires et les producteurs et aux revenus du gouvernement. Dans la pratique, il a constaté qu'à l'étape initiale, le gouvernement s'appuie sur des taxes faibles, conformément à la loi islamique. En conséquence, les entreprises augmentent en nombre et en taille et permettent ainsi à l'assiette fiscale, aux recettes fiscales et à l'excédent du gouvernement de grandir.

KHALDOUN constate qu'au début d'une dynastie, la fiscalité génère un revenu important à partir d'une petite évaluation, et qu'à la fin d'une dynastie, la fiscalité produit un faible revenu à partir d'une grande évaluation. Ces changements reposent sur la religion : la dynastie n'impose que les taxes prévues par la loi religieuse, telles que les taxes de charité, la taxe foncière et la taxe de vote. Ces taxes se réduisent à de petites évaluations. Car il est connu par chaque membre de la communauté que la taxe de bienfaisance sur les biens est faible. Il en va de même pour la taxe de charité sur les céréales et le bétail, ainsi que pour l'impôt sur les sondages, l'impôt foncier et toutes les autres taxes exigées par la loi religieuse, qui ont des limites des seuils ne pouvant pas être dépassés.

En conséquence, les recettes fiscales, qui sont la somme totale (des évaluations individuelles), augmentent. Au fil du temps, les dépenses royales augmentent, de sorte que les dépenses privées en particulier augmentent également et intensifient le coût en argent de la main-d'œuvre et d'autres objets de dépenses royales. Il devient donc nécessaire pour le gouvernement, s'il doit continuer ses dépenses à un taux élevé et croissant, d'augmenter les taux d'imposition et de prélever des droits de douane de plus en plus élevés.

De cette façon, le gouvernement est pris dans un cercle vicieux de crise financière. Ce qui explique que la carence d'argent suffisant entraîne un effondrement financier au sein de la dynastie — sa fondation d'argent serait compromise — qui ne serait plus en mesure de soutenir l'armée d'une manière satisfaisante. Par conséquent, sa désintégration, déjà en cours, serait accélérée.

6.3. Adam Smith[6]

Il est anachronique de faire de Smith un farouche opposant à l'État sous prétexte des missions limitées qu'il lui assigne (sécurité militaire, administration de la justice et construction de bâtiments d'utilité publique). Mais ces passages sont la base des conceptions progressivement hostiles à des

[6] Adam Smith, *Recherche sur la nature et les causes de la richesse des nations*, Dalloz, Paris, 2006.

économistes classiques. Ainsi, Smith a été placé dans un récent recueil de théoriciens contre l'impôt (LAURENT et REINCHMAN, 2000 : 1-6). Cependant, les potentialités présentées dans les conceptions fiscales de Smith sont en réalité plus importantes que leur simple lettre. Smith propose les quatre maximes suivantes sur les impôts en général.

- **Première maxime** : les sujets d'un État doivent contribuer au soutien du gouvernement, chacun le plus possible en proportion de ses facultés, c'est-à-dire en proportion du revenu dont il jouit sous la protection de l'État. La dépense du gouvernement est, à l'égard des individus d'une grande nation, comme les frais de régie sont à l'égard des copropriétaires d'un grand domaine qui sont obligés de contribuer tous à ces frais à proportion de l'intérêt qu'ils ont respectivement dans ce domaine. Observer cette maxime ou s'en écarter, constitue ce qu'on nomme égalité ou inégalité dans la répartition de l'impôt. Qu'il soit, une fois pour toutes, observé que tout l'impôt qui tombe en définitive sur une des trois sortes de revenus seulement, est nécessairement inégal, autant qu'il n'affecte pas les deux autres.
- **Deuxième maxime** : la taxe ou portion d'impôt que chaque individu est tenu de payer doit être certaine et non arbitraire. L'époque du paiement, le mode du paiement, la quantité à payer, tout cela doit être clair et précis, tant pour le contribuable qu'aux yeux de toute autre personne. Quand il en est autrement, toute personne sujette à l'impôt est plus ou moins mise à la discrétion du percepteur qui peut alors aggraver la taxe par animosité contre le contribuable, ou bien, à la faveur de la crainte qu'a celui-ci d'être ainsi surchargé, extorquer quelques présents ou quelques gravitations. L'incertitude dans la taxation autorise l'insolence et favorise la corruption. La certitude de ce que chaque individu a à payer est, en matière d'imposition, une chose d'une telle importance, qu'un degré d'inégalité très considérable.
- **Troisième maxime :** tout impôt doit être perçu à l'époque et selon le mode que l'on peut présumer les moins gênants pour les contribuables. Un impôt sur la rente des terres ou le loyer des maisons, payables au même terme que se paient pour l'ordinaire ces rentes ou loyers, sont perçus à l'époque à laquelle il est à présumer que le contribuable peut plus commodément l'acquitter, ou quand il est le plus vrai semblable qu'il a de quoi le payer.
- **Quatrième maxime :** tout impôt doit être conçu de manière qu'il fasse sortir des mains du peuple le moins d'argent possible au-delà de ce qui entre dans le Trésor de l'État, et en même temps qu'il tienne le moins longtemps possible cet argent hors des mains du peuple avant d'entrer dans ce Trésor.

Un impôt peut faire sortir des mains du peuple plus d'argent les besoins du Trésor public, ou tenir cet argent hors de ces mains plus longtemps que ces mêmes besoins ne l'exigent.

L'examen qui suit, dans lequel nous passerons très succinctement en revue quelques-uns des principaux impôts qui ont eu lieu en différents temps et en différents pays, fera voir que les efforts de toutes les nations à cet égard ne leur ont pas également bien réussi.

Les différents spécialistes de l'histoire de la pensée économique débattent des influences de SMITH. En effet, ces canons de la taxation ne sont pas spécifiques à Smith. J. A. SCHUMPETER, très critique à l'égard de Smith, considère qu'ils le sont davantage, qui plus est, la première maxime de Smith apparaît comme conforme à ce qui était enseigné par GROTIUS, HOBBES, PUFENDORF et les caméralistes, bien que ce soit à William PETTY qu'il reprenne l'équivalence entre une fiscalité fondée sur les facultés contributives et la prise en compte des bénéfices retirés de l'action publique selon laquelle il est généralement admis par tous que les hommes devraient contribuer aux charges publiques selon leurs intérêts pour le compte du public et la part qu'ils en retirent ; c'est-à-dire selon leur situation de richesse. Il s'agit de la théorie classique de l'impôt-échange, que développent aussi bien HOBBES, VAUBAN, MONTESQUIEU.

6.4. David Ricardo

Pour Ricardo, dans *Principes de l'économie politique de l'impôt*, il soutient que l'impôt est cette portion du produit de la terre et de l'industrie d'un pays, qu'on met à la disposition du gouvernement. En définitive, cette portion est toujours payée par le capital ou le revenu de la nation.

Lorsque la consommation du gouvernement augmente par la levée de nouveaux impôts, et suivie, soit d'une augmentation de production, soit d'une consommation moins forte de la part de la nation, l'impôt ne frappe que le revenu, et le capital national reste intact ; mais s'il n'y a ni augmentation de production ni diminution de consommation dans la nation, l'impôt atteint nécessairement le capital.

Il faut reconnaître que sans les prélèvements de l'impôt, cet accroissement de richesse eût été bien plus rapide. Il est peu de taxes qui n'aient une tendance à diminuer la puissance d'accumulation inhérente aux capitaux. Tout impôt doit nécessairement atteindre le capital ou le revenu. S'il frappe le capital, il diminue proportionnellement le fonds dont l'importance règle le développement que peut recevoir l'industrie d'un pays ; s'il atteint le revenu, il affaiblit l'accumulation ou force les contribuables à combler, par l'épargne, le vide que fait l'État dans leurs ressources ; et la consommation improductive des objets de luxe, d'agrément ou même de première nécessité diminuera dans le pays. Plus que d'autres sont de nature à produire cet effet ; mais les maux qui résultent d'impôts exagérés se révèlent moins par tels désordres partiels que par l'influence qu'ils exercent sur l'ensemble de fortune publique.

Le désir que tout homme ait de maintenir son rang dans le monde, et de conserver intacte sa fortune, fait que la plupart des impôts sont payés par le revenu, qu'ils se trouvent, d'ailleurs, assis sur les capitaux ou sur les revenus.

Par conséquent, au fur et à mesure que les impôts augmentent ainsi que les dépenses du gouvernement, la dépense annuelle de la nation doit diminuer, à moins que le peuple ne puisse augmenter son capital et son revenu dans les mêmes proportions. Il est de l'intérêt de tout gouvernement d'encourager cette disposition dans le peuple, et de ne jamais lever des impôts qui atteignent inévitablement les capitaux ; car on attaque ainsi les fonds destinés à l'entretien de l'industrie, et on diminue par conséquent la production future du pays.

6.5. Jean-Baptiste Say

Pour Jean-Baptise Say, dans *Traité d'économie politique*, il soutient que l'impôt est cette portion des produits d'une nation, qui passe des mains des particuliers aux mains du gouvernement pour subvenir aux consommations publiques.

Quel que soit le nom qu'on lui donne, qu'on l'appelle contribution, taxe, droit, subside, ou bien don gratuit, c'est une charge imposée aux particuliers, ou à des réunions de particuliers, par le souverain, peuple ou prince, pour fournir aux consommations qu'il juge à propos de faire à leurs dépens. C'est donc un impôt.

Jean-Baptiste Say dénonce plusieurs effets de l'impôt sur l'activité économique. D'abord, l'imposition décourage les contribuables à produire. Ensuite, c'est à nouveau le consommateur qui est lésé en payant l'impôt puisque le producteur imposé répercute le montant de l'impôt sur le prix du produit vendu. Le consommateur est donc amené à réduire sa demande ce qui fait diminuer les profits des producteurs. L'impôt nuit donc à la production, incite la fraude et oblige le fisc à prendre des mesures qui accroissent le coût de la perception et réduisent ainsi l'efficacité de l'impôt. Son seul impact favorable est d'obliger les producteurs confrontés à un accroissement de leur coût de production à rechercher des procédés de production plus performants.

D'un autre côté, dira-t-on que la nécessité de payer l'impôt oblige la classe industrielle à un redoublement d'efforts, d'où résulte un accroissement de production ?

En effet, en premier lieu, les efforts ne suffisent pas pour produire. Il faut encore des capitaux, et l'impôt est ce qui rend difficile l'épargne dont se forment les capitaux. En second lieu, ce que l'on produit pour satisfaire le collecteur n'augmente pas la richesse nationale, puis que le produit des impôts se dépense improductivement.

Le seul point de vue sur lequel l'impôt peut sembler favorable à la production est celui qui stipule qu'en augmentant les frais de production d'un côté, il oblige les producteurs à s'ingénier pour les diminuer d'un côté par des procédés plus efficaces et plus expéditifs. On attribue aux lourds impôts de l'État les procédés utiles dont il a enrichi. Mais qu'est-ce que l'État y a gagné, si elle ne paie pas moins cher les objets de sa consommation, si l'impôt produit souvent un bien quant à son emploi, il est toujours un mal quant à sa levée.

Pour les classiques, l'intervention de l'État est neutre. Cela tient du fait que pour eux, la somme des intérêts individuels conduit à l'intérêt général. En termes d'illustration, citons le père de l'économie classique, Adam SMITH (1780), qui dit ceci :

« Puisque tout individu s'efforce autant qu'il est capable d'employer son capital dans l'intérêt de l'industrie nationale, et de diriger ainsi cette industrie de telle sorte que son produit soit de la plus grande qualité possible, tout individu travaille nécessairement, à rendre le revenu annuel de la société aussi grand qu'il peut..., en agissant ainsi, il n'a d'autre but que son propre gain et, est, en ceci comme dans beaucoup d'autres cas, conduit par une main invisible, à réaliser une fin qui n'est nullement dans ses intentions. »

Selon les classiques, il ne peut donc y avoir d'intervention positive dans l'économie. « La fiscalité, sous toutes ses formes, n'offre qu'un choix de maux », écrivit Ricardo (1780). « Une intervention de l'État ne ferait qu'entraver la bonne marche de l'économie. En effet, elle dénonça le rôle néfaste des prélèvements de l'impôt, cet accroissement de la richesse eût été bien plus rapide... »

6.6. Selon le courant keynésien

Une innovation significative, résultat de la nouvelle affaire de Roosevelt, était l'idée que le gouvernement pourrait contrôler le cycle économique par des politiques monétaires et fiscales appropriées. « Par politique monétaire », on entend la gestion de système signifié de réservation fédérale du degré de solvabilité et de masse monétaire accrue sans qu'une plus grande quantité de marchandises et de services apporte l'inflation, ou les prix plus élevés des marchandises et des services. Le système de réservation fédérale contrôle l'approvisionnement en argent dans la perspective de favoriser la croissance économique stable.

La politique fiscale est la propre dépense de gouvernement fédéral signifié. Avant la nouvelle affaire, le gouvernement fédéral était content pour dépenser l'argent principalement en ses fonctions traditionnelles telles qu'actionner les cours, diriger la poste, et conduire des guerres. Roosevelt et ses conseillers réalisaient, cependant, que si le gouvernement pourrait dépenser sur des projets de travail public, il pourrait dépenser pour la dépense. Le gouvernement des États-Unis emprunterait de l'argent et puis le dépenserait pour fournir le stimulus économique. Et ainsi, la nouvelle affaire est associée aux projets tels que l'administration d'avancement de travaux (Works Progress administration WPA), l'autorité de vallée du Tennessee (Tennessee Valley Autority TVA), et l'administration nationale de rétablissement (National Restoration Administration NRA).

John Maynard KEYNES, un économiste britannique et auteur de la *Théorie générale d'emploi, d'intérêt, et d'argent*, édité en 1936, est venu à Washington pour conseiller l'administration de Roosevelt, qui a causé tout à fait une agitation. Fondamentalement, le Seigneur KEYNES a préconisé la dépense accrue du gouvernement comme traitement pour la grande dépression. Plus de dépense sans recettes fiscales accrues, naturellement, augmenterait la dette nationale. Cependant, les économistes keynésiens ont argué du fait que les déficits budgétaires étaient défendables pendant de bas points dans le cycle économique parce que les dépenses accrues par le gouvernement stimuleraient l'économie et l'apporteraient plus rapidement hors d'une récession. Puis, en période de prospérité, le gouvernement a pu courir des surplus budgétaires et payer en bas de la dette. La gestion appropriée de ses politiques fiscales a exigé cet équilibre du gouvernement, le budget au-dessus du cycle économique entier, pas dedans tous les ans.

Il devrait comprendre, cependant, que l'économie des États-Unis est demeurée dans un état diminué pendant dix années. La dépense keynésienne, tandis qu'utile, n'a pas prêté la grande dépression. Ce qui a fait le tour était l'entrée de l'Amérique dans la Seconde Guerre mondiale. Le gouvernement fédéral empruntait pour financer cette guerre. Les consommateurs américains ne pouvaient pas en attendant acheter des produits de consommation en raison du manque de temps de guerre. Après la guerre, les consommateurs sont allés sur une énorme situation de complexité. En même temps, le gouvernement fédéral avait fait un investissement permanent dans la guerre.

Il avait créé ce que le Président EISENHOWER a appelé « le complexe militaire-industriel ». Sans l'admettre, les politiciens ont maintenant fait des guerres afin d'augmenter les emplois et maintenir aussi bien la stabilité économique et politique pour « la défense nationale ». « Nous avions trouvé un nouveau produit », ainsi pour parler, qui pourrait être inclus dans le PNB. Les guerres étaient un composant de notre prospérité nationale.

En outre, pour KEYNES, l'initiative privée ne peut aboutir à aucun équilibre sur aucun marché. De ce fait, l'intervention de l'État se justifie. Dès lors, la conception de la neutralité de l'impôt est donc remise en cause. Il est désormais admis que l'impôt crée des distorsions dans leur consommation (impôt sur la consommation comme la TVA qui entraîne une hausse des prix), celle-ci étant fonction du revenu disponible après impôt. Ainsi, toute mesure fiscale, toute création d'impôt, toute modification ou suppression d'un impôt, a une incidence directe sur la production. Dès lors, il semble mieux d'appréhender le fonctionnement et les effets perturbateurs des prélèvements fiscaux afin de les orienter dans le sens souhaité. C'est ainsi que naît la « fiscal policy ».

6.7. La théorie optimale de la fiscalité

La théorie moderne de la fiscalité optimale repose sur les travaux fondateurs du prix Nobel James A. MIRRLESS qui a, le premier, proposé une modélisation de l'impôt optimal. La fiscalité modifie la répartition primaire des revenus par le biais des prélèvements obligatoires et des transferts. Cet objet distributif est admis dans l'ensemble des économies modernes depuis le XXe siècle. Mais des effets microéconomiques de substitution s'ajoutent à cet effet macroéconomique : la taxation des revenus du travail ou du capital peut induire des distorsions dans les choix individuels des contribuables, qui diminuent les recettes fiscales. En d'autres termes, les agents économiques réagissent aux hausses ou aux baisses d'impôt, aux transferts, ou encore à l'introduction d'un « impôt négatif », en modifiant leurs décisions de production ou d'épargne, leur offre de travail, voire leurs sources de revenus (problème des « trappes à inactivité » ou de l'évasion fiscale, par exemple, effet Laffer...). L'imposition optimale est alors un système de prélèvements obligatoires qui maximise les recettes fiscales, tout en minimisant les désincitations à l'effort chez les contribuables. Le problème posé est donc celui du choix des barèmes et de la forme d'imposition des revenus qui maximise le bien-être collectif ; ce choix résulte, comme l'a montré MIRRLEES, d'un arbitrage entre redistribution et efficacité économique, dès lors qu'on cherche à limiter les coûts d'efficience de l'imposition (effets négatifs sur l'activité économique) tout en poursuivant un objet d'équité donné, fonction des préférences collectives. Le principal résultat de la théorie de MIRRLEES et de ses développements est que le taux marginal d'imposition — le taux de prélèvement sur le dernier euro gagné — qui optimise le bien-être social est un taux régulièrement décroissant avec les revenus et qui tend vers zéro pour les plus hauts revenus (« zéro top rate »). Ce résultat a constitué une remise en cause de la progressivité de l'impôt (AURÉLIEN BELEAU, 2013 : 11).

L'objectif de MIRRLEES dans son modèle de « stabilisation optimale » est de rendre compte du « coût social » des politiques publiques ; lorsqu'il parle de « coût », il désigne les distorsions qu'induit l'introduction d'une taxe, nécessaire au financement des dépenses publiques ; pour étayer cette idée, il reprend l'exemple de l'inflation et des difficultés de mesurer son coût pour la société ; il estime que l'augmentation des prix nuit aux anticipations et baisse la valeur des encaisses réelles. Ce coût social de l'inflation ne peut être entièrement dérivé d'une fonction de bien-être. L'élément incertain chez MIRRLEES a trait aux effets et aux coûts induits par l'intervention publique par l'intermédiaire de la politique fiscale et des dépenses publiques ; la question principale de son modèle est d'évaluer le coût social d'une augmentation des impôts consécutive à ce déséquilibre pour financer de nouveaux investissements publics. Il est à signaler que l'utilité sociale de ces nouveaux investissements n'est pas étudiée ici.

7. PRÉSENTATION GÉNÉRALE DE CONCEPTS DE L'INVESTISSEMENT DIRECT ÉTRANGER

7.1. L'investissement

L'investissement est la variable clé de l'évolution économique. À court terme, l'instabilité des décisions d'investissement est la principale où sont déterminées les capacités des productions d'une économie (Patrick VALLIEU,

2000 : 8). Dans le langage courant, la notion de l'investissement décrit une multitude d'opérations : investir en bourse, dans l'éducation, etc.

Au sens plus large, c'est l'acquisition des biens de production ou encore c'est l'acquisition d'un actif dont on espère obtenir un rendement (STIGLITZ et CARL WASH, 2004 : 381). L'investissement, dans tous les cas, s'oppose à la consommation immédiate c'est-à-dire à la satisfaction de l'utilisation et éventuellement des biens et services. Concernant l'investissement au niveau microéconomique, la comptabilité privée identifie trois grands types d'investissements :

- L'investissement matériel ;
- L'investissement financier et
- L'investissement immédiat.

Au niveau macroéconomique, la comptabilité nationale substitue ce terme au profit de la formation brute du capital fixe (FBCF) qui constitue la valeur des biens durables acquis par les unités de production pour être utilisés pendant au moins un an dans le processus de production.

7.1.1. Investissements directs étrangers (IDE)

Pour le FMI, l'IDE est « toute opération de prise de participation supérieure ou égale à 10 % au-delà des frontières nationales (créations d'entreprise, prise de participation, les bénéfices investis, les emprunts entre filiales) ».

Selon l'INSEE, les IDE sont « des investissements qu'une unité institutionnelle résidente d'une économie effectuée dans le but d'acquérir un intérêt durable dans une unité institutionnelle résidente d'une autre économie et d'exercer, dans le cadre d'une relation à long terme, une influence significative sur sa gestion » (George LEDUSKI, *Les investissements directs étrangers*, 2007: 56).

Pour l'OCDE (2000 : 11), l'IDE est « une activité par laquelle un investisseur résident dans un pays obtient un intérêt et une influence significative dans la gestion d'une entité dans un autre pays. Cette opération peut consister à créer une entreprise entièrement nouvelle (investissement de création) ou, plus généralement, à modifier le statut de priorité des entreprises (par le biais de fusion et d'acquisition). Sont également définis comme les investissements directs étrangers d'autres types de transaction financière entre des entreprises apparentées. Notamment le réinvestissement des bénéfices des entreprises ayant obtenu l'IDE, ou d'autres transferts en capital ».

Selon la Commission européenne, l'IDE est « la mise en place ou l'acquisition d'actifs générateurs de revenus dans un pays étranger et, sur laquelle l'entreprise qui investit a un contrôle ».

7.1.1.1. Forme des IDE

À mesure que les IDE connaissent un essor, leurs formes aussi sont diversifiées. L'investissement direct à l'étranger peut se traduire par la construction d'un site de production *ex nihilo* (d'investissement Greenfield) ou le rachat d'un site de production existant (fusion et acquisition internationale). Mais aussi, il en existe plusieurs nouvelles d'engagement contractuel franc et réciproque de deux types d'entrepreneurs. Le franchiseur met au point un savoir-faire (marque, produit…), dont il confie l'exécution à la franchise. Le premier s'engage à développer sa marque, ses produits et sa notoriété, le second à tout mettre en œuvre pour en assurer la commercialisation dans le respect du concept défini par le franchiseur, qui perçoit en retour le versement de royalties.

- **La succursale** : filiale globale ou encore entreprise à participation n'ayant pas de personnalité morale distincte, appartient directement ou indirectement à l'investisseur direct.
- **Le partenariat :** si le partenariat désigne une forme de coopération durable entre les entreprises indépendantes dans le but de renforcer la situation financière, le partenariat pourra innover et améliorer les techniques de recherche et de développement, afin d'acquérir de nouveaux savoir-faire, et de comprendre la politique des entreprises concurrentielles, et d'intégrer d'autres compétences en matière de management pour répondre aux attentes de la clientèle tout en adoptant de nouvelles gammes plus performantes dans le but de conforter les positions sur le marché en améliorant la compétitivité.
- **La sous-traitance** : le recours à la sous-traitance s'est fortement développé dans le commerce international. Le principe est d'assurer plusieurs implantations dans différents pays et les avantages tirés de ce type d'investissements consistent essentiellement en une masse salariale réduite, une meilleure autonomie financière et une possibilité de répartir les différents risques de production entre différents fournisseurs et leurs usines.
- **La filiale** : est une unité de production bénéficiant d'une autonomie juridique et dont le capital est contrôlé à plus de 50 % par la maison-mère (FADIGA, 2013 : 79).

7.1.1.2. L'attractivité

L'attractivité est une notion présente dans les discours des décideurs politiques, et constitue un grand intérêt pour les études théoriques. Selon MOURIAUX (2016 : 24), cette notion fait l'objet de plusieurs définitions générales et implicites de l'attractivité, mais pas de définition précise et partagée par tous. Ainsi, le concept de l'attractivité est caractérisé par un manque de précision dans sa définition. Pour HATEM (2005 : 269-283), « il s'agit d'un terme d'utilisation relativement récente, à la signification assez floue et donnant, de ce fait, lieu à une grande diversité d'interprétation ».

CŒURÉ et RABAUD (2003 : 97-127) définissent de leur côté l'attractivité comme « la capacité d'un pays à attirer et retenir les entreprises ».

7.1.1.3. Facteur de l'attractivité des IDE

On distingue des facteurs économiques et des facteurs non économiques, comme détaillé ci-dessous :

– Les facteurs économiques des IDE

Dans la plupart des cas, un investisseur s'intéressera à plusieurs facteurs avant de prendre une décision de s'implanter à l'étranger. Certains de ces facteurs sont vraiment décisifs et démontrent les avantages globaux de l'investissement à l'étranger, alors que d'autres facteurs sont plus spécifiques et répondent plus particulièrement aux besoins d'une firme donnée.

Parmi ces facteurs, on peut trouver : la taille du marché, la stabilité macroéconomique, le coût et la qualité de la main-d'œuvre, la recherche de marchés d'accès aux ressources naturelles, la recherche de matières premières, la qualité et le développement des infrastructures de base et le système de communication[7].

– La taille des marchés

La taille des marchés est déterminée approximativement par le niveau du PNB et semble être un déterminant des flux d'IDE. En effet, les grands marchés dans lesquels la demande des consommations est loin d'être satisfaite constituent un potentiel qui attire les investisseurs étrangers.

– La stabilité macroéconomique

Alors que les premières études, comme celle de FRIEDMAN (1977), ont mis en évidence le rôle du taux d'inflation (mesuré par l'indice des prix à la consommation) qui est un indicateur important de la stabilité macroéconomique d'un pays, des études récentes ont utilisé le taux de change réel comme un indicateur de la stabilité macroéconomique. La volatilité du taux de change réel est considérée comme un indicateur de mauvaises politiques macroéconomiques qui conduisent à un désalignement du taux de change réel ce qui entrave la croissance économique.

– Le coût et la qualité de la main-d'œuvre (capital humain)

Le coût de la main-d'œuvre est un déterminant important des IDE dans la mesure où beaucoup d'entreprises se délocalisent pour tirer profit de la disponibilité des facteurs de production, notamment du coût faible du facteur

[7] http://www.erudit.org

travail. Le faible coût de la main-d'œuvre constitue donc un facteur clef d'attractivité des IDE.

Cependant, les entreprises ne tiennent pas seulement compte du coût des facteurs de production mais également de leur qualité. En effet, les multinationales recherchent de plus en plus de la main-d'œuvre de très bonne qualité dans la mesure où ces entreprises s'intéressent davantage à la production de biens intensifs en capital et en technologie. Ainsi, une main-d'œuvre à coût bas et de bonne qualité permet d'accroître à la fois la productivité et le rendement des IDE.

– La recherche de marchés

Historiquement, le déterminant le plus important des IDE dans le pays d'accueil est la présence des ressources naturelles. Les investissements étrangers sont surtout attirés par les pays dont les ressources naturelles sont abondantes et n'ayant pas en contrepartie le capital, le savoir-faire, les compétences et l'infrastructure nécessaires pour les exploiter et les commercialiser[8].

– La recherche de matières premières

Les pays en développement doivent donc mettre en valeur leur stock de matières premières disponible en vue d'attirer les investisseurs, qui économiseront les coûts liés au transport de ces matières sur les transformations.

– La qualité et le développement des infrastructures de base

Sur un territoire, l'infrastructure de base est développée, le coût de l'investissement est faible ainsi que son coût d'exploitation ; ce qui augmente le rendement de l'investissement et donc stimule l'IDE. Là où cette infrastructure manque, l'entreprise est obligée, par exemple, de construire elle-même les routes pour acheminer son produit ; ce qui augmente le coût de l'investissement.

Le manque d'infrastructure de base ne permet pas aussi souvent à l'entreprise d'utiliser des techniques modernes de production, par exemple, celles qui sont grandes consommatrices d'électricité dans un pays où celle-ci est rare.

– Le système de communication

Il est exclu qu'un pays puisse attirer des investissements dans le cas où il ne dispose pas d'un réseau de communication efficace et bon marché avec le reste du monde et qui permet à chaque unité et chaque filiale d'être reliée

---

[8] http://www.erudit.org

24 heures sur 24 et 7 jours sur 7 à la maison-mère et aux autres filiales du groupe.

– Les facteurs non économiques

Les firmes étrangères ne sont pas influencées uniquement par ma dotation en facteurs économiques, mais aussi par la composante institutionnelle, qui explique en partie leur choix d'implantation et justifie les différences de flux des IDE entre différents pays. À partir de là, les déterminants institutionnels des IDE peuvent entrer dans les points suivants : le climat des affaires, la stabilité politique et l'environnement juridique[9].

– Climat des affaires

Le climat des affaires est apprécié et évalué sur la base d'une série d'indicateurs qualitatifs et quantitatifs, mesurables pour faciliter la comparaison. Le but recherché par cette évaluation est de donner des informations sur l'état général et sur des aspects spécifiques d'un environnement donné : un pays, une région, un marché, etc.

Les détenteurs de fonds qui cherchent des opportunités d'investissements, les exportateurs qui veulent s'attaquer à un nouveau marché, les entreprises qui, pour des raisons de rentabilité, optent pour la délocalisation ont tous besoin de données sur le lieu qu'ils veulent investir.

Le climat des affaires permet, en fonction d'une série d'indices, de classer les pays ou les régions. Pour cela, il existe plusieurs institutions qui nous permettent de récolter les différentes informations telles que : la Banque mondiale, le FMI, etc., et parmi les rapports les plus influents dans ce domaine, celui intitulé « Doing Business », était par la Banque mondiale annuellement ; les critères retenus par ce rapport sont essentiellement[10]

- La facilité de faire des affaires ;
- La création des entreprises ;
- L'octroi de permis de construire ;
- Le transfert de propriété ;
- L'obtention de prêts ;
- La protection des investissements ;
- Le paiement des impôts.

– La stabilité politique

Les politiques publiques élaborées par les gouvernements pour servir de cadre aux relations économiques et sociales, qui peuvent influencer les décisions des firmes multinationales en matière d'investissement.

---

[9] http://www.erudit.org

[10] http://www.doingbusiness.org

Une infrastructure politique « positive » engloberait d'abord un système juridique efficace, impartial et transparent qui protège la propriété et les droits individuels, ensuite des institutions publiques stables, crédibles et honnêtes, et enfin des politiques gouvernementales propices à des marchés libres et ouverts. Ces conditions favorisent l'IDE et les investissements irrécupérables de la part des multinationales qui soutiennent une exploitation efficiente dans le pays d'accueil.

En fait, les investisseurs n'aiment pas l'incertitude ; des enquêtes ont montré l'importance primordiale que l'investisseur potentiel prête à la stabilité politique du pays d'accueil, à l'attitude de ses dirigeants et de l'ensemble de sa population. De même, à l'existence d'une tradition de respect de leurs engagements internationaux.

– L'environnement juridique

Pour que les investisseurs soient encouragés à s'implanter à l'étranger, les pays d'accueil doivent garantir aux firmes multinationales une certaine stabilité juridique et légale. En fait, le cadre juridique et légal comprend les règlements régissant les IDE, leurs activités, les normes de traitement des filiales étrangères et les règles de fonctionnement des marchés. Pour attirer les IDE, il faut que le pays d'accueil :

- Garantisse la minimisation des coûts des litiges ;
- Garantisse la protection des droits de propriété aux investisseurs étrangers et de bénéficier des mêmes droits que les investisseurs locaux (exemple, droits syndicaux) ;
- Assure la possibilité de rapatriement des bénéfices et des capitaux en cas de liquidation ;
- Établisse un libre marché de change.
- N'instaure pas de plafonnement de participation au capital, car la limitation à la participation au capital constitue un obstacle pour l'investisseur étranger ;
- Établisse des programmes d'incitation à l'investissement fondés sur une modulation transparente de nombreux avantages fiscaux et douaniers (dans le cas d'existence d'impôt ou tarifs douaniers lourds, l'établissement d'incitations à l'investissement tarifaire), qui pourraient encourager les IDE.

Ainsi, les législations sont importantes pour attirer les IDE, et donc des législations complexes ou confuses n'inciteraient pas les investisseurs étrangers. Il importe donc pour les pays hôtes de créer un code d'incitations favorables aux IDE[11].

---

[11] http://www.doingbusiness.org

7.2. La théorie de financement

7.2.1. Le concept de financement

Le financement est l'opération qui consiste, pour celui qui finance, à consentir des ressources monétaires pour celui qui est financé, à se procurer des ressources monétaires nécessaires à la réalisation d'un projet « lever fonds ».

De la définition retenue par le lexique d'économie, l'on peut assimiler le financement comme étant la méthode nécessaire à toute acquisition d'actif, il en permet le paiement.

D'une manière générale, le financement est la mise à la disposition de capitaux au profit de l'entreprise ou aux particuliers pour la couverture de leurs besoins financiers. Il est d'une importance significative pour l'entreprise, car c'est essentiellement à son travers qu'elle parvient à couvrir ses différents besoins financiers. La règle d'orthodoxie financière (équilibre financier minimum) recommande que les immobilisations soient financées par des ressources stables (capitaux propres + dettes à long terme) et que les emplois cycliques (circulant) soient financés par des ressources cycliques. Cette notion implique que l'on admet une certaine spécialisation des ressources aux emplois.

7.2.2. Sources de financement

Plusieurs études (CASSAR et HOLER, 2003 ; KOLEAMAKI et RUTHERFORD, 2005) montrent que la structure financière des entreprises peut être expliquée par la théorie de l'ordre hiérarchique qui stipule que pour financer leurs activités, les entreprises privilégiaient dans l'ordre, le financement interne à celui externe et dans ce dernier cas, le financement par fonds propres à celui par dette (MYERS, 1984).

Cela nous amène à distinguer en fonction de leurs origines deux principales catégories de sources de financement : les sources internes et les sources externes.

7.2.3. Les sources internes de financement

Il s'agit essentiellement de :

- *Du capital social* : qui est la principale ressource financière de l'entreprise. Le capital social formé par l'ensemble des apports de biens en nature (physique) et en numéraire du promoteur ou des associés et n'est exigible par aucun créancier ;
- *Et de l'autofinancement* : qui est une ressource propre de financement généré par l'exploitation de l'entreprise qui reste effectivement à sa disposition et qui lui permet de financer sa croissance.

Deux sources essentielles de financement internes sont donc à distinguer : le capital et l'autofinancement dégagé. Ces sources s'avèrent généralement insuffisantes, obligeant à cet effet les promoteurs à recourir aux sources de financement externes pour compléter leurs capitaux (Junior DECLERK, 2020).

7.2.4. Les sources externes de financement : capitaux d'emprunt

Les ressources externes sont constituées des différents crédits accordés aux entreprises par d'autres économiques, notamment les établissements financiers.

Les capitaux d'emprunt proviennent de sources différentes selon leur destination et leur durée. Ils permettent de financer l'investissement, le besoin en fonds de déroulement et les autres besoins financiers de l'entreprise.

7.2.4.1. Capital d'emprunt pour le financement des investissements

- *Le crédit ordinaire ou emprunt indivis* : le crédit peut être défini comme l'opération qui consiste à mettre à la disposition d'un agent à besoin de liquidités de la monnaie pendant une certaine période et contre remboursement à des périodes ultérieures, du capital majoré d'intérêt.
- *Le crédit-bail ou leasing* : c'est une opération indirecte de financement qui consiste en une location de matériel et permet aux entreprises de disposer d'un actif industriel contre le paiement de loyer. Le contrat de crédit-bail est caractérisé par la mise à la disposition d'un matériel au choix, la détermination d'une durée de location, le paiement de loyer et la possibilité de rachat du bien à l'issue du contrat. Le crédit-bail est aussi perçu comme un contrat de location-vente.
- *Capitaux pour le financement du besoin en fonds de roulement* : à ce titre, il s'agit essentiellement de crédits bancaires de court terme entraînant un décaissement de fonds et dénommés à cet effet « crédits par caisse ou trésorerie ».

7.2.4.2. Structure de financement des entreprises

Selon leurs spécificités, il existe plusieurs structures de financement.

- *Les établissements financiers bancaires :* la banque peut se définir aujourd'hui comme « une entreprise qui fait profession habituelle de revoir sous forme de dépôt ou autrement, des fonds qu'elle emploie pour son propre compte en opérations d'escompte, de crédit ou en opération financière » (Patrick VERRIER : 2015). Les institutions financières bancaires sont donc des institutions qui ont pour fonction la collecte, la transformation, et la répartition des disponibilités financières. Leurs capacités de création monétaire (scripturale) leur permettent de mettre en rapport à travers l'octroi des crédits des agents à besoin de financement qui cherchent des fonds et des agents en excédent de financement qui sont disposés à en placer. Quelques banques se partagent la marche bancaire congolaise. Il s'agit de TMB, la BCC, ECOBANK, etc.

- *Les établissements financiers non bancaires* : ce sont les structures privées ou publiques qui financent les activités des entreprises mais qui n'ont pas le statut de banque. Ce sont, entre autres, le réseau des caisses populaires, et les fonds d'appui publics mis en place par l'État. Toutes ces structures, pour autant qu'elles soient, accompagnent les entreprises dans le financement de leurs activités. Chacune d'elles définit sa politique et ses conditions.

7.3. Les fondements théoriques du financement des entreprises

7.3.1. L'apport de l'économie de l'information

La relation « banque-entreprise » est une relation complexe basée le plus souvent sur une information imparfaite et incomplète (CIEPLY et PARANAQUE, 1997). Les banques ne procèdent pas toutes les informations sur les projets présentés par les entreprises.

De même, les entreprises ne connaissent pas les stratégies suivies, celles par les banques par rapport à la décision d'accord des crédits, et les méthodes d'évaluation du risque. Ce phénomène qualifié « d'asymétrie d'information » a fait l'objet d'études de plusieurs auteurs à travers différentes théories permettant de comprendre le comportement des banques dans le processus de financement.

Dans la relation de crédit entre les bailleurs de fonds et les entreprises, l'asymétrie d'information est définie comme le fait pour emprunteur de posséder plus d'informations que les bailleurs de fonds sur leurs propres entreprises (FRASER *et al.*, 2001).

Il est évident que les promoteurs d'entreprise connaissent mieux la situation financière et l'opportunité d'affaires qui s'offrent à eux, que les préteurs.

COLOMIRIS et HUBBARD (1990) pensent que les entreprises disposent d'une information sur le degré de risque de leur projet. De plus, elles sont les seules à connaître l'usage qu'elles font des sommes empruntées.

Ce contexte informationnel accroît le risque moral et le risque d'anti-sélection pour les banques. Il existe donc sur le marché du crédit une imperfection de l'information qui génère des phénomènes de sélection adverse, et d'aléa moral.

De l'avis de VARIAN (1998), la sélection adverse est due au fait qu'un côté du marché ne peut observer la quantité du produit que l'autre partie lui propose. En effet, sur le marché du crédit, les emprunteurs donnent toujours une bonne image de leur projet aux prêteurs afin d'obtenir le crédit. Cela conduit les banques à financer des projets risqués en lieu et place des projets à faibles niveaux de risque.

Quant à l'aléa moral, c'est une situation dans laquelle un côté du marché peut observer le comportement de l'autre (comportement caché). L'emprunteur peut donc affecter le crédit à d'autres fins.

BARDHAN et UDRY (1999) pensent, pour leur part, qu'il est artificiel de traiter séparément les questions de sélection adverse et d'aléa moral parce que plusieurs environnements économiques sont caractérisés par un mixage des deux problèmes.

Pour AKERLOF (1970), DIAMAND et DYBVIG (1975), le phénomène d'asymétrie d'information conduit à des comportements opportunistes de la part de l'emprunteur. C'est dans ce contexte que JAFFÉE et RUSSEL (1976) distinguent dans leurs modèles des emprunteurs honnêtes et ceux malhonnêtes. Ils assimilent les emprunteurs honnêtes aux entreprises qui, estimant les coûts d'éventuelle défaillance de leurs projets élevés, décident de rembourser. Quant aux emprunteurs malhonnêtes, ils préfèrent faire faillite en proposant des taux d'intérêt plus élevés.

Le phénomène d'asymétrie d'information auquel la banque fait face est donc dû au fait qu'il est difficile pour elle de distinguer les bons et les mauvais emprunteurs.

Pour éviter une telle situation, STIGLITZ et WEISS (1978) proposent aux banques de « raisonner » le crédit en limitant l'offre destinée aux entreprises. Dès lors, lorsque les entreprises adoptent des comportements opportunistes pour bénéficier d'un crédit, la banque peut préférer limiter son offre de crédit aux emprunteurs. Ce modèle de raisonnement rejoint l'idée de HODMAN (1980) qui, partant d'une logique keynésienne non par le coût comme le préconise SWAZI (1978).

Dans ces conditions, la demande excédentaire émanant des entreprises ne sera pas satisfaite. Toutefois, ce modèle ne nous semble pas applicable dans le contexte particulier du secteur bancaire congolais où 75 % des microcrédits sont faits par les structures de microfinances, dont les caisses populaires, contre seulement 25 % par les banques.

7.3.2. Approche de la théorie de l'agence

Les théories générales de la firme (théorie des contrats, des coûts de transactions, entre autres), qui considèrent l'entreprise comme le lieu où cohabitent des parties contractantes à intérêts divergents, distinguent deux grandes fonctions dans l'entreprise : celle de la gestion confiée au manager et celle de contrôle dévolue aux associés ou aux propriétaires.

Pour JENSEN et MECKLING (1985 : 195), la relation d'agence est « un contrat dans lequel une ou plusieurs personnes ont recours aux services d'une autre personne pour accomplir en leur nom une tâche quelconque, ce qui implique une délégation de nature décisionnelle ».

Le principal peut limiter les conséquences négatives des divergences d'intérêts avec l'agent par des incitations appropriées et des dispositifs de contrôle. Ainsi, d'après la théorie de l'agence, le créancier est confronté à deux types d'incertitudes en matière de prêts plus onéreux (taux d'intérêt et garantie) obligeant aux emprunteurs à « risque moins élevé à renoncer aux prêts, car les taux de rendement qu'ils anticipent sont relativement faibles » (Fabien MARAIS : 157).

Par ce procédé, la banque applique donc des conditions de prêts pour « contrecarrer » le comportement opportuniste des entreprises ; toute chose qui contraint leur demande de financement.

Le choix de ces structures est plus souvent motivé par un comportement rationnel des entreprises, qui autant doivent remplir certaines conditions pour l'obtention d'un financement.

Toutefois, le financement des entreprises passe avant tout par une analyse approfondie d'investissement, de fonctionnement ou d'un engagement par signature, et le suivi d'une procédure établie à cet effet (NEZIEN, 2011, 10-22).

7.4. Cycle de vie

Dans le cadre de l'étude de la fonction de consommation, ANDO et MODIGLIANI (1905) expliquent que la propension moyenne à consommer diminue lorsque le revenu augmente, si on le mesure dans une population à un moment donné, alors qu'elle demeure constante lorsque le revenu varie dans le temps.

Comme la théorie du revenu permanent dont elle est relativement proche, la théorie du cycle de vie est fondée sur l'idée que les ménages décident de leur consommation courante dans une perspective de choix intemporel.

Ainsi, en l'absence de l'incertitude, les individus qui entrent dans la vie active ont une épargne faible, qui a tendance à accroître, car le revenu augmente plus rapidement que les charges familiales.

Plus tard, le revenu augmente, mais moins que le nombre d'unités de consommation, le taux d'épargne baisse alors. De 45 ans aux environs de l'âge de la retraite, le revenu croît généralement moins rapide que le nombre de personnes ne se réduit (départ des enfants) : l'épargne a tendance à accroître.

La retraite montre une réduction des revenus, une nouvelle hausse de la propension à consommer et le taux d'épargne fléchit sensiblement. La théorie du cycle de vie analyse les comportements d'épargne et tient compte de l'hétérogénéité de la population selon l'âge. Ce n'est pas seulement en tant qu'artisans très actifs de la synthèse entre les analyses de KEYNES et celles des néoclassiques, qui a débouché sur le modèle IS/LM, que MODIGLIANI a laissé un nom dans la théorie économique. C'est surtout parce qu'il a proposé deux innovations majeures.

La première est relative au cycle de vie en matière d'épargne : les individus arbitrent entre épargne et consommation non seulement en fonction de leurs revenus, comme le disait KEYNES, mais aussi en fonction de leur âge. Ils commencent par s'endetter pour s'équiper, puis épargnent pour rembourser et se constituer un patrimoine et, enfin, liquident ce patrimoine lorsqu'ils cessent leur activité professionnelle, si bien que le taux d'épargne d'un pays dépend de sa structure âge.

Quant à l'autre contribution, elle concerne la finance (théorème de MODIGLIANI et MILLER, le deuxième nom désignant Merton MILLER, prix Nobel en 1990).

Selon Albert ANDO et Franco MODIGLIANI (1905), l'épargne s'inscrit dans un cycle de vie. L'âge détermine à la fois les revenus de l'individu et son patrimoine. Ces deux économistes ont tenté de modéliser de façon simple les cycles d'épargne et de désépargne d'un individu au cours de son existence dans un modèle anglo-saxon avec peu ou pas de couverture retraite obligatoire.

L'hypothèse de base de cette théorie illustre que le niveau de consommation des individus reste stable dans le temps, et que durant la vie active, le revenu ne cesse de croître, puis décroît fortement au moment de la retraite. Trois périodes se distinguent, et à chacun correspond un comportement différent : (i) au début de son existence, l'individu est jeune et emprunte pour financer sa vie ; (ii) ensuite il trouve un travail et consacre une grande partie de ses revenus à se constituer une épargne pour rembourser les sommes empruntées puis préparer sa chute de revenus au moment de sa cessation d'activité ; (iii) période pendant laquelle il désépargnera pour maintenir son niveau de vie.

Suivant l'âge auquel les individus entrent dans la vie active et le niveau de vie à atteindre ces phases du cycle de vie sont plus au moins importantes (ANDO, 1963).

7.4.1. Contrainte de liquidité, nouvelle limite du cycle de vie

Les imperfections des marchés financiers sont regroupées sous le terme « contrainte de liquidité » (liquidité = propriété d'actif accessible à un prix fixé sans délai ni coût). Pour les néoclassiques, la richesse est parfaitement liquide (exemple : à tout moment, on peut s'endetter pour profiter des revenus futurs anticipés). La contrainte de liquidité est liée à l'épargne de précaution (abstinence volontaire de consommation présente).

En effet, la hausse du chômage engendre des incertitudes et la contrainte de liquidité est parfois anticipée, ce qui affecte la consommation courante. Les actions, obligations, biens immobiliers sont donc liquides, car soumis à des risques. Cette liquidité serait sans importance dans un marché parfait (les intermédiaires financiers ont pour rôle de rendre liquides les actifs qui ne le sont pas).

On observe cependant partout un rationnement du crédit pour les jeunes et les personnes sans garantie. La liquidité pèse sur la consommation, plus que la richesse, et cependant, toute la vie des ménages touchés, ils peuvent épargner mais emprunter. L'« épargne forcée » permet de consommer plus pendant l'activité (pas d'endettement) ; une variation du revenu n'a d'incidence sur la consommation que si elle est durable, mais seulement pour un ménage non contraint par la liquidité. Sinon, la consommation est fonction du revenu courant (on se rapproche de KEYNES).

En cas de contrainte de liquidité, le ménage ne peut plus lisser sa consommation : celle-ci est élastique aux revenus (cf. KEYNES).

La contrainte de liquidité remet donc en cause un des piliers du cycle de vie (indépendance entre l'échéancier de la consommation et celui du revenu). Théoriquement et empiriquement, la théorie du cycle de vie admet donc des limites non négligeables.

Cette approche apparaît en effet simpliste pour traduire la complexité des relations consommation-épargne : la consommation n'est jamais « lisse », et l'épargne n'a pas l'unique vocation d'assurer un revenu quand les agents partent à la retraite.

8. NOTIONS SUR LA CONSOMMATION ET L'ÉPARGNE

8.1. Consommation

Elle apparaît comme une fonction économique fondamentale. La consommation est associée à la destruction de biens à une échéance rapprochée. Elle émane généralement des ménages qui consomment des biens et services pour satisfaire leurs besoins.

La consommation des ménages se répartit entre une consommation de biens privés et une consommation des biens collectifs.

8.1.1. Consommation de biens privés

Elle est une consommation individuelle composée des achats des biens et services destinés à la consommation directe de leurs besoins ainsi que de l'autoconsommation (produits des jardins familiaux, utilisation de logement dont les consommations sont propriétaires).

8.1.2. Consommation de biens collectés

Les ménages utilisent non seulement des biens et services marchands mais également de non marchands qui sont appelés aussi consommation collective. Un phénomène services non marchands est appelé aussi consommation collective. Un phénomène caractéristique des sociétés modernes est la croissance de ces consommations collectives qui contribuent à améliorer le bien-être de la population.

La consommation signifie à la fois achèvement, le plein accomplissement d'une chose et d'action d'user une chose en la détruisant. C'est encore l'emploi d'un bien ou d'un service en vue de sa transformation dans la production (consommation intermédiaire) soit de la satisfaction d'un besoin (consommation finale) impliquant la destruction immédiate ou progressivement du bien. Elle est souvent en partie définie par le concept qui lui est opposé, la production de nombreux paramètres conditionne les actes de consommation[12].

La consommation productive : selon la comptabilité nationale, elle se décompose en :

- **La consommation intermédiaire** : consommation productive, contribuant à la production d'autres biens ou services, est définie comme valeur des biens outre que les biens d'équipements et de services marchands consommés au cours de la période dans le processus courant de la production. Exemple, la levure et la farine sont des biens intermédiaires utilisés dans la fabrication du pain.
- **La consommation de capital fixe** : qui est égale à la valeur de l'amortissement économique (soit la dépréciation subie par le capital fixe dans la période considérée). Exemple, l'amortissement du four au boulanger signifie qu'à chaque utilisation du four, une partie de la valeur de cet équipement est transférée dans les pains qui sont cuits.

Il est à noter que l'acte de consommation du point de vue des ménages, exercé en tant que fonction économique par les ménages fait partie du cycle économique général (production-revenu-dépense). Il dépend des facteurs monétaires : revenu disponible, budget, pouvoir d'achat, etc. et aussi du facteur monétaire : des mentalités, comportements, expérience et compétence vis-à-vis de l'argent des anticipations des revenus. La consommation est fonction de répartitions des revenus. La consommation est fonction de la répartition de l'évolution des variables monétaires et financières en particulier l'inflation (effet d'encaisses réelles) et le taux d'intérêt.

- **La théorie du revenu permanent :** la théorie du cycle de vie ou la théorie du revenu permanent a été proposée par Milton FRIEDMAN, économiste américain et prix Nobel de l'économie de 1976, à la suite des faiblesses décelées dans l'analyse de la consommation et de l'épargne de KEYNES ; Milton FRIEDMAN (1957) a observé que dans les groupes sociaux dont les revenus varient irrégulièrement d'une période à l'autre (mois, trimestre, année) les dépenses de consommation seraient beaucoup plus stables que les revenus réels, or, pour Milton FRIEDMAN, les faits tendent souvent à démontrer le contraire, c'est-à-dire que la consommation ne diminue pas lorsque le revenu est en baisse.

En décomposant le revenu effectif en deux parties, il vient que nous pouvons encore écrire que le revenu courant la période est égal à l'agrégation du revenu permanent et du revenu transitoire. Ce qui se traduit sous forme d'une équation de la manière suivante :

$Y = Y_P + Y_t$

Y_P, c'est le revenu permanent

[12] www.google.org

Y_t, c'est le revenu transitoire

Si le revenu courant est égal au revenu permanent, alors le revenu transitoire sera nul. Lorsque le revenu courant est supérieur au revenu permanent, l'écart correspond au revenu transitoire ; ci-dessous une illustration du mode de calcul de ces différents revenus.

Des études menées aux États-Unis dans les années soixante ont permis de valider la théorie du revenu permanent de MILTON (1957) ; elle a en effet montré une réduction d'impôts (qui entraîne la hausse du revenu disponible). Pour FRIEDMAN et ses partisans, cela s'explique par le fait que les ménages finissent leur consommation courante en fonction de la taille de leur revenu courant mais également en fonction de leur revenu permanent.

- **La consommation selon l'analyse keynésienne :** dans l'analyse keynésienne de la consommation, le principal facteur objectif de la dépense de consommation est le revenu. En plus de ce déterminant objectif, Keynes énumère huit facteurs subjectifs « précaution, prévoyance, calcul, ambition, indépendance, initiative, orgueil, et avarice » en montrant qu'ils jouent un rôle non essentiel, il montre aussi que le taux d'intérêt est un déterminant de la consommation mais de manière très faible. La hausse du taux d'intérêt provoque une baisse du prix des obligations (quand le taux d'intérêt monte, la valeur des obligations baisse).

8.1.2.1. La loi psychologique

C'est à J. M. KEYNES qu'il revient l'honneur d'avoir porté sur les fonctions baptismales l'analyse du comportement économique à niveau agrégé. En effet, les premières analyses de consommations et de l'épargne dans la perspective macroéconomique ont coïncidé avec la publication en 1936 sur la *Théorie générale de l'emploi de l'intérêt et de monnaie* par J. M. KEYNES, la préoccupation fondamentale de KEYNES était d'identifier les déterminants de la demande globale, est fonction, selon KEYNES, du revenu courant disponible (revenu national net d'impôt et taxes).

$$C = f(y)$$

Le fondement théorique de l'analyse de la consommation est la loi psychologique qui postule notamment que la consommation est une variable déterminée par le revenu disponible courant des ménages.

La consommation est ici comme chez Irving FISHER (1930) une fonction décroissante du taux d'intérêt, mais plus un effet « richesse ».

En d'autres termes, les ménages épargnent une part croissante de leurs revenus au fur et à mesure que ceux-ci s'accroissent. Cette loi induit que la propension moyenne à consommer des ménages doit diminuer dans le temps avec l'augmentation des revenus jusqu'à devenir inférieure à la propension marginale à consommer.

8.1.2.2. Fonction de consommation keynésienne linéaire

Dans ce cas de figuré, la relation entre la consommation finale privée et le revenu courant prend la forme de spécification suivante :

$$c = cyd$$
$$c = F(yd)$$

C = la consommation finale privée, y = le revenu disponible courant tandis que c, la consommation. Elle indique de combien la consommation va augmenter chaque fois que le revenu disponible croît d'une unité monétaire. Pour ce type de spécification, c représente aussi la part du revenu disponible qui est affectée à la consommation, autrement dit $c = \frac{\Delta c}{\Delta y}$ la propension marginale à consommer, c représente aussi la pente de la droite de la fonction de consommation linéaire que nous pouvons représenter graphiquement comme suit[13] :

Graphique n° 2 : Fonction de consommation keynésienne linéaire

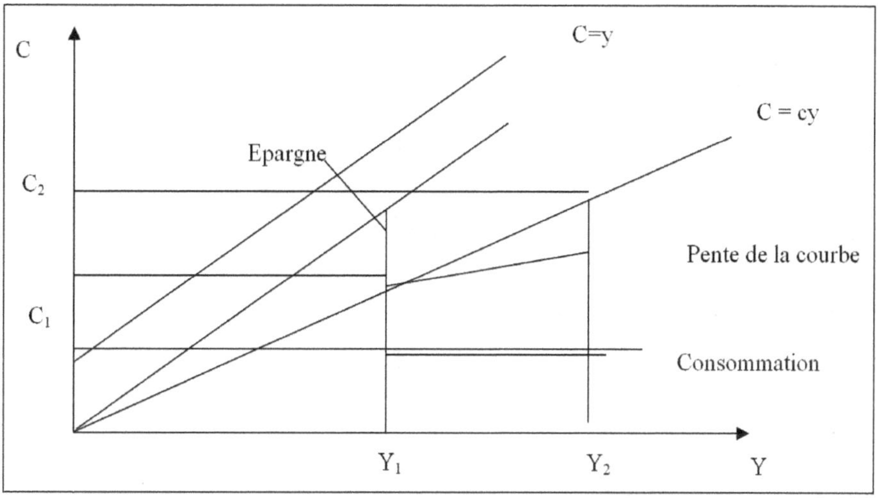

Dans une fonction de consommation linéaire, la propension moyenne à consommer : $E = \frac{c}{y}$ est donc égale à la propension marginale à consommer telle que nous venons de la définir. Autrement dit, la part du revenu que le ménage consacre à la consommation est précédemment énoncée. Pour ce faire, nous allons spécifier autrement la fonction de consommation keynésienne.

8.1.2.3. Fonction de consommation keynésienne affine

Une fonction de consommation linéaire a pour point de départ l'origine de deux axes. Cela signifie autrement que la consommation est nulle lorsque

[13] MWALABA KASANGANA Jacques, *Gestion des institutions financières en République démocratique du Congo*, Presse universitaire de Lubumbashi, 2006.

l'individu ne dispose d'aucun revenu. Ce qui ne saurait être vrai tant d'un point de vue individuel que collectif.

En effet, il existe un niveau de consommation minimum que tout individu doit satisfaire pour assurer sa survie faute de quoi il sera condamné à mourir. C'est le cas notamment des besoins psychologiques tels que celui de ménages. La fonction de consommation sera représentée par une droite affine qui a la forme :

$$C = C + cyd$$

Avec C comme consommation finale privée, C la consommation minimale, la propension marginale à consommer tandis que le revenu courant disponible. Cette nouvelle forme de spécification de la fonction de consommation se représente graphiquement comme suit (FISHER, 2014) :

Graphique n° 3 : la fonction de consommation.

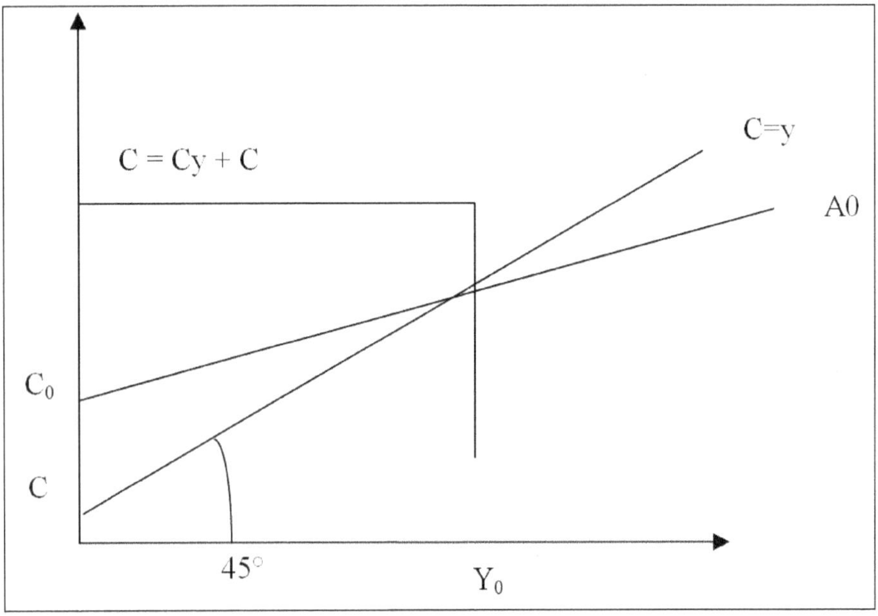

Dans cette Figure 2 A° correspondent au point d'équilibre entre le revenu et la consommation. L'individu consacre la totalité de son revenu à ses dépenses de consommation en ce point de la droite de la fonction. Pour tout point de la courbe située à sa gauche, l'individu dépense plus qu'il ne gagne. On est en présence d'une situation de désépargne.

Cependant, une telle situation ne saurait être envisagée que dans l'hypothèse où l'individu a la possibilité d'emprunter et/ou dispose des économies dont il peut se servir pour compléter son revenu courant[14].

[14] MWALABA KASANGANA Jacques, *Gestion des institutions financières en République démocratique du Congo*, Presse universitaire de Lubumbashi, 2006.

8.2. L'épargne

L'épargne correspond à la part du revenu qui n'est pas consacrée à la consommation courante, mais plutôt à une consommation future. Elle peut être approchée par l'épargne intérieure ou par l'épargne nationale et peut être détenue sous plusieurs aspects.

8.2.1. Politique d'épargne

- L'épargne exogène et l'inefficience dynamique ;
- Le modèle de Ramsey ;
- L'épargne optimale dans le modèle AK.

L'épargne des sociétés dépend largement des goûts des agents, de facteurs sociaux, culturels et démographiques, de phénomènes indépendants des politiques.

Les gouvernements ne mènent pas à proprement parler des « politiques d'épargne », mais la politique économique, budgétaire et monétaire a un impact sur les comportements d'investissement. Avant de rentrer dans ces détails, il est nécessaire d'examiner les conséquences en termes de bien-être du choix du taux d'épargne.

Ce point examine quelles sont les conséquences politiques du modèle de croissance néoclassique.

Dans celui-ci, le taux de croissance d'état régulier est indépendant du taux d'épargne ; en revanche, le taux d'épargne détermine le niveau de consommation d'état régulier et le taux de croissance de dynamique transitoire. Le choix du taux d'épargne a donc des implications en termes de bien-être.

8.2.1.1. L'épargne exogène et l'inefficience dynamique

Nous considérons ici, comme dans le modèle de SOLOW, que le taux d'épargne est exogène.

L'optimum de Phelps de l'état régulier

Dans le modèle de SOLOW à l'état régulier, on s'intéresse aux effets du taux d'épargne sur le bien-être. À l'état régulier, s ne détermine pas la croissance mais les niveaux de k*, y*, c*, r*, w*. Ainsi, divers taux d'épargnes ou diverses politiques d'épargnes mèneront à des états réguliers présentant le même taux de croissance mais avec des niveaux différents de consommation, donc de bien-être.

Dynamique transitoire et politique économique

Si le taux d'épargne est inférieur à celui de la règle d'or, alors toute augmentation du taux d'épargne augmente le niveau de la consommation par tête d'état régulier. Si le taux d'épargne est supérieur à celui de la règle d'or, alors toute réduction du taux d'épargne augmente le niveau de la consommation par tête d'état régulier. Cette constatation n'implique cependant pas que la modification du taux d'épargne soit nécessairement une politique optimale au sens de Pareto (une amélioration au sens de Pareto). Le problème est de savoir ce qui se passe durant la dynamique transitoire.

8.2.1.2. Le modèle de RAMSEY

Le modèle de RAMSEY (1928) constitue la seconde référence (avec le modèle de Solow), des modèles de croissance, dans la mesure où il endogénéise le taux d'épargne. Ce taux devient expliqué par les comportements d'optimisation des agents. À côté des considérations du côté de l'offre qu'examine le modèle de Solow, le phénomène de la croissance est un problème de choix entre consommations futures. Comprendre comment se fait ce choix est donc fondamental. Vis-à-vis des problèmes que nous venons d'évoquer, l'intérêt de cette endogénéisation est double. Elle permet de comprendre pourquoi l'équilibre est à gauche de k* ou k, elle permet de juger la politique d'augmentation du taux d'épargne.

L'équilibre concurrentiel

La présentation de BARRO et SALA-I-MARTIN (1995) distingue le problème des consommateurs de celui des producteurs. Elle est un peu plus compliquée que la présentation traditionnelle en termes d'agent, à la fois producteur et consommateur, mais bien plus instructive, nous la reprenons.

Nous présentons longuement l'équilibre des consommateurs, puis celui des producteurs et enfin l'équilibre concurrentiel.

8.2.1.3. L'épargne optimale dans le modèle AK

Le modèle AK est le modèle le plus simple de croissance endogène (plus exactement auto-entretenue), il suppose que la productivité du capital ne diminue pas, ce qui assure une croissance auto-entretenue. REBELO (1991) montre, à partir de ce modèle, que les différences de croissance proviennent des différences de politique fiscale de l'épargne (GUERREIRO, 2016 : 18-28).

9. SÉCURITÉ SOCIALE

La sécurité sociale est « la protection que la société accorde à ses membres, par un ensemble de dispositions publiques contre la misère économique et sociale qui les menace en cas d'arrêt ou de réduction importante de leurs gains pour cause de maladie, de maternité, d'accident de travail, de chômage, de vieillesse ou de décès ; la fourniture de soins médicaux ; l'octroi d'allocation aux familles ayant des enfants » (Nathalie GARDIEN : 229).

Toutefois, la sécurité sociale n'est pas la protection sociale, elle n'en est qu'une composante, la protection sociale recouvre plusieurs techniques de couverture sociale, familiale, les réseaux d'entraide, les voisinages, l'Église et autres organisations de sécurité sociale.

À la fin du XIXe siècle, le chancelier allemand BISMARCK a créé les assurances sociales au profit des travailleurs, et ce, dans le but de combattre la doctrine et l'idéologie socialistes. Il s'agit de prendre des risques sociaux qui peuvent être causés par l'industrie naissante.

En 1942, en Grande-Bretagne, sir BEVERIDGE a adressé au gouvernement un rapport dit « rapport Beveridge » dans lequel il prône de « glisser un plancher sous les pieds de la société libérale » et propose de combiner trois méthodes différentes :

- L'assurance sociale (pour les besoins) ;
- L'assistance publique (cas spéciaux) ;
- L'assurance complémentaire pour améliorer et compléter les systèmes de sécurité sociale.

L'apparition du système de sécurité sociale est liée à l'évolution du monde. Le système a été mis en place pour protéger les salariés contre les risques susceptibles d'amenuiser leur revenu eu égard aux dépenses qu'ils occasionnent.

Autrement dit, il a été conçu pour garantir aux salariés la sécurité économique en prenant en charge la réparation des conséquences des risques sociaux.

Le système de sécurité sociale a le mérite de suppléer aux carences et imperfections des techniques classiques de garantie qui sont l'épargne, l'assistance, la responsabilité et la mutualité.

L'épargne telle que définie par les classiques est une renonciation à une consommation actuelle en vue d'une consommation future. Elle requiert un revenu substantiel et une volonté de renoncer à la dépense actuelle.

La majorité de la population étant pauvre, l'épargne s'est avérée et continue à s'avérer difficile à réaliser, ainsi elle n'a pas pallié les risques sociaux.

Étant fondée sur la charité, le bon vouloir, l'assistance n'est pas en mesure de garantir la prise en charge de tous les indigents et porte atteinte à la dignité humaine à cause de son caractère humiliant.

La responsabilité délictuelle n'arrive également pas à résoudre ce problème à cause de la survenance de la plupart des risques sociaux exclus par l'intervention d'un tiers qui peut être poursuivi : il en est ainsi de la maladie et du vieillissement.

S'agissant de la mutualité, elle n'est pas susceptible de couvrir des risques tels que les charges familiales et le chômage ; elle est en outre volontaire et non obligatoire.

La Révolution industrielle (1848) a généré non seulement des classes ouvrières mais également des risques professionnels (accident du travail et maladies professionnelles) qui l'ont placée dans une insécurité totale.

L'insuffisance des salaires ne permettait pas aux travailleurs de supporter leurs familles. C'est ainsi que le XIXe siècle a vu apparaître les législations sur les accidents du travail fondées sur la responsabilité de l'auteur de l'accident. À partir de 1898, les législateurs occidentaux ont mis à charge de l'employeur la responsabilité des accidents survenus aux salariés.

Cette responsabilité était sans faute forfaitaire, car elle prônait l'idée selon laquelle tout employeur qui utilise les salariés doit assumer la charge des risques relatifs à ses rapports de subordination même si le cas demandé n'est pas à sa priorité spécialement dangereux.

Avec l'évolution, cette responsabilité s'est transformée en une responsabilité collective assumée par les organismes d'assurance.

C'est en Allemagne que sont apparues alors les assurances sociales obligatoires concernant les maladies, les accidents, l'invalidité et la vieillesse (MABAMANI, 2015 : 15-16). Ces assurances étaient d'abord limitées aux ouvriers de l'industrie ayant des salaires faibles.

Arrivées en 1911, elles se sont tendues à tous les employés ; c'est à ce moment-là que ce système fut adopté par toute l'Europe.

À cette assurance s'est ajoutée celle d'invalidité et le régime de sécurité des noirs qui fut institué à partir du 1er juillet 1950 ; il couvrait les accidents du travail, les maladies professionnelles, les charges de famille, la vieillesse et l'invalidité, les chômages des Européens étaient également couverts.

Après l'accession du Congo à l'indépendance, le régime de sécurité sociale applicable aux noirs et celui applicable aux blancs ont été remplacés par un régime unique institué par le décret organique de la sécurité sociale du 29 juin 1961 en vigueur aujourd'hui. La gestion de ce régime unique a été confiée à un seul organisme dénommé la Caisse Nationale de Sécurité Sociale (CNSS).

9.1. Bien-être social

Ici, nous cherchons à répondre à la question de savoir comment établir l'équilibre dans une société en termes de bien-être social vu que cette question préoccupe plusieurs dirigeants à l'ère actuelle.

Pour y arriver, nous sommes partis de l'idée upe d'individus sans pénaliser les autres personnes, pourquoi ne pas le faire ? ».ée de PARETO (1905) selon laquelle l'équilibre n'est établi que lorsqu'il est impossible d'augmenter le niveau de satisfaction d'un groupe d'individus sans diminuer celui d'un autre.

PARETO (1905) pense que « s'il est possible d'augmenter le niveau de satisfaction d'un gro

Pour ce qui nous concerne, nous devons nous poser la question de savoir si est seulement si l'équilibre est déjà établi en République démocratique du Congo.

Si tel n'est pas le cas comme le confirme la réalité, nous pouvons admettre qu'il est possible d'augmenter le niveau de satisfaction d'un groupe d'individus (les retraités, par exemple) sans diminuer celui des autres individus.

Dans ce sens, la fonction du bien-être permettra de classer différentes distributions d'utilité entre les consommateurs.

Ceci étant, nous pouvons dresser une liste de ce que le processus de décision sociale devrait faire :

- À partir d'un ensemble quelconque de préférences individuelles complètes, réflexives, le processus de décision sociale devrait engendrer un système de préférences sociales qui possède les mêmes propriétés ;
- Si tout le monde préfère l'alternative X à l'alternative Y, les préférences sociales devraient classer X avant Y ;
- Les préférences entre X et Y ne devraient dépendre que de la façon dont les gens classent X par rapport à Y et non de la façon dont ils classent d'autres alternatives.

HUGUES ARROW (2011) soutient l'idée selon laquelle il est assez difficile de trouver un processus qui satisfait les trois propriétés. Il ajoute dans son théorème d'impossibilité (hypothèse de Condorcet) que « si un processus satisfait les trois propriétés, il doit s'agir d'une dictature : tous les classements sociaux correspondent dans ce cas aux classements effectués par un seul individu » (Nom de l'auteur, 1998 : 13-14). Il poursuit en disant qu'il est impossible de trouver le niveau de satisfaction globale en sommant les utilités individuelles.

La même hypothèse nous informe que si nous désirons trouver une méthode d'agrégation des préférences individuelles pour définir des préférences sociales, nous devons renoncer à l'une des propriétés du processus de décision sociale énoncé dans le théorème d'Arrow. Ces propriétés étant naturelles, elles ne peuvent guère se réunir toutes les trois à tous les individus, à moins qu'il s'agisse d'une dictature.

9.1.1. Fonction du bien-être social

Si nous devons obéir au théorème d'Arrow ne laissant tomber une des caractéristiques souhaitées de la fonction du bien-être social, il s'agira vraisemblablement de la propriété troisième (les présences entre X et Y ne devraient que de la façon dont les gens classent X par rapport à Y et non de la façon dont ils classent d'autres alternatives).

Si nous disposons des préférences de chaque individu à l'égard des allocations, nous pouvons constituer des fonctions d'utilité (x) qui synthétisent des jugements de valeur des individus ; l'individu i préfère X et Y si seulement si (X) = (Y).

Ces fonctions sont certainement des fonctions d'utilité tout à fait normales. Il n'existe pas une représentation unique de l'utilité ; d'où nous pourrions assez raisonnablement imposer comme contrainte sur la fonction d'agrégation bien qu'elle soit croissante par rapport à l'utilité de chaque individu. De cette façon, si tout le monde préfère X et Y, les préférences sociales préféreront également X à Y.

Ce type de fonction d'agrégation est appelé fonction de bien-être social. Une fonction de bien-être social est une fonction quelconque des fonctions d'utilité individuelle.

Elle permet de classer les différentes allocations sur base des seules préférences individuelles, elle est croissante par rapport à l'utilité de chaque individu.

Les individus seraient au centre d'élaboration d'un modèle de bien-être social.

S'il faut améliorer les conditions socio-économiques des réalités, il est préférable de détecter les préférences de chaque retraité et sommer ses préférences afin d'obtenir une fonction du bien-être.

Dans notre ouvrage quelque part, nous essayons de voir les points de vue des retraités et les concilier pour découvrir ce qu'ils pensent pour l'amélioration de leurs niveaux de satisfaction vu qu'il est possible au sens de PARETO dans la mesure où l'équilibre n'est pas encore établi en République démocratique du Congo.

9.1.2. Allocation équitable

L'utilisation du concept de fonction de bien-être constitue une façon très générale de définir le bien-être social. Du fait de cette généralité, elle peut être utilisée pour représenter de nombreux types de jugement de valeur ; par contre, elle n'est pas très utile quand il s'agit de décider quels types de jugement éthique pourraient être judicieux.

Cependant, ici, nous partons de jugements de valeur particuliers pour examiner ensuite leurs implications au niveau de la répartition économique. Ici, l'idée est de répartir de manière équitable les allocations aux individus. Ces derniers étant différents et ayant des préférences divergentes, comment alors y arriver ?

PARETO pense « qu'une division n'est pas nécessairement efficace ». Pour le cas des retraités, nous pouvons tout de suite nous rendre compte qu'il n'est pas aisé de procéder par des allocations équitables ; les causes étant multiples, c'est notamment le niveau du salaire pendant la vie active, ce qui nous renvoie au niveau des cotisations sociales (KABAMANI, 2015 : 34-36).

9.1.3. Cotisation sociale

C'est un « pourcentage des revenus d'activités professionnelles mis obligatoirement à la charge des employeurs, des salariés et des travailleurs indépendants en vue de financer les prestations sociales ». « Elle serait un paiement d'une somme pour toute personne dont le salaire donne lieu au versement des cotisations d'assurance sociale et donne également lieu à la perception des prestations sociales » (Isabelle PACCARD, 2018 : 124).

Ces cotisations sociales sont considérées comme une charge dans le chef de l'employeur comme celui du salarié. Cependant, il y a lieu de dissimiler les cotisations sociales salariales des cotisations sociales employeurs ou patronales.

9.1.3.1. Cotisation sociale salariale

Les cotisations sociales salariales également appelées cotisations sociales salariées « sont déduites du salaire brut ».

Ces cotisations sont retenues à la source par l'employeur en raison de 3,5 % du salaire brut et sont versées à la CNSS afin d'y couvrir un droit aux prestations sociales à la vieillesse. Ceci est un droit reconnu à tout employeur de retenir sur le salaire de ses salariés pour verser à la CNSS comme le stipule l'article 112 du Code du travail : est nulle de plein droit, toute stipulation attribuant à l'employeur de droit d'infliger des réductions de rémunérations à titre de dommage-intérêt. Toutefois, poursuit le même article, les retenues ci-après sont autorisées : retenues fiscales (taxe professionnelle), cotisation due à la CNSS, retenues à titre d'avance, retenue à titre de prêt, etc.

Cela signifie que le salaire d'un employeur subira une diminution en cas d'intervention de l'un ou l'autre élément précité. Avec la même motivation, ajoutons que les cotisations ont comme assiette minimale le SMIG (salaire minimum inter professionnel garanti).

9.1.3.2. Cotisation sociale employeur

Également appelée cotisation sociale patronale, « elle est déduite du salaire super-brut » (Pierre Lampard, 2009 : 155). Elle est plus élevée que la cotisation sociale salariale soit en raison de 3,5 % sur le salaire super-brut.

Avant d'illustrer ces explications, soulignons que les cotisations sociales correspondent à une part socialisée du salaire, c'est-à-dire collectée par des organismes de sécurité sociale (CNSS en RDC) afin d'être redistribuée en termes de prestations sociales.

Exemple : M. JEAN-BOSCO bénéficie d'un salaire super-brut de 2 500 USD, dont un salaire brut de 2 200 USD ; 12,5 USD comme taxe fiscale et une avance sur salaire de 200 USD ; il est à noter que M. JEAN-BOSCO ne touche que 2 000 USD comme salaire net.

SSB = 25 000 USD, SB = 2 200 USD, SN = 2 000 USD, taxe fiscale = 12,5 USD, avance sur salaire = 200 USD ;

Ainsi CSS = SB 3,5 USD = 2 200 USD x 3,5 % = 77 USD et CSP = SSB x 3,5 % = 2 500 USD x 3,5 % = 87,5 USD.

SSB = SB + CSP + taxe fiscale + avance sur salaire = 2 200 + 87,5 + 12,5 + 200 = 2 500 USD

NB : SSB = salaire super-brut ; SB = salaire brut ; SN = salaire net ; CSP = cotisation sociale patronale ; CSS = cotisation sociale salariale.

Cet exemple montre de manière claire que l'employeur cotise une plus grande partie que le salarié lui-même et vous constaterez également que dans cet exemple, M. JEAN-BOSCO avait une avance sur salaire et avait déjà payé la taxe fiscale.

9.1.4. Prestation sociale

C'est « l'ensemble des droits ouverts auprès de la sécurité sociale par les assurés sociaux ou leurs ayants droit, soit au titre des prestations en nature soit au titre des prestations en espèces » (Patrick WERQUIN, 2019 : 319).

Cette prestation est en termes soit de pension de vieillesse (R11), soit de pension de veuvage, soit de pension d'invalidité, etc.

9.1.5. Retraité

Dans le dico Encarta, un retraité est conçu comme une personne qui a cessé définitivement son activité professionnelle et qui a droit à une pension de retraite.

On parle alors d'un pensionné pour les fonctionnaires retraités, d'un émérite pour les professeurs d'universités retraités, etc.

La retraite est « une période finale de l'existence pendant laquelle l'individu se retire de la vie active ou professionnelle et reçoit une pension du régime d'assurance vieillesse » (Patrick WERQUIN, 2019 :321).

Pendant cette période, le retraité est en jouissance de ses cotisations sociales que les organismes restituent en termes de pension de retraite ; au cours de cette période, le retraité n'a plus de force de travail.

9.1.6. Pension de retraite

« Pension » = pesée, paiement « dépendre » = peser, payer.

Dans le Petit Robert, ce concept est défini comme une allocation périodique versée régulièrement à une personne. Cependant, on parle d'une pension viagère, pension de guerre, pension d'invalidité, pension de retraite, pension d'étudiant (bourse), etc.

Pour ce qui concerne le présent ouvrage, nous avons souligné quelque part que, seule la pension de retraite nous intéresse ; elle est définie comme « une allocation régulière versée au titre d'assurance vieillesse ».

CONCLUSION PARTIELLE

En définitive, dans ce chapitre, il a été question de passer en revue les différents courants et pensées théoriques sur la gestion des finances publiques.

Nous avons eu à observer comme points de convergence entre ces différents courants de pensées théoriques : « l'optimisation du taux d'imposition » qui permettra l'attractivité des investissements et la mobilisation des finances publiques en République démocratique du Congo.

CHAPITRE DEUXIÈME

De l'État-gendarme à l'État moderne : une application d'État RD congolais

INTRODUCTION PARTIELLE

Ce chapitre analyse la situation de la pauvreté et des inégalités traduites par les résultats directs des politiques macroéconomiques et sectorielles ainsi que des mesures et actions mises en œuvre dans le cadre de la RDC. Partant de cette analyse, nous identifierons ainsi les principales causes de la pauvreté et des inégalités en RDC.

1. L'ACTION SOCIALE, RÉDUCTION DE LA PAUVRETÉ ET DES INÉGALITÉS EN RDC

Avant d'analyser la pauvreté en RDC, il sera question de prime abord de décrire la situation de la gouvernance et les performances économiques, et l'examen des principaux résultats acquis en matière économique et sociale.

1.1. Profil de pauvreté en RDC

La République démocratique du Congo (RDC) fait partie du troisième taux de pauvreté le plus élevé au monde, et le pays concentre au sein de ses frontières la cinquième de la population la plus pauvre par la taille. Le nombre de pauvres en RDC a augmenté de plus de 7 millions depuis 2000, sous l'effet du deuxième taux de fécondité le plus élevé d'Afrique ; le taux de pauvreté reste supérieur à 80 % dans la région forestière du nord-ouest et dans le centre inaccessible de la RDC, et il se maintient à plus de 50 %, même autour des grandes agglomérations comme Kinshasa et Lubumbashi, où s'entassent des millions de pauvres. En effet, un trait frappant de la pauvreté ajustée au niveau urbain (62,5 %) que dans les zones rurales (64,9 %), et elle est particulièrement extrême dans les petites villes (81 %) qui se caractérisent par une main-d'œuvre abondante, l'absence de moyens financiers, de mauvaises connexions et un niveau de chômage et de sous-emploi généralisé.

La pauvreté multidimensionnelle est élevée et les indicateurs du développement humain figurent parmi les plus bas au monde. La RDC connaît une espérance de vie qui reste faible (58 ans) et la mortalité infantile dépasse même la moyenne subsaharienne (Banque mondiale, 2015).

La RDC dispose d'une marge de manœuvre étroite en matière de diversification de son économie et de ses investissements dans le capital humain par l'éducation, de santé et des services de base tels que l'EAH. Beaucoup des principaux moteurs de croissance d'après-guerre de la RDC sont aujourd'hui dans un état de grande précarité.

Une crise constitutionnelle menace la paix dans son ensemble, des conflits armés résiduels s'installent dans le centre et l'est de la RDC et les caisses de l'État subissent le contrecoup de la faiblesse des prix des matières premières et de la fragilité de la situation politique transactionnelle. Dans le même temps, les objectifs d'accès universel des nouveaux ODD requièrent des efforts majeurs compte tenu de l'actuelle situation des services de l'EAH en RDC. La RDC illustre l'ampleur des défis auxquels l'objectif double de la Banque mondiale d'éradication de la pauvreté extrême et de promotion de la prospérité partagée, ainsi que la réalisation des nouveaux ODD, sera confronté.

1.1.1. Pauvreté monétaire

Les simulations qui ont été faites sur base des données des enquêtes menées après 2000 (en supposant le même comportement de consommation des ménages et en utilisant un modèle linéaire simple) indiquent que la pauvreté a légèrement baissé de 71 à 70 %. L'intégralité aurait aussi très peu bougé. En RDC, sept ménages sur dix sont pauvres avec une disparité entre milieu rural où environ huit ménages sur dix sont pauvres et milieu urbain où moins de sept ménages sur dix sont pauvres. Une analyse du profil de pauvreté révèle que :

- Les ménages dirigés par les femmes sont moins affectés par la pauvreté, mais suivant le milieu de résidence, les ménages sont plus affectés en milieu urbain ;
- La pauvreté sévit plus dans les ménages dont le chef est apprenti (80,25 %), suivis de ceux dont le chef travaille à son propre compte dans l'informel agricole (75,52 %) et des ménages dont le chef est employé/ouvrier semi-qualifié (71,41 %). La pauvreté est moindre chez les aides familiaux, les manœuvres, les agents de maîtrise et les cadres ;
- Quel que soit le milieu de résidence, la taille des ménages pauvres est plus grande que celle des milieux nantis et le nombre de personnes qu'ils ont chargées y est souvent plus élevé ;
- Le niveau d'instruction est un facteur discriminant du niveau de vie en RDC : plus le chef de ménage est instruit, plus la consommation du ménage est élevée, et par conséquent, moindres sont les chances que le ménage soit dans une situation de pauvreté. Cependant, les rendements de la scolarité (en termes de consommation) ne commencent à se

matérialiser qu'à partir d'un plancher constitué par le cours élémentaire deuxième année. Une scolarité plus élevée se traduit souvent par une amélioration de l'alimentation, de la santé, de l'accès aux services essentiels et de la capacité à faire face aux épreuves, qu'elles soient dues à l'économie, à la santé ou à des causes naturelles. Les dépenses des ménages congolais sont dominées par l'alimentation qui représente 62,3 % des dépenses totales. Cette structure de la dépense du ménage congolais relève que toute inflation affectant les produits alimentaires diminuerait ses revenus réels, augmentant, toute chose égale par ailleurs, le nombre des pauvres et des vulnérables. Suivant la structure des dépenses des ménages congolais, un ménage représentatif pauvre de la RDC mettra en moyenne au minimum 3,5 ans pour sortir de sa situation de pauvreté s'il enregistre un accroissement annuel moyen de 20 % de ses dépenses, toute chose égale par ailleurs. Il en mettra en moyenne 70 ans si l'accroissement annuel de ses dépenses n'est que de 1 % et 23 ans quand il ne sera que de 3 %. Ce résultat révèle que la réduction de la pauvreté nécessite que soit mise en place une politique économique porteuse de croissance forte (une croissance économique au moins deux fois supérieure à la croissance démographique qui est de 3,1 %) couplée d'une bonne politique redistributive, pour espérer réduire de moitié la pauvreté à l'horizon de 2020 conformément au document de plaidoyer pour la mobilisation des ressources pour l'atteinte des OMD en RDC. Par ailleurs, il importe de signaler qu'en 2000, pour les ménages congolais, trois actions prioritaires étaient nécessaires pour aider à juguler la pauvreté : la « création des emplois », le « bitumage des routes » et la « facilitation de l'accès à l'instruction ». En somme, la pauvreté des ménages influence la vulnérabilité à la pauvreté, les ménages dont le chef n'a aucun niveau d'instruction étant, en général, les plus pauvres. De même, excepté les ménages dont les chefs sont cadres ou patrons, tous les ménages des autres catégories socioprofessionnelles affichent des niveaux de pauvreté au-dessus de 4,7 %. Les ménages passeraient un minimum de 3,5 ans dans la pauvreté si les politiques économiques mises en œuvre ne sont pas source d'inflation et leur permettent d'accroitre leur dépense annuelle de 20 %. Aussi, passeraient-ils plus de temps si la priorité n'est pas donnée à la création d'emplois suivie de l'amélioration de la praticabilité des routes et de la facilitation de l'accès à l'instruction.

1.1.2. Pauvreté non monétaire

Plusieurs facteurs, autres que monétaires, affectent le bien-être des ménages. Il s'agit notamment de la démographie, de la situation sanitaire et nutritionnelle ainsi qu'une situation de VIH/Sida, du secteur de l'éducation, du cadre de vie et de l'accès aux services utilitaires (eau, assainissement et logement, etc.) ainsi que du genre et des autres thèmes. Cette partie présente les caractéristiques de la pauvreté en RDC, réparties en groupes socio-économiques.

1.1.2.1. Une population en forte croissance

La démographie a été analysée plus haut comme étant une des causes majeures de la pauvreté monétaire. En moyenne, chaque foyer congolais comporte 6 membres. En l'absence d'opération récente de recensement, la population de la RDC est estimée à environ 70 millions d'habitants en 2014 dont ± 60 % vivent en milieu rural, avec une croissance démographique estimée à 3,1 %.

Ce taux reste préoccupant et préjudiciable au développement économique du pays, car il implique que la population de la RDC double en moyenne chaque 25 ans. Les principales activités sont l'agriculture traditionnelle, la chasse et la pêche artisanale. À l'exception des grandes villes et des régions de concentration des populations déplacées en raison des conflits, la densité démographique moyenne (26 hab. /km²) est parmi les plus faibles du continent. La grande taille de la population résulte d'une forte fécondité. L'Indice synthétique des femmes (ISF) s'est légèrement amélioré mais reste au-dessus de 5,6 enfants par femme. Il est passé de 7,1 enfants par femme (MICS 2, 2001) à 6,3 en 2007 selon l'EDS.

Ceci est à mettre en relation avec un faible accès à la planification familiale et aux moyens contraceptifs, de même que des facteurs de comportement (effet de remplacement). Ceci exercera une pression de plus en plus croissante sur les services sociaux et l'emploi. Le pays a fait des progrès en matière de mortalité des enfants depuis 2001, mais les efforts se sont quelque peu relâchés depuis 2007. La situation de la mortalité infantile demeure encore préoccupante.

De façon générale, on peut dire que le niveau de mortalité chez les enfants reste assez élevé en comparaison avec les autres pays. En 2006, le DSCRP 1 s'était fixé comme objectif de réduire le taux de mortalité infantile de 126 à 104 000 naissances vivantes en 2007. On peut considérer cet objectif comme atteint. Mais la lenteur de la baisse est source de préoccupation. La mortalité des enfants de moins de 5 ans se traduit par plus de 500 000 décès. La remontée observée depuis 2007 est préoccupante.

Graphique n° 4 : Mortalité infantile chez les enfants congolais[15]

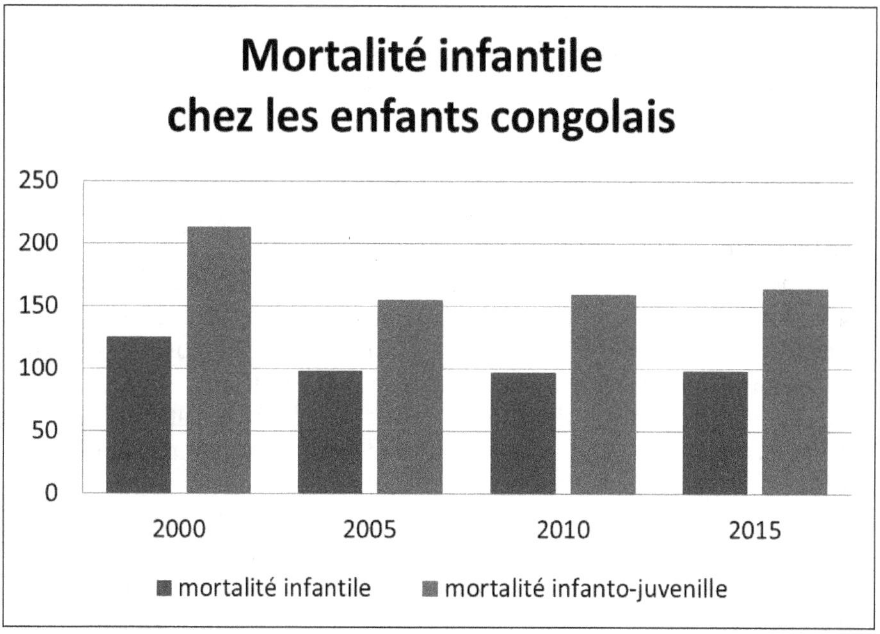

Le niveau de la mortalité infantile dans le pays se traduit par une espérance de vie à la naissance très faible, de l'ordre de 54 ans en 2009. Elle est également à mettre en liaison avec une fécondité qui reste forte. Ceci impacte l'IDH qui classe le pays 168 sur 169.

Une des principales causes de la mortalité élevée des enfants est le taux assez élevé de morbidité. Ainsi, on observe un niveau élevé de prévalence des maladies et infections chez les enfants congolais surtout une prévalence forte de la malaria (40 % des décès) et des IRA. Une autre cause importante est la nutrition des enfants qui demeure pauvre et inadéquate. En effet, la malnutrition touche plus de 5 millions d'enfants dans le pays. De même, le niveau élevé de la mortalité des enfants en RDC est aussi dû à la performance encore insuffisante du système sanitaire du pays, notamment l'accès aux soins de santé.

En effet, l'accès aux services de santé demeure problématique en RDC, même si certaines études montrent un progrès de la prise en charge médicale des grossesses, en liaison avec l'augmentation des consultations prénatales. En RDC, le paludisme demeure l'endémie majeure et la première cause de morbidité avec près de 10 épisodes par an et par enfant alors que le niveau d'endémicité est de 3 épisodes par an par personne selon les statistiques sanitaires. On estime entre 150 000 et 250 000, le nombre d'enfants de moins de 5 ans et l'autre des femmes enceintes.

[15] Source : Nous-même partant de nos enquêtes.

Le pourcentage d'enfants de moins de 5 ans dormant sous des moustiquaires imprégnées d'insecticides, est évalué à 38 % en 2015 et reste éloigné de la cible fixée pour 2015. De nouveaux moyens doivent être dégagés absolument pour permettre de se rapprocher de la cible et, simultanément, contribuer à la réduction de la mortalité infantile. La mortalité maternelle est en baisse mais elle demeure préoccupante.

Les résultats de l'EDS 2000 et de MICS 2015 montrent une relative amélioration des indicateurs liés à la santé maternelle entre 2001 et 2015, même si ceux-ci présentent des niveaux élevés. Les estimations disponibles ne permettent pas d'apprécier l'action des politiques et programmes de santé. Selon les estimations d'un groupe inter-agence d'experts de l'OMS, de l'Unicef, de l'UNFPA et de la Banque mondiale, le ratio de mortalité maternelle est estimé à 670 décès maternels pour 100 000 naissances vivantes avec une marge d'erreur très importante. Selon l'EDS, ce ratio est estimé à 549 décès 10, ce qui est un progrès notable par rapport au niveau de 1 289 décès.

Les efforts menés pour réduire les facteurs de risque de mortalité maternelle restent encore insuffisants. Par rapport aux consultations prénatales, il est noté une augmentation de 17 % entre 2001 et 2007. Cependant, on observe une baisse pour les années suivantes. La proportion des femmes enceintes qui ont eu au moins quatre visites prénatales selon la norme recommandée par l'OMS a légèrement baissé, passant de 47 % à 44 % entre 2000 et 2015. L'administration des soins prénatals au cours de ces visites n'est pas toujours intégrale. À titre indicatif, seulement 46 % des femmes en visites prénatales ont reçu les comprimés de fer-folate.

1.1.2.2. Un secteur de l'éducation qui s'améliore

L'analyse de l'ensemble des indicateurs de secteur de l'éducation montre une amélioration au cours des dix dernières années, en lien avec un financement appréciable du secteur par l'État, les ménages et les partenaires au développement. En comparaison avec l'Afrique subsaharienne, le pays semble bien doté en infrastructures éducatives. Cependant, la mauvaise quantité de ces infrastructures impacte sur leur performance et place le pays loin des résultats qu'il aurait dû atteindre. Toutefois, la capacité d'accueil au niveau de l'enseignement primaire s'est améliorée de 8 points entre 2000 et 2015 avec un taux brut de scolarisation de près de 81 % en 2000. Le taux net de fréquentation a atteint 51,7 % en 2000 et 75,0 % en 2015, soit une progression de 23,3 points en dix (10) ans. Malgré ce progrès, le niveau de l'indicateur reste inférieur au niveau escompté de 2015 (91,8 %) pour atteindre la cible de 100 %. Cette progression a été bénéfique pour les classes pauvres, qui ont vu leur taux net de scolarisation s'améliorer de 39 à 65 %.

Graphique n° 5 : Taux de scolarisation en primaire[16]

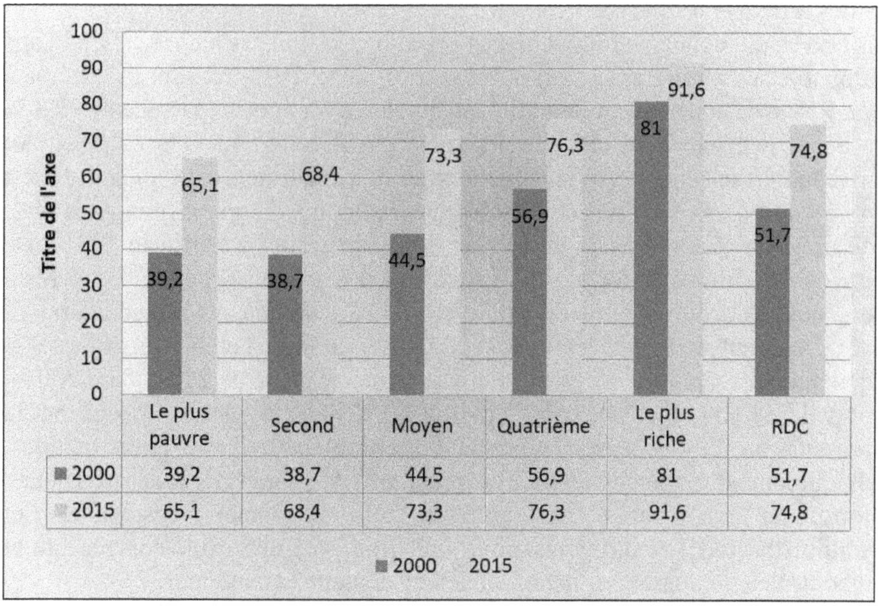

Entre 2002 et 2015, le taux de transition entre le primaire et le premier cycle du secondaire a été de 68 %. La progression entre le premier cycle et le second cycle de spécialisation de l'enseignement secondaire reste également élevée (environ 80 %). Le taux net de fréquentation du secondaire, en progression depuis 2001, est de 32 % en 2015. Les taux de redoublement et de survie dans le secondaire sont respectivement de 18 % et 59,7 %. Le taux d'achèvement reste particulièrement bas avec seulement 26 % des élèves qui achèvent le secondaire. La parité dans l'enseignement primaire constitue une cible des OMD à la portée du pays en 2015 compte tenu des tendances et du niveau atteint en 2015 (0,93). Au niveau pré-primaire, la fréquentation des filles dans les écoles maternelles est plus importante que celle des garçons. Cependant, la disparité du genre semble résiduelle puisque l'indice de parité se chiffre à 1 en 2002/015.

Dans le secondaire, les disparités d'accès entre filles et garçons s'avèrent encore plus fortes. Les taux bruts de scolarisation enregistrés sont respectivement de 30,3 % et 53,6 %, donnant un indice de parité de 0,6. Les taux bruts d'admission enregistrés en 2008 confirment cet écart : 38,7 % pour les filles et 61,3 % pour les garçons. En termes de taux d'achèvement, les filles se situent autour de 17,4 % contre 35 % pour les garçons. Les disparités d'accès à l'éducation liées au genre s'expliqueraient par des facteurs culturels (mariage précoce, grossesses, etc.) et des facteurs économiques qui vont favoriser la scolarisation des garçons aux dépens des filles lorsque des choix doivent être faits au sein d'une fratrie. En outre, certaines pratiques sexistes

[16] Source : Nous-même partant de nos enquêtes.

au sein de l'école ou l'absence de toilettes séparées peuvent décourager les filles à fréquenter l'école.

En ce qui concerne l'alphabétisation, la proportion des jeunes de 15-24 ans alphabétisés a progressé d'un point entre 2001 et 2015, passant de 71,1 % à 72,1 % avec une nette amélioration au niveau des hommes (passage de 78,3 % à 83,1 %) et un recul chez les femmes (passage de 64,3 % à 62,3 %). Au niveau de l'enseignement technique et de la formation professionnelle, il est noté que l'offre n'est pas suffisamment développée à travers le pays et reste de création récente (57 % des écoles sont construites à partir de 1991). De même, les filières de formation, à savoir « commerciales et administratives » et « coupe et couture », reçoivent 30 et 21 % des apprenants respectivement.

S'agissant de l'enseignement supérieur et de la recherche scientifique, la demande est très forte (le nombre d'étudiants est passé de 240 000 en 2006 à plus de 300 000 en 2008, dont environ 80 % dans le public), ce qui met la pression sur un sous-secteur présentant des problèmes aigus d'infrastructures, d'équipement, de personnel (déficit quantitatif d'enseignants et de chercheurs, formation insuffisante, déséquilibre entre personnels enseignants et administratifs…) et d'organisation. Ainsi, on note une explosion récente et incontrôlée du nombre d'institutions d'enseignement supérieur.

En outre, le rendement externe faible du sous-secteur traduit l'inadéquation actuelle entre la demande de l'appareil productif et l'offre du système éducatif. Enfin, il faut noter les déséquilibres géographiques (44,4 % des étudiants sont concentrés à Kinshasa) et de genre (les filles ne représentaient que 26 % des effectifs en 2009, en légère augmentation depuis 2006). En ce qui concerne le financement du secteur, il est à noter qu'il bénéficie d'un financement public insuffisant et presque jamais rendu disponible à bonne date : le financement public du secteur a baissé de façon drastique en passant de 24 % des dépenses publiques en 1980 à 7 % en 2002, puis à 4 % en 2009. Le besoin de financement née la faiblesse du financement est majoritairement prise en charge par les ménages qui sont pauvres dans leur majorité (incidence nationale de la pauvreté est de plus de 70 %). En effet, pour 100 USD à dépenser dans l'EPSP, l'État contribue en moyenne pour 48 %, les ménages pour 37 % et les partenaires pour 15 %.

Cette situation a pour conséquence le délabrement des infrastructures scolaires, l'insuffisance des équipements et des matériels pédagogiques, le transfert de la charge de l'État vers les ménages avec comme corollaire la baisse du niveau de scolarisation, car de nombreux enfants ne peuvent accéder à l'éducation à cause des frais scolaires. Ces progrès relatifs ne devraient pas masquer les graves dysfonctionnements du système éducatif du pays. Dans l'ensemble, le système éducatif congolais ressent encore les effets des années de conflit et de crise économique, malgré les importants efforts déployés ces dernières années par la mise en œuvre de l'article 43 de la Constitution qui consacre la gratuité et le caractère obligatoire de l'enseignement fondamental, la construction d'écoles, la distribution de manuels et kits scolaires. Les contraintes principales demeurent :

- La pauvreté des ménages incapables d'assumer les coûts de la scolarisation souvent élevés ;
- L'insuffisance de l'offre d'enseignement de qualité (état des infrastructures, rareté des matériels scolaires, distance importante des écoles, motivation et préparation des enseignements) ;
- L'inadaptation du système éducatif au mode de vie de certains groupes spécifiques (Pygmées, habitants de la forêt, nomades, etc.) ;
- La mise en question de l'utilité sociale de l'école ? notamment par son inadéquation au marché de l'emploi ;
- Et (v) la faiblesse du financement public et de l'appui de Partenaires techniques et financiers (PTF).

1.1.2.3. Un cadre de vie et un accès aux services utilitaires qui laissent à désirer

L'accès à l'eau potable reste très faible. Environ un Congolais sur 4 a accès à l'eau potable. Les statistiques disponibles montrent que, malgré les richesses en eau douce du pays, l'accès à l'eau potable reste faible, même si elle passe de 25 % à 29 % entre 2002 et 2015, dépassant les prévisions du gouvernement de 24 % dans le DSCRP 1. Cette augmentation a bénéficié en premier lieu aux classes riches par rapport aux pauvres et aux zones urbaines, Kinshasa en tête.

La situation de l'assainissement est critique. Seule une faible fraction des ménages a une toilette avec chasse d'eau connectée à l'égout (soit 1,3 % en 2001 contre 2,5 % en 2015). De façon générale, seulement 14 % des ménages congolais utilisent des installations sanitaires améliorées, avec des niveaux respectivement de 36 % en milieu urbain et de 4 % en milieu rural alors que les moyennes pour l'Afrique subsaharienne sont respectivement de 44 % et de 24 %.

Sur la même période, 12 % des ménages font leurs besoins dans la nature. De ce qui précède, on peut donc estimer que pour la desserte en assainissement, l'objectif de 11,5 % du DSCRP 1 n'a pas été atteint. La faible progression du taux d'accès dans ce secteur s'explique par la faible allocation des ressources de l'État, dans un contexte de stagnation des investissements publics globaux (19 % sur la période 2002-2010 avec une baisse en 2015 à 13 %). L'essentiel de ces dépenses, dans le secteur de l'eau et assainissement, a été consacré à la maintenance et la rénovation des réseaux, d'où une augmentation de 1 % seulement du taux de desserte. Le lancement par le gouvernement de plusieurs projets au niveau de ce secteur devrait permettre d'améliorer l'accès dans un proche futur. Plusieurs contraintes participent à ces résultats mitigés au nombre desquelles :

- Les faiblesses des opérateurs du sous-secteur de l'eau (REGIDESO en milieu urbain et SNHR en milieu rural) ;
- L'inadaptation du cadre institutionnel du sous-secteur assainissement (compétences partagées par plusieurs ministères 11) ;
- L'insuffisance des moyens financiers ;

- Et la faible implication et appropriation des communautés et des ménages, surtout ruraux, dans la gestion et la prise en charge des systèmes existants.

1.1.2.4. Une dégradation de l'environnement ayant des causes et des effets multiformes

Quant à l'environnement au sens large dans lequel vivent les ménages congolais, il court le risque de se dégrader, surtout dans les zones où vivent les pauvres. La RDC a une surface boisée estimée aujourd'hui à 145 millions d'hectares, selon le rapport REDD de la Banque mondiale. La déforestation aurait évolué au rythme de 0,9 % par an entre 2000 et 2015, et celui de reboisement de 0,3 %, selon une étude de la Banque africaine de développement (BAD). Il en résulte donc un taux net de déforestation de 0,4 point par an (0,45 % en moyenne entre 2000-2015, selon le REDD). Le taux de couverture forestière était de 55 % en 2000 et ne représente plus que 45 %, selon le ministère ayant en charge l'Environnement. La pression sur l'environnement est plus élevée dans les zones urbaines, car près de 47 % de la population congolaise sont concentrés sur seulement 10 % du territoire, selon la même source. Les principales causes de la dégradation de l'environnement sont : la déforestation, l'extension des infrastructures et de l'agriculture, l'exploitation forestière, la dégradation des sols due à l'érosion, la pollution urbaine, la mauvaise gestion des déchets solides, la disparition de l'environnement a des conséquences directes en termes de santé, de nutrition, d'emplois, etc., et le gouvernement de la RDC devrait bien prendre les mesures qui s'imposent afin de lutter contre ce phénomène.

1.1.3. Principales causes de la pauvreté

1.1.3.1. La gouvernance

La gouvernance est une des principales causes de la pauvreté, en ce sens qu'il crée des inefficiences dans les secteurs et, donc, une perte de productivité ; décourage la création d'entreprises et, donc, d'emplois ; ponctionne les ressources des ménages pauvres ; favorise la fuite de capitaux et une perte de recettes pour l'État et, donc, moins d'investissements publics, etc., et le gouvernement de la RDC devrait bien prendre les mesures qui s'imposent afin de lutter contre ce phénomène.

1.1.3.2. Une croissance économique insuffisante

Une croissance économique robuste et redistributive située entre 8 et 12 % serait nécessaire pour réduire la pauvreté (MABI, 2009). Cependant, la croissance économique réalisée entre 2000-2010 s'est située sur un plateau inférieur à 8 % fixé. Cette contre-performance fait suite notamment aux effets de la crise financière internationale qui a ralenti la croissance à 2,8 % en 2009 et propulsé le taux d'inflation moyen à 46,2 % sur la période.

En 2010, l'inflation est descendue en dessous de 10 %, et la croissance est remontée à 7,2 %, sous l'effet respectivement d'une politique budgétaire prudente et grâce au dynamisme des secteurs minier, du BTP et du tertiaire. La gestion rigoureuse des finances publiques s'est maintenue durant le premier semestre de l'année 2011 dans un contexte international marqué par l'envolée des cours mondiaux des produits alimentaires et énergétiques.

Nonobstant, la stabilité du franc congolais et l'accumulation des réserves internationales permettent d'atteindre des cibles du programme soutenu par la facilité élargie des Crédits. Le taux de croissance devrait ainsi atteindre 6,8 %, soit une croissance de 3,8 % du revenu par tête. Mais ceci demeure loin du seuil requis de 8 %. L'analyse des sources et facteurs de la croissance révèle une situation contrastée.

Entre 2000 et 2010, la situation macroéconomique de la RDC a été marquée par :

- Les effets de la crise économique et financière internationale ;
- L'allégement de la dette ;
- La maîtrise de l'inflation ;
- La rigueur budgétaire. Les effets de la crise économique et financière internationale ont ralenti la croissance en 2009.

L'accélération de la croissance économique, amorcée depuis 2002, a subi un coup d'arrêt en 2009. En effet, de 5,6 % en 2006, le taux de croissance est passé à 6,2 % en 2008, tiré entre autres par les bons résultats affichés dans le commerce et dans le secteur minier. Cependant, cette croissance a été ralentie en 2009, du fait des effets de la crise financière internationale, qui a induit une baisse de la demande mondiale. Le taux de croissance, pour 2009, est ressorti à 2,8 %. Entre 2010 et 2015, le taux de croissance est estimé à 7,2 % et 6,9 % grâce à la reprise de l'activité minière et au dynamisme du secteur tertiaire.

Graphique n° 6 : Évolution du taux de croissance économique et du taux d'inflation[17] (uniformiser les figures : mêmes couleurs, mêmes polices, etc.)

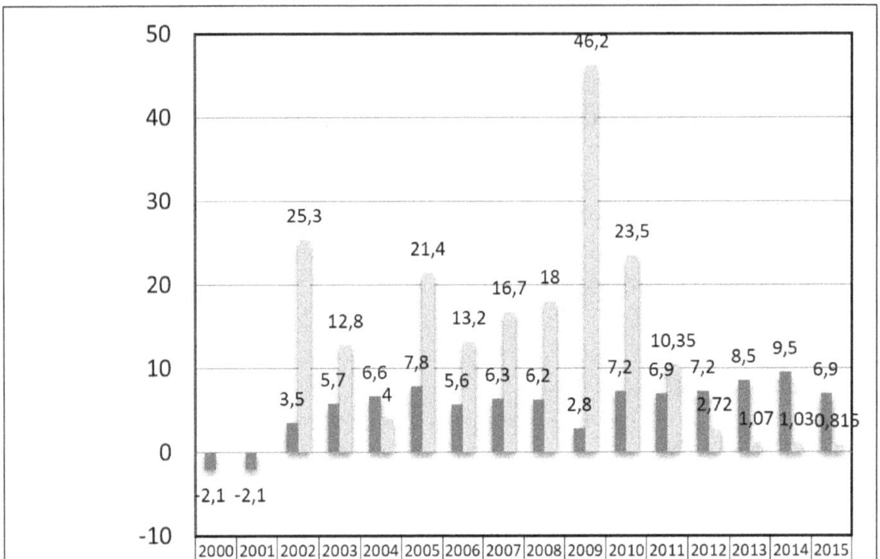

	2000	2001	2002	2003	2004	2005	2006	2007	2008	2009	2010	2011	2012	2013	2014	2015
Tx de croissance	-2,1	-2,1	3,5	5,7	6,6	7,8	5,6	6,3	6,2	2,8	7,2	6,9	7,2	8,5	9,5	6,9
Tx d'inflation			25,3	12,8	4	21,4	13,2	16,7	18	46,2	23,5	10,35	2,72	1,07	1,03	0,815

La maîtrise de l'inflation au cours de la période 2000-2015 s'explique en partie à la rigueur observée dans la mise en œuvre des politiques budgétaire et monétaire. Toutefois, en 2009, le taux d'inflation moyen annuel a atteint 46 % en liaison avec la hausse des prix des produits alimentaires et énergétiques. Le niveau élevé contribue à pénaliser la croissance.

1.1.3.3. Le manque d'emploi

La situation de l'emploi n'a fait que se dégrader depuis les années 1970 et elle est aujourd'hui l'une des préoccupations majeures du gouvernement. La croissance démographique de 3,1 % expliquée par une mortalité infantile décroissante au cours de ces vingt dernières années, et une fertilité constante sur la période avec 6 enfants en moyenne par femmes, s'il n'est pas régulé, fera doubler la population congolaise tous les 25 ans. Cette population restera très jeune et exercera des pressions nouvelles et plus fortes encore, aussi bien sur le système scolaire, le système sanitaire que sur le marché du travail. Avec cette tendance démographique, 50 % de la population de la tranche d'âge supposée active, de 15 à 64 ans, serait des jeunes et aggraverait la situation du marché du travail.

Il existe un lien direct de causalité entre pauvreté et emploi. Ainsi, l'enquête 1-2-3 de la Banque mondiale (2005) montre qu'environ 70 % des

[17] Source : Nous-même partant de nos enquêtes.

pauvres sont au chômage ou en situation de sous-emploi. L'inégalité en termes de salaire est aussi très élevée (65,3). Le nombre élevé d'enfants travailleurs (de 4 à 14 %, selon les enquêtes), la plupart hors du système scolaire, est tout aussi préoccupant.

Selon la même enquête, la tranche 15-35 ans représente plus de 25 % et enregistre un taux de chômage de 28 % au moment où la moyenne nationale est estimée à 6 %. De ce fait et au vu de la croissance démographique, sans une politique active qui impacte positivement le marché du travail, le chômage des jeunes risquerait de connaître des niveaux les plus alarmants, et la situation deviendrait explosive si rien n'est fait pour trouver à cette cible des Activités génératrices de revenus (AGR).

Au sein de cette population jeune, les filles sont les plus exposées au chômage du fait de leur sous-scolarisation et des barrières socioculturelles. La population congolaise est caractérisée par un taux d'activité élevé cachant un phénomène de sous-emploi et de pauvreté profond. De plus, le taux d'activité se situait à environ 61 % au niveau national dont 60,8 % pour les hommes et 59,9 % pour les femmes. Il est estimé à 68 % pour le milieu rural pour seulement 51 % pour le milieu urbain. Le taux d'activité au niveau national cache d'énormes disparités par province. Une analyse de la structure par âge montre que, quels que soient le sexe et le milieu considérés, le taux d'activité pour la tranche de 39 à 49 ans est de 91,7 % dont 95,7 % pour les hommes et 87,6 % pour les femmes. La population inactive est essentiellement constituée de jeunes en cours de scolarité, de femmes au foyer et des retraités.

Par ailleurs, il est à signaler que l'urbanisation a introduit dans le marché du travail, aussi bien urbain que rural, un exode massif qui crée une économie informelle et des emplois précaires pauvres en productivité dans la périphérie des grandes villes et cités. La population urbaine, étant passée de 22 % en 1960 à 33 % en 2007 et avec le phénomène d'urbanisation qui est appelé à se développer les prochaines années notamment entre 2011 et 2015, exigera une nouvelle approche des méthodes de gestion du marché du travail. Le taux de chômage moyen au niveau national se situe à 6,5 %, mais cet indicateur n'est pas très significatif dans un contexte où une majorité de la population vit de l'agriculture de subsistance, le taux de chômage en milieu rural avoisinant zéro. Quant au taux de chômage urbain, il était en 2005 de 17,8 %. La situation présente l'emploi formel (moins de 140 % au total, dont deux tiers dans le secteur public) *versus* l'informel (sous-emploi ou chômage déguisé, situé autour de 75 % en milieu urbain et 95 % en milieu rural). Les jeunes constituent plus de la moitié de la population active et sont les plus touchés par le chômage particulièrement en milieu urbain. Ainsi, le taux de chômage des 15-24 ans (32,2 %) avoisine le double de la moyenne nationale pour le milieu urbain (17,8 %).

1.1.3.4. La redistribution

Les déficiences relevées tirent en grande partie leur origine de l'absence d'une véritable politique de redistribution des ressources de l'État. L'impact faible de la croissance économique sur la pauvreté en RDC, outre le fait qu'elle génère peu d'emplois décents, s'explique par le manque d'une vraie politique de redistribution. Le gouvernement a amélioré le taux de mobilisation de ses ressources internes qui ont maintenu leur tendance, passant de 17 % à 19 % du PIB entre 2009-2010, dans un contexte de gestion budgétaire prudente. Cependant, certaines études 17 semblent montrer qu'il reste une marge de progression et que le taux d'impôt moyen optimal en RDC se situe autour de 45 % du PIB.

Ainsi, en dépit de cette performance, ces ressources demeurent insuffisantes et allouées de façon non optimale pour répondre aux besoins de lutte contre la pauvreté. Ceci est notamment dû, d'une part, à la politique de taxation de l'État qui s'avère défavorable pour les pauvres. Les dépenses en faveur des secteurs sociaux restent faibles, en lien avec le faible niveau de mobilisation des ressources internes. Comme relevé plus haut, ceci a un effet sur le niveau de la pauvreté.

1.1.3.5. Facteurs de réduction de la pauvreté

Au niveau microéconomique, les principaux facteurs qui ont contribué à la baisse de l'incidence de la pauvreté sont :

- La baisse du taux de fécondité et de la taille du ménage : dans les zones urbaines, par exemple, le pourcentage de ménages de plus de 8 personnes a baissé de 43,2 % à 35,5 % entre 2000 et 2015, alors que dans les ménages ruraux de 5 personnes, la taille a augmenté de 5,7 % atteignant 46 % en 2015 ;
- Le transfert de la main-d'œuvre de l'agriculture (secteur à faible productivité) vers les transports, le commerce et les services (secteurs productifs) : en 2000, environ 16 % des personnes en activité occupaient au moins deux emplois dans le secteur agricole. Ce pourcentage a baissé de 4 % en 2015. Ce qui a permis de réduire l'incidence de la pauvreté de 10 % entre 2000 et 2015 ;
- L'augmentation d'emplois salariés : cette augmentation a été bénéfique pour tous les groupes de revenus. L'emploi salarié a augmenté de 2,3 points de pourcentage pour les 40 % les plus pauvres (augmentation de 5 % pour atteindre 17 % en 2015) et 3 fois plus pour les 60 % les plus riches entre 2000 et 2015 ;
- L'accroissement du taux d'accès aux terres arables : l'augmentation de la propriété de terres arables (ou champs) par les ménages a permis de réduire de 8 % le taux de la pauvreté entre 2000 et 2015. Cependant, l'absence des engrais et semences amélioration de la productivité agricole.

1.1.3.6. Facteurs de persistance de la pauvreté

Les facteurs suivants ont tendance à accroître l'incidence de la pauvreté :

- La croissance rapide de la population urbaine ;
- L'étroitesse des marchés locaux ;
- La diminution du nombre de propriétaires d'entreprises non agricoles.

De tout ce qui précède, la situation de pauvreté et d'inégalité en RDC est aggravée par les effets des évènements multisectoriels dont la mauvaise gouvernance, les guerres, les crises politiques et économiques ; ce qui contraint encore aujourd'hui de nombreuses populations à vivre dans des conditions qui ne sont pas dignes d'un humain. Cet état des choses prouve à suffisance que la situation socio-économique de la majorité des populations congolaises demeure précaire et crée un environnement préjudiciable au processus de développement en général et de développement humain en particulier.

Le phénomène de pauvreté et d'inégalité ayant atteint une proportion inquiétante, il importe que sa réduction doive constituer l'un des objectifs majeurs de la politique économique de la RDC. Pour atteindre ledit objectif, il faudrait que le pays entreprenne des actions sociales susceptibles de contribuer au bien-être de sa population afin de réduire de façon substantielle le niveau général de la pauvreté et d'inégalité. En vue d'atteindre ce pari, la RDC doit nécessairement accroître sa production afin de pallier, entre autres, le besoin de consommation interne, lutter contre le phénomène de pauvreté sur ses différents axes. Il lui faudra par ailleurs transformer ses immenses potentialités en richesses pour lui permettre de renforcer son budget, éviter l'endettement et la dépendance vis-à-vis de l'extérieur. La croissance est nécessaire à la lutte contre la pauvreté, et la forme qu'elle prend détermine les résultats dans ce domaine.

RECOMMANDATIONS DES POLITIQUES PUBLIQUES

Pour faire de la politique d'action sociale un instrument efficace de réduction de la pauvreté dans la promotion de la sécurité et la prospérité, cet ouvrage recommande aux décideurs politiques de :

- manifester une réelle volonté politique de lutter contre la pauvreté sous ses différentes formes et d'atteindre les Objectifs du millénaire pour le développement (OMD) ;
- relancer l'agriculture en prenant la population elle-même comme actrice, car l'agriculture joue un rôle essentiel dans le développement et elle occupe plus de 70 % de la population congolaise ;
- bâtir et renforcer les institutions : les institutions efficaces et la bonne gouvernance contribuent considérablement à l'amélioration de l'efficacité des politiques publiques, la réduction de la pauvreté et la promotion de la prospérité partagée. Le succès dans ce domaine contribue au maintien de la paix et la sécurité.

– Diversifier l'économie en privilégiant le secteur rural :

Mettre l'agriculture et le développement rural comme priorité des politiques publiques avec des financements adéquats (les revenus provenant du secteur minier devraient y être consacrés).

Pour résoudre les problèmes de productivité, les stratégies de développement agricole doivent être cohérentes et coordonnées avec un soutien continu des acteurs gouvernementaux.

– Améliorer la connectivité et la fourniture énergétique :

Construire les infrastructures adéquates pour diminuer les coûts de mobilité des biens et des personnes et connecter les centres de production des lieux de consommation.

Construire des centres de production de l'électricité afin de permettre aux industries de disposer de l'énergie nécessaire à la production industrielle, secteur qui permet une grande valeur ajoutée.

– Libérer le potentiel de croissance des entreprises familiales.

– Le secteur informel occupe un poids considérable dans l'économie congolaise.

L'analyse de ce secteur dégage trois groupes de micro-entreprises qui s'y retrouvent :

- Les plus performants : ceux orientés vers la croissance avec un capital supérieur ;
- Les survivalistes : à majorité des pauvres sans capital solide et qui peinent à croître et à améliorer par moments leurs conditions de vie ;
- Les gazelles contraintes : ceux ayant un potentiel de croissance inexploité avec des performances médiocres.

Pour réduire la pauvreté dans ces groupes de pauvres dans le secteur informel, les politiques publiques doivent être adaptées à chaque catégorie. Il s'agit, par exemple :

- Pour les survivalistes : d'assurer les formations professionnelles afin d'améliorer les compétences techniques et managériales et renforcer l'esprit d'entreprise, améliorer la culture financière et la facilité à accéder au financement ;
- Pour les gazelles contraintes : de favoriser l'accès au crédit et donner les formations pour améliorer les compétences managériales ;
- Pour les plus performants : d'accorder une assistance pour renforcer les capacités managériales et améliorer l'accès aux infrastructures pour élargir les marchés ;
- De bâtir et d'améliorer le capital humain.

L'éducation joue un rôle très important dans le développement du capital humain, la réduction du risque du chômage et l'accroissance des chances pour obtenir un emploi rémunéré.

Cependant, le coût de la scolarisation reste très élevé pour les ménages pauvres. Les interventions politiques doivent porter sur les transferts monétaires, les programmes d'alimentation scolaire, les programmes de bourses d'études et la responsabilisation de l'État pour assurer l'accès à l'éducation pour tous (avec la gratuité de l'enseignement primaire et secondaire).

CONCLUSION PARTIELLE

Nous voici au terme de ce chapitre sur le passage de l'État-gendarme à l'État-providence pour une application d'État congolais, touchant spécifiquement l'aspect social des Congolais.

Les déficiences relevées en termes d'allocation des ressources tirent en grande partie leur origine de l'absence d'une véritable politique de redistribution des ressources de l'État. L'impact faible de la politique d'action sociale sur la pauvreté et les inégalités en RDC s'explique par le manque d'une vraie politique de redistribution (RDC, 2011). La redistribution des ressources nationales de la RDC n'est pas équitable, sur le peu qui entre au Trésor public, la grande partie est consommée par les trois institutions du pays : la Présidence, le Parlement et le gouvernement qui s'accordent à eux seuls 70 % du budget annuel. La RDC devrait mettre en place une politique de redistribution équitable des ressources nationales pour que toute la population bénéficie des richesses de son pays.

Il ressort de nos recherches que pour enclencher la réduction de la pauvreté et des inégalités, il faut mettre en place une politique de filets de sécurité sociale nécessaire pour lutter efficacement contre la pauvreté et les inégalités. Les pouvoirs publics devraient également utiliser les rentes minières pour investir dans les secteurs à forte intensité de main-d'œuvre (secteur agricole) pour absorber un nombre important de chômeurs et améliorer les revenus de la population pauvre.

CHAPITRE TROISIÈME

La politique fiscale face aux IDE en RDC

INTRODUCTION PARTIELLE

Le présent chapitre constitue la fin de notre étude. Il nous revient de vérifier nos hypothèses établies, et de faire une analyse des déterminants des IDE, enfin de dégager leur impact sur les IDE en RDC. Nous allons commencer par présenter l'extrait code des investissements, spécifier le modèle, faire une analyse préliminaire, faire une analyse de stationnarité des variables, faire la corrélation et la causalité, et enfin, il y a lieu d'exposer les résultats et leur interprétation.

L'exploitation des résultats de l'estimation économétrique nous conduira à la formation de quelques proportions en rapport avec les IDE.

1. EXTRAIT DU CODE DES INVESTISSEMENTS

Le code des investissements institue un régime unique, le « Régime général », qui comprend également des dispositions particulières aux Petites et Moyennes Entreprises (PME) et Petites et Moyennes Industries (PMI) (MBOKO DJ'ANDIMA, 2018). L'application de ce régime général dans le temps est fonction des régimes économiques créés. Ainsi, les avantages sont accordés pour une durée de :

- trois ans lorsque les investissements agréés sont réalisés dans la Région économique A (ville de Kinshasa) ;
- quatre ans lorsque ceux-ci réalisés dans la Région économique B (Bas-Congo, ville de Lubumbashi, ville de Likasi et ville de Kolwezi) ;
- cinq ans lorsque ceux-ci sont réalisés dans la Région économique C, c'est-à-dire dans le reste du pays.

L'agrément est accordé par arrêté interministériel des ministres ayant le Plan et les Finances dans leurs attributions. Et en cas de manquement aux engagements ou de violation des dispositions légales, notamment la non-réalisation des projets d'investissement pour lesquels les avantages sont accordés, un arrêté interministériel des mêmes ministres procède au retrait de l'agrément en vertu de la théorie de l'acte contraire. Le retrait d'agrément entraîne la déchéance des avantages accordés à l'entreprise anciennement bénéficiaire, laquelle se trouve rétroactivement assujettie au droit commun. Ce retrait rend donc immédiatement exigible le paiement des impôts et autres taxes qui auraient dû l'être sous la période de l'exonération, auxquels s'ajoutent les pénalités.

1.1. Du Régime général

AVANTAGES FISCAUX ET PARAFISCAUX

L'article 13 :

Les bénéfices réalisés par les investissements nouveaux agréés sont totalement exonérés de l'impôt professionnel sur les revenus prévu au Titre IV de l'ordonnance-loi n° 69-009 du 10 février 1969, telle que modifiée à ce jour.

Il est à noter que pour l'Administration fiscale, suivant la note de service n° 01/026/DGI/DG/DELC/JN/2006, l'exonération en matière d'impôt sur les bénéfices généré par l'investissement d'extension ou de réhabilitation de capacité, les avantages fiscaux ne sont accordés qu'à concurrence des apports nouveaux. Le prorata est déterminé par rapport au total des apports. Par exemple, total des apports :

1 850 000 FC + 650 000 FC = 2 500 000 FC

Prorata 650 000 x 100/2 500 000 = 26 %

Dans ce cas, si l'assiette de l'impôt est égale à 300 000 FC, l'impôt dû est égal à : (300 000 x 26 %) x 40 % (taux de l'impôt). Donc, (300 000 – 78 000) x 40 % = 88 000 FC.

Article 14 :

Les investissements en infrastructures socio-économiques, telles qu'écoles, hôpitaux, infrastructures sportives et routes, réalisés en sus des projets agréés, sont amortissables selon les règles d'amortissement dégressif.

Article 15 :

Lors de leur constitution ou de leur augmentation de capital social, les sociétés par actions à responsabilité limitée agréées sont exonérées du droit proportionnel prévu à l'article 13 du décret du 27 février 1887 sur les sociétés commerciales, tel que modifié à ce jour.

Les sociétés agréées, autres que celles mentionnées ci-dessus, sont exonérées du droit fixe prévu à l'article 13 du décret précité lors de leur constitution.

Article 16 :

Les entreprises agréées sont exonérées de l'impôt sur la superficie des concessions foncières et des propriétés bâties, prévu au Titre II de l'ordonnance-loi n° 69-006 du 10 février 1969, telle que modifiée et complétée à ce jour, pour les superficies liées uniquement au projet d'investissement agréé.

Cette exonération prend effet le 1er janvier de l'année qui suit celle de la mutation des terrains et bâtiments, la mutation des droits fonciers devant intervenir obligatoirement dans les six mois d'acquisition.

Article 17 :

Les entreprises agréées qui achètent auprès des producteurs locaux des biens d'équipement et intrants industriels fabriqués en République démocratique du Congo ou sollicitent les prestations de services sur les travaux immobiliers sont exonérées de l'impôt sur le chiffre d'affaires à l'intérieur sur ces produits et services.

Article 18 :

Les avantages [...] fiscaux et parafiscaux prévus dans la présente loi ne sont accordés qu'une seule fois.

1.2. Dispositions particulières aux PME et PMI[18]

Article 19 :

Les Petites et Moyennes Entreprises ou Petites et Moyennes Industries bénéficient des exonérations prévues au Régime général de la présente loi.

Article 21 :

Les PME et PMI admises au Régime général du code sont autorisées, d'une part, à déduire de leur bénéfice imposable les sommes dépensées au titre de formation, de perfectionnement du chef d'entreprise ou de son personnel, de protection de conservation de la nature, et d'autre part, à calculer leurs amortissements selon un mode dégressif.

Article 22 :

Les PME et PMI bénéficient également de l'exonération des droits sur les actes constitutifs de société ou coopérative et sur les droits d'enregistrement au Nouveau Registre du commerce.

---

[18] *Op. cit.*, p. 451.

1.3. Les mesures incitatives de la fiscalité congolaise face aux investissements

Selon le régime du code des investissements, comme tout investissement nouvellement créé en République démocratique du Congo, les Investissements directs étrangers bénéficient aussi au travers de la politique fiscale congolaise de certains avantages, notamment les exonérations lors du début des activités de ces derniers ; ces exonérations se font par rapport aux différentes zones économiques constituées selon le législateur fiscal congolais[19] :

- **Zone économique A :** les investissements ou entreprises nouvellement créés bénéficient d'une exonération à l'impôt sur les bénéfices et profits durant une période de 3 ans ; sur les droits et taxes à l'impôt des machines, matériels et équipements ; sur les droits et taxes à l'exportation ; sur les droits proportionnels lors de la création des SARL ou de l'augmentation de leur capital social.
- **Zone économique B :** les investissements ou entreprises nouvellement créés bénéficient d'une exonération à l'impôt sur les bénéfices et profits durant une période de 4 ans ; sur les droits et taxes à l'impôt des machines, matériels et équipements ; sur les droits et taxes à l'exportation ; sur les droits proportionnels lors de la création des SARL ou de l'augmentation de leur capital social.
- **Zone économique C :** les investissements ou entreprises nouvellement créés bénéficient d'une exonération à l'impôt sur les bénéfices et profits durant une période de 5 ans ; sur les droits et taxes à l'impôt des machines, matériels et équipements ; sur les droits et taxes à l'exportation ; sur les droits proportionnels lors de la création des SARL ou de l'augmentation de leur capital social.

2. SPÉCIFICATION DU MODÈLE

2.1. Modèle théorique

Notre modèle théorique est schématisé de la manière suivante :

[19] ANAPI.

Figure n° 1 : Modèle théorique

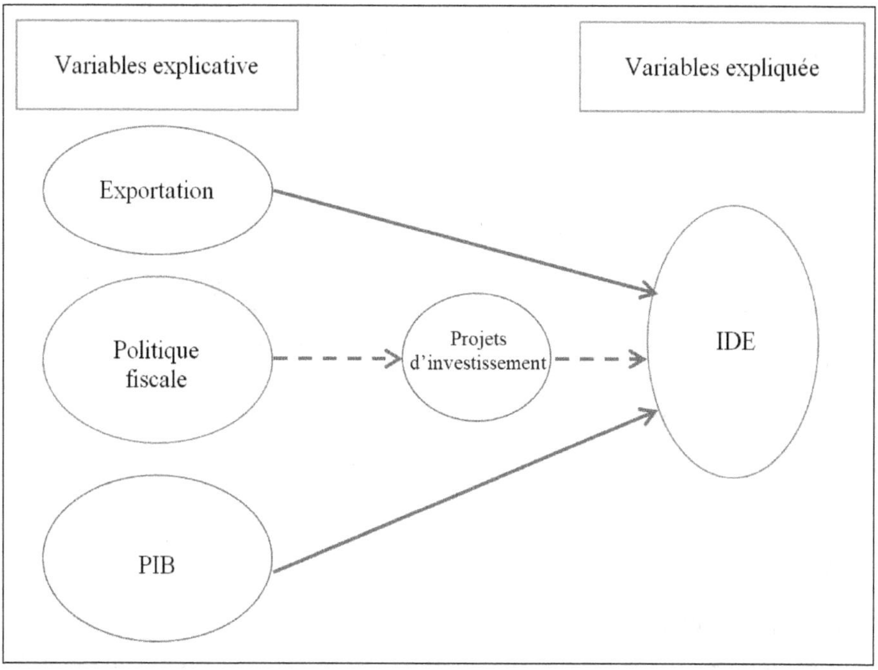

Tableau n° 3 : Indicateur des variables

Variables	Indicateur
Politique fiscale	Nombres des projets d'investissements
IDE	Capitaux
Exportation	Volume des exportations
Produits intérieurs bruts	Volume de production intérieure

2.2. Équation mathématique

LIDE = f(Lpolfisc)

2.3. Équation économétrique

LIDE = C(1) x LIDE(-1) + C(2) x LIDE(-2) + C(3) x LPOLFISC + C(4) x LPOLFISC(-1) + C(5) x LPOLFISC(-2) + C(6) x LEXPORT + C(7) x LEXPORT(-1) + C(8) x LEXPORT(-2) + C(9) x LPIB + C(10) x LPIB(-1) + C(11)+£

Tableau n° 4 : Signification des abréviations (aligner les tableaux selon l'ordre numérique établi depuis le début. I : doit y avoir une continuité !)

Variables	Signification
LIDE	Logarithme des investissements directs étrangers
LPOLFISC	Logarithme de la politique fiscale
LEXPORT	Logarithme de l'exportation
LPIB	Logarithme du produit intérieur brut

Tableau n° 5 : Sens de la relation[20] (aligner les tableaux selon l'ordre numérique établi depuis le début. I : doit y avoir une continuité !)

Variables	Signification
Politique fiscale	-
Projets d'investissements	+
Exportation	+
Produit intérieur brut	+

3. ANALYSE PRÉLIMINAIRE

3.1. Source des données

Les données chiffrées utilisées sont tirées de l'Agence nationale pour la promotion des investissements et des différents rapports annuels de la Banque centrale du Congo (2010-2016).

3.2. Statistique descriptive

Tableau n° 6 : Statistique descriptive[21]

	LIDE	LPOLFISC	LEXPORT	LPIB
Mean	22.28525	4.253261	16.07672	17.17607
Médian	21.88983	4.364888	16.06438	17.21.875
Maximum	24.81770	4.677008	16.52787	17.47393
Minimum	21.28001	3.522689	15.73617	16.67776
Std. Dev.	1.034608	0.393002	0.172870	0.219503
Skewness	1.518958	-0.783254	0.253499	-0.585442
Kurtosis	4.041642	2.077714	2.426123	2.260641
Jarque-Bera	36.09882	11.56596	2.052339	6.711672
Probability	0.100000	0.003080	0.358377	0.034880
Sum	1871.961	357.2739	1350.445	1442.790
Sum Sq. Dev.	88.84430	12.81942	2.480374	3.999066
Observations	84	84	84	84

[20] Source : Nous-même à l'aide de la théorie économique.

[21] Source : Auteur (nos calculs sur Eviews 9).

Commentaire : Il ressort de cette statistique descriptive que la valeur moyenne des IDE est de 22.28525, la valeur médiane est de 21.88983, la valeur inférieure observée est de 21.28001, tandis que la valeur maximale est de 24.81770 sachant que les données sont converties en logarithme népérien. Et dont la variable IDE est normalement répartie, étant donné que la probabilité liée au test de JB est de 0,1 donc, supérieure à 5 %.

4. ANALYSE DE LA STATIONNARITÉ DES VARIABLES

La plupart des données temporelles macroéconomiques sont des réalisations des processus non stationnaires (NELSON et PLOSSER, 1982). Lorsqu'on travaille avec des séries temporelles, il faut vérifier au préalable que celles-ci sont stationnaires. S'il s'avère que ce n'est pas le cas, il faut trouver une bonne façon de les rendre stationnaires.

C'est pour cette raison qu'avant tout traitement économique, il convient de s'assurer de la stationnarité des variables. Une série chronologique est donc stationnaire si son espérance et sa variance restent inchangées dans le temps (BOURBONNAIS, 2003). En d'autres termes, une série stationnaire ne comporte ni saisonnalité, ni tendance. Dickey-FULLER (2015) ainsi que Phillips PERRON (2016) ont mis au point un test permettant non seulement de détecter l'existence d'une tendance mais aussi de déterminer la bonne manière de rendre stationnaire une série.

Cette condition de stationnarité doit être vérifiée pour chacune des séries afin d'éviter des régressions fallacieuses pour lesquelles les résultats pourraient être « significatifs », alors qu'ils ne le sont pas. La stationnarité renvoie au caractère infiniment persistant des séries à la suite d'aléa. Cette propriété est souhaitée dans le cadre des estimations sur les données temporelles, car elle évite les risques de régressions fallacieuses. Il existe une grande variété de tests de stationnarité des variables. Ainsi, les tests usuels sont ceux d'ADF et PP suite à leur simplicité. Dans le cadre de ce travail, nous procéderons par le test de Dickey-FULLER augmenté et le test de Phillips PERRON.

Tableau n° 7 : Test de Dickey-Fuller augmenté[22]

Variables	À niveau	En différence 1re	Constat
LIDE	0.128427 (0.72024)	-6.306017 (0.0000)*	I(1)
LPOLFISC	-1.384738 (0.5859)	-3.572927 (0.0005)*	I(1)
LEXPORT	1.360404 (0.9555)	-3.011057 (0.0030)	I(1)
LPIB	-4.795433 (0.0011)		I(0)

(.) : Probabilités ; * : Stationnaire à 1 % ; ** : Stationnaire à 5 %.

[22] Source : Nous-même à l'aide d'Eviews 9.

Source : Nous-même sur base du test de Dickey-Fuller.

Après analyse de stationnarité, il sied de noter que toutes les variables ne sont pas stationnaires comme présumé précédemment. Le logarithme de l'investissement direct étranger, le logarithme de la politique fiscale et le logarithme de l'exportation sont stationnaires après une différence première tandis que le logarithme du produit intérieur brut l'est sans aucune différence.

Tableau n° 8 : Test de Phillips Perron[23]

Variables	**À niveau**	**En différence 1re**	**Constat**
LIDE	0.009741 (0.6830)	-6.535536 (0.0000)	I(1)
LPOLFISC	-2.288814 (0.4350)	-5.848340 (0.000)*	I(1)
LEXPORT	1.81135 (0.4350)	-5.089947 (0.000)	I(1)
LPIB	-6.225894 (0.0000)		I(0)

(.), Probabilités ; * : Stationnaire à 1 % ; ** : stationnaire à 5 %

De même avec le test précédent, après analyse de stationnarité, nous notons que toutes les variables logarithmiques de l'investissement direct étranger, de la politique fiscale et de l'exportation sont stationnaires après une différence première tandis que le logarithme du produit intérieur brut l'est sans aucune différence, et donc les résultats de deux tests convergents.

5. CORRÉLATION ET CAUSALITÉ[24]

5.1. Corrélation

Tableau n° 9 : Corrélation entre variables

	LIDE	**LPOLFISC**	**LEXPORT**	**LPIB**
LIDE	1,0000	0,2817	-0,5090	0,0565
LPOLFISC	0,2817	1,0000	0,5576	-0,1738
LEXPORT	-0,5090	0,5576	1,0000	0,0206
LPIB	0,0565	-0,1738	0,0206	1,0000

Source : Nous-même sur base du logiciel d'Eviews 9.

Commentaire : En général, nous remarquons sur base des renseignements que fournit le tableau ci-dessus relatif à la corrélation entre variables qu'il n'y a pas d'auto-corrélation entre les variables. En d'autres termes, les variables

[23] Source : Nous-même à l'aide d'Eviews 9.
[24] *Idem.*

explicatives ne sont pas liées entre elles, ce qui traduit une absence de corrélation entre variables explicatives.

5.2. Causalité au sens de Granger[25]

Pairwise Granger Causality Tests
Date: 08/23/19. Time: 12:19
Sample: 2010M01 2016M12
Lags: 24

Null hypothesis:	Obs.	f-Statistic	Prob.
LPOLFISC does not Granger Cause LIDE	**59**	**183.488**	**3.E-10**
LIDE does not Granger Cause LPOLFISC		**576.795**	**9.E-13**
LEXPORT does not Granger Cause LIDE	**59**	**7.58340**	**0.0010**
LIDE does not Granger Cause LEXPORT		**122.848**	**2.E-09**
LPIB does not Granger Cause LIDE	59	0.43641	0.9532
LIDE does not Granger Cause LPIB		**7.45246**	**0.0011**
LEXPORT does not Granger cause LPOLFISC	**59**	**47.9956**	**2.E-07**
LPOLFISC does not Granger cause LEXPORT		**72.4581**	**3.E-08**
LPIB does not Granger cause LPOLFISC	**59**	**5.30026**	**0.0045**
LPOLFISC does not Granger cause LPIB		**6.60766**	**0.0018**
LPIB does not Granger Cause LEXPORT	59	47.9956	2.E-07
LEXPORT does not Granger cause LPIB		**72.4581**	**3.E-08**

Source : Nous-même sur base du logiciel d'Eviews 9.

Nous remarquons que la politique fiscale explique l'investissement direct étranger et à l'inverse, la relation est expliquée, hormis cela, l'exportation explique l'investissement direct étranger et ce dernier explique à son tour l'exportation ; l'investissement direct étranger explique le produit intérieur brut, mais l'inverse n'est pas possible ; nous constatons également que l'exportation explique la politique fiscale et que la politique fiscale explique aussi l'exportation ; le produit intérieur brut explique la politique fiscale et celle-ci explique également le produit intérieur brut et, enfin, l'exportation explique le produit intérieur brut tandis que le produit intérieur brut n'explique pas l'exportation.

6. MODÉLISATION ARIMA

L'estimation des modèles ARIMA suppose que l'on travaille sur une série stationnaire. Ceci signifie que la moyenne de la série est constante dans le temps, ainsi que la variance. La meilleure méthode pour éliminer toute tendance est de différencier, c'est-à-dire de remplacer la série originale par la série des différences adjacentes. Une série temporelle qui a besoin d'être différenciée pour atteindre la stationnarité est considérée comme une version

[25] Source : Nous-même à l'aide d'Eviews 9.

intégrée d'une série stationnaire (d'où le terme *Integrated*). La correction d'une non-stationnarité en termes de variance peut être réalisée par des transformations de type logarithmique en termes de variance (si la variance croît avec le temps) ou, à l'inverse, exponentielle. Ces transformations doivent être réalisées avant la différenciation.

Une différenciation d'ordre 1 suppose que la différence entre deux valeurs successives de y est constante. $yt - yt\text{-}1 = \mu + £\, t\, \mu$ est la constante du modèle, et représente la différence moyenne en y. un tel modèle est un ARIMA (0, 1, 0). Il peut être représenté comme un accroissement linéaire en fonction du temps. Si μ est égal à 0, la série est stationnaire.

7. ESTIMATION DU MODÈLE ARIMA (2.2, 3,1)[26]

Dependent Variables: lide
Method: least Squares
Date: 08/23/19. Time: 12:37
Sample (adjusted): 2010M04 2016M12

Variable	Coefficient	Std. Error	t-Statistic	Prob.
LIDE(-1)	0.339958	0.092504	3.675066	0.0005
LIDE(2)	0.2281521	0.095860	2.380087	0.0200
LPOLFISC	4.821521	0.285480	16.88916	0.0000
LPOLFISC(-1)	-1.024339	0.363667	-2.816693	0.0063
LPOLFISC(-2)	-0.652136	0.371243	-1.756630	0.0834
LEXPORT	-8.245612	0.476283	-17.31243	0.0000
LEXPORT(-1)	3.349739	1.001950	3.343220	0.0013
LEXPORT(-2)	2.1925854	1.033095	2.122316	0.0374
LPIB	5.98449	9.228126	6.066724	0.0000
LPIB(-1)	5.01121	9.058186	6.073093	0.0000
C	17.28910	3.099293	5.578401	0.0000

R-squared	0.932797	Mean dependent var	0.007517
Adjusted R-squared	0.923197	S.D. dependent var	0.247386
S.E. of regression	0.068559	Akaike info criterion	-2.396599
Sum squared resid	0.329022	Schwarz criterion	-2.071427
Log likeklihood	108.0623	Hannan-Quinn criter.	-2.266136
F-statistic	97.16277	Durbin-Watson stat	1.385654
Prob(F-statistic)	0.000000		

Source : Nous-même sur base du logiciel d'Eviews 9.

Il ressort de ce tableau que le modèle est bon en général, car la probabilité critique associée à la statistique de FISHER est significative au seuil de 5 %.

Sur base de résultats présentés dans le tableau ci-haut, le modèle s'écrit comme suit :

Substituted Coefficients :
LIDE = 0.33995797169 x LIDE(1)+0.228155723356 x LIDE(2)+4.82152125161 x LPOLFISC-

[26] Source : Nous-même à l'aide d'Eviews 9.

1.02433879957-LPOLFISC(1)0.652135612038 x LPOLFISC(2)8.24561151911 x LEXPORT+3.34973945785 x LEXPORT(1)+2.19255440341 x LEXPORT(-2)+5.9844883706 x LPIB+5.0112061293 x LPIB (-1) + 17.2891017407

R^2 = 0.932797 ; R^2 ajusté = 0.923197 ; D.W (Durbin-Watson stat) = 1.385654 ; F-stat = 97.16277 (Prob. F-statistique = 0.000000).

La lecture des résultats de cette équation met en relation les IDE par rapport à l'ensemble des variables exogènes (explicatives ou indépendantes). Il en ressort que la variable expliquée dépend à 93,28 % des variables explicatives du modèle ; mais aussi après ajustement, la variable endogène dépend à 92 % des variables exogènes. En plus, on remarque que globalement, le modèle est significatif, car la valeur associée à la probabilité de Fisher (F-stat = 0.000000) est inférieure à 0.05.

Ensuite, la valeur de statique de Fisher nous apprend qu'au moins, l'un de paramètre est significatif, car F-calculé est largement supérieur au F-tabulaire au seuil de 0.05 (Fcal > Ftab : 97.16 > 4.00).

Avec le test de Durbin-Watson, il s'observe l'absence de l'auto-corrélation des résidus (erreurs), car la valeur empirique est de 1, en d'autres termes, le modèle théorique a été bien spécifié et le choix des variables explicatives a été bien effectué.

8. LA STABILITÉ DU MODÈLE

Le test CUSUM, qui est fondé sur la dynamique d'erreur de prévision, permet de détecter les instabilités structurelles des équations de régressions au cours du temps c'est-à-dire d'étudier la stabilité du modèle. Ce test nous a permis de voir si le modèle estimé est stable pendant les années d'étude.

D'où si la courbe sort du corridor (pointillé), il y a instabilité du modèle. Pour notre cas, nous remarquons que la courbe ne sort pas de la bande du corridor. Sur ce, nous concluons que le modèle est stable au seuil de 5 %.

9. INTERPRÉTATION, DISCUSSION DES RÉSULTATS ET VALIDATION DES HYPOTHÈSES

Les résultats indiquent que l'attractivité des IDE est expliquée significativement par la variable politique fiscale qui est mesurée par le nombre de projets d'investissements et la variable PIB, sauf l'exportation qui influence négativement les IDE.

9.1. Interprétation et discussion des résultats

De ces résultats nous retenons :

9.1.1. La politique fiscale

La politique fiscale constitue la première variable d'intérêt de notre étude, elle est mesurée par le nombre des projets des investissements directs étrangers réalisés.

Le résultat nous laisse dire que le niveau de la politique fiscale est en relation positive avec les investissements directs étrangers. Le coefficient de cette variable étant de 4,82, ce qui indique qu'un accroissement d'un (1) pour cent du niveau de la politique fiscale conduit à la hausse de 4,82 % des investissements directs étrangers.

Ainsi, la lecture des résultats ci-dessus trouvés montre que notre variable politique fiscale a influencé positivement les investissements directs étrangers en RDC durant notre période d'étude.

9.1.2. L'exportation

Les résultats de notre modèle empirique nous laissent dire que l'exportation n'est pas statistiquement significative au seuil de 5 %. Car toute augmentation de l'exportation d'un pour cent induirait une baisse des investissements directs étrangers d'environ 8,245612 %.

D'où, les résultats de notre modèle empirique nous montrent que la variable exportation est négativement favorable aux investissements directs étrangers.

9.1.3. Le PIB

Le coefficient 5,98449 de cette variable est positif. Ceci permet de dire qu'une augmentation de 1 % du PIB traduirait une augmentation de 5,98449 %, des investissements directs étrangers en RDC ; la croissance du PIB agit positivement sur les investissements étrangers en RDC.

Comparativement aux travaux de nos prédécesseurs :

- Le produit intérieur brut par tête (PIBH) a influencé significativement à long et à court terme la variation des IDE.
- À chaque augmentation de PIBH de 1 %, à court terme les IDE augmentent de 0,08 % et de 0,28 % à long terme. Ce résultat a montré que les deux variables sont plus liées à long terme qu'à court terme.
- Le capital humain comme le PIBH a influencé les IDE à long terme comme à court terme. À chaque augmentation de niveau de formation de la population de 1 %, cela entraîne une augmentation de 0,14 % des IDE à long terme et de 0,46 % à court terme.
- La population qui joue deux rôles dans cette analyse capte la force de la demande intérieure et les mains-d'œuvre. Les résultats ont montré qu'elle n'influence la variation des IDE qu'à court terme, à chaque augmentation.

- La qualité des institutions à son tour a influencé à long et à court terme les variations des IDE pour les pays considérés. À long terme, si la qualité des institutions s'améliore de 1 % à court terme.
- Contrairement aux autres variables considérées dans le modèle, la fiscalité a influencé négativement les fluctuations des IDE. À chaque augmentation d'1 % de taux d'imposition, les IDE diminuent de 0,48 % en long terme et de 0,61 % à court terme. Ce résultat montre que la variation des IDE pour ce pays est très sensible à la fiscalité qu'à tout autre déterminant retenu dans notre analyse.

De leur côté, SAICHE et SBAIHI (2017) ont constaté que la fiscalité est un facteur majeur dans l'attractivité des IDE en Algérie. Pour inciter cette attractivité, des motifs ont excité l'Algérie à revoir ces textes de législation fiscale et créer de nouveau code des investissements afin d'améliorer son climat des affaires face aux investisseurs étrangers plus ou moins faibles par rapport à son classement dans les pays les plus attractifs aux IDE, mais malgré ça, le progrès marqué en 2017 en rapport avec le classement africain et mondial en matière d'attractivité est déjà un pas en avant.

9.2. Vérification des hypothèses

Les résultats de notre étude empirique par le biais des variables politiques fiscales et PIB montrent leurs contributions positives sur les IDE en République démocratique du Congo.

Ainsi, nous confirmons l'hypothèse H1 qui stipule que les effets d'offre qui transitent par les mécanismes peuvent d'incitations : suite à une baisse de la fiscalité, les opérateurs économiques peuvent être incités à travailler davantage et à investir ou à embaucher. Avec ce canal d'offre, le changement fiscal n'aura d'impact que s'il modifie le comportement des agents économiques. Une baisse d'impôts, parce qu'elle engendre une hausse du revenu disponible, va elle-même engendrer des revenus supplémentaires pour les vendeurs, et donc des embauches, de l'investissement, des entrées fiscales supplémentaires ensuite, augmenter le produit intérieur brut, et l'hypothèse H2 qui stipule que la fiscalité congolaise par le biais de son gouvernement accorde des avantages économiques mesurables à des entreprises ou groupes d'entreprises déterminés, afin d'orienter les investissements dans le pays.

10. PROPOSITION DES SOLUTIONS

En fonction des résultats obtenus, nous nous permettons de formuler quelques suggestions :

- Signalons que la mesure de notre politique fiscale n'est pas mesurée au même titre que les autres variables, nos données nous sont fournies en termes de textes légaux. Ceux-ci ayant un caractère persuasif pour attirer les IDE, nous sommes parti dans l'hypothèse où ces réalisations de projets des IDE, *ceteris paribus*, sont influencées par ces derniers. Nous suggérons au gouvernement congolais d'attirer les IDE en travaillant sur le climat des affaires et en améliorant encore les textes légaux qui existent, question d'attirer plus d'IDE que possible.

- Étant donné que l'économie congolaise n'exporte que les matières premières, elle court le risque du syndrome hollandais en ne mettant toute sa force que dans le secteur minier, donc, si ce secteur est fragilisé, l'économie congolaise risquera d'être fragilisée, d'où l'importance de diversifier l'économie en attirant les IDE dans d'autres secteurs comme le secteur agroalimentaire, etc.
- Selon les données recueillies aux différentes sources de notre travail, le PIBH, étant faible en RDC, varie dans le même sens que les IDE donc, l'État congolais doit songer à rehausser son niveau de PIB afin d'attirer et d'inspirer confiance aux IDE.

CONCLUSION PARTIELLE

Dans le troisième chapitre de notre travail, portant sur la politique fiscale face aux IDE en RDC, premièrement, nous avons présenté l'extrait du code des investissements, et nous avons présenté les données auxquelles nous avons traité en effectuant le test de spécification du modèle économétrique utilisé.

Ensuite, nous avons présenté notre modèle utilisé dans ce travail. Dans la section traitant la spécification du modèle, nous avons présenté les variables de notre modèle. Les variables sont groupées en deux catégories dont la variable endogène ou variable expliquée qui est l'investissement direct étranger (IDE) d'une part et d'autre part, 3 autres variables exogènes ou explicatives qui sont la politique fiscale, l'exportation ainsi que le PIB.

Après traitement, nous avons testé la validé de notre modèle à travers le test CUSUM, nous avons eu à faire une interprétation globale des résultats et à discuter, à cela s'ajoute la vérification des hypothèses de notre travail. Ainsi, nous avons affirmé nos hypothèses à partir des résultats obtenus. Et enfin, nous avons proposé des pistes de solutions au gouvernement congolais.

Il ressort aussi de cette analyse que le PIB influence positivement l'investissement direct étranger en RDC, l'impact du PIB est significatif sur l'investissement direct étranger, et donc la croissance économique répond positivement, et affiche des effets stimulants de l'investissement direct étranger. Plus il y a la croissance économique, plus le revenu par habitant augmente, plus il y a nécessité de consommer davantage et, par ricochet, il y aura attractivité de l'investissement direct étranger.

Nous remarquons sur base des résultats obtenus qu'il y a une relation négative entre l'exportation et l'investissement direct étranger en RDC, plus l'exportation augmente, moins il y a attractivité de l'investissement direct étranger. D'autant plus que l'économie congolaise est plus basée sur le secteur minier, d'où la diversification de l'économie par le gouvernement congolais en attirant les IDE dans d'autres secteurs, notamment dans le secteur agroalimentaire.

En guise de conclusion, nous pouvons dire que les variables politiques fiscales et PIB sont liés positivement à l'investissement direct étranger de la RDC, et la variable exportation impacte négativement sur la variable expliquée de notre étude. Après diversification des stratégies et la prise en compte de quelques recommandations fournies au gouvernement congolais, nous pouvons assister à une très forte attractivité de l'investissement direct étranger en RDC, et en essayant de faire une simulation, l'accroissement de 1 % de ces facteurs respectivement de 4,821521 et 5,98449 points de l'investissement direct étranger.

Le fait que nous n'avons pas pris en compte certaines variables déterminatives de l'investissement direct étranger serait les principales limites de notre étude. Comme tout travail scientifique n'est pas totalement parfait, notre étude pourrait comporter certaines imperfections au niveau de la collecte des données économiques. C'est pourquoi nos interprétations et recommandations pourront être analysées avec prudence étant donné la qualité et la fiabilité des données à notre disposition.

CHAPITRE QUATRIÈME

La problématique du financement de la sécurité sociale en République démocratique du Congo

INTRODUCTION PARTIELLE

Ce chapitre constitue la réalité du champ d'investigation relatif à ce chapitre en étude. Par cette logique empirique, nous y élucidons les faits qui nous ont plus intéressé pendant nos descentes sur terrain ; ensuite, nous allons présenter le résultat de notre recherche, analyser et interpréter ce résultat.

Au terme de nos investigations, nous présenterons nos résultats suivant le modèle du *focus group* qui est une méthode qualitative de recherche socio-économique qui favorise l'émergence de toutes les opinions.

Dans les études qualitatives, cette méthode présente plusieurs avantages, entre autres, permettre au chercheur d'extraire les préoccupations et perceptions des sujets de la recherche, telles qu'ils les ont exprimées sans censure, ni discrimination ; et permettre aussi de hiérarchiser les messages clés de la recherche suivant un ordre que le chercheur décide d'adopter.

1. LA PRÉSENTATION DU SYSTÈME DE RETRAITE ET MODÉLISATION

1.1. Ressemblances et dissemblances

1.1.1. Dissemblances

Une grande disparité caractérise les différentes formes de systèmes de retraites existantes dans le monde. Ainsi, un système de retraites peut fonctionner par capitalisation plutôt que par répartition ou être financé par des allocations de l'État au lieu de cotisation sur salaires, par exemple.

Un système peut même revêtir un caractère universel avec une pension forfaitaire de base tandis qu'un autre servirait une pension liée au travail fourni.

Une multitude de traits caractérise un système de retraites donné et le différencie d'un autre. Il peut s'agir, entre autres :

- du mode de gestion ;
- du type de gestion ;

- ou encore, de la qualité de la couverture comprenant la forme des conditions d'éligibilité.

En règle générale, la grande couverture géographique homogène d'un système de retraites se situe, institutionnellement, à l'échelle nationale. Quelques rares fois, l'homogénéité de la couverture se limite à des niveaux communautaires plus modestes.

Cependant, des regroupements de tendances s'observent entre pays, autour de principes fondamentaux comme la répartition, la capitalisation, la subvention ou l'universalité des pensions.

1.1.2. Ressemblances

Les pays d'un groupe rassemblant une ou plusieurs tendances communes, sur leur système de retraites, partagent toujours au moins une particularité, qui peut être d'ordre géographique (proximité frontalière), économique, voire historique.

Un regard, même superficiel, révèle tout de suite que les principes fondamentaux sont rarement exclusifs, mais cohabitent souvent en tant que ressources complémentaires de la pension.

Une des constantes les plus répandues est le système de la répartition. Ce principe se présente en plus ou moins grande proportion dans le système global d'un régime de retraite donnée. Souvent, c'est un pilier obligatoire complet s'il y a lieu par d'autres formes de capitalisation. C'est le cas dans des pays comme la France, le Portugal, la Grèce, l'Espagne, la Suède ou l'Italie où la répartition constitue la principale forme de retraite sur un, voire deux piliers, et est complétée par des régimes obligatoires ou libres de capitalisation.

Parfois, c'est la capitalisation qui prédomine à côté d'un mince filet de sécurité de base, souvent forfaitaire et majoritairement obligatoire et en répartition. On trouve ce système dans des pays comme :

En Allemagne, les deux formes se partagent à parts égales le système, tandis que certains pays, comme le Chili ou le Mexique, ont adopté un système complètement capitaliste.

Dans la majorité des pays d'Afrique et d'Asie, seuls quelques privilégiés profitent de l'unique système de retraites par répartition de l'État. Pour le reste de la population (privé, paysans, artisans ou inactifs), rien n'est prévu, ou alors, ce qui existe est mal adapté aux réalités sociales.

1.1.3. Difficultés et risques

Si les difficultés de retraites dans les pays développés sont d'ordre démographique, les difficultés dans les pays en voie de développement souffrent du manque d'organisation sur fond de pauvreté généralisée.

En effet, l'évolution démographique des pays ayant en moyenne un niveau de vie élevé tend unanimement vers un vieillissement croissant de la population (TALFI, 2008 : 3-4).

Cette morphologie démographique, si elle n'est pas prise en compte tôt, est un péril sérieux pour toutes les formes de retraites, qu'elles soient par répartition ou par capitalisation. Des risques, autres que démographiques, menacent les retraites par capitalisation. Notamment, les risques spécifiques au marché rémunérateur des pensions. Pour contrer ces risques, des modèles de gestion sont développés.

Selon l'organisation des systèmes de retraites, dans un rapport relatif à l'espace social européen (MOREAU, 2000), fustige la mauvaise gestion des retraites partout dans le monde. Ce rapport nous montre que les systèmes de retraites des pays nantis sont menacés par le vieillissement croissant des populations, tandis que les pays en voie de développement, avec une population très jeune, ont cependant une sérieuse carence de structures des systèmes de retraites.

Par ailleurs, la pauvreté est un facteur aggravant supplémentaire les conditions des personnes âgées. Il est en effet indéniable que la démographie est un facteur important dans tout système de pensions, mais comme nous le verrons, elle est loin d'être le seul facteur de réussite ou d'échec.

Un grand nombre d'éléments et principes entre en jeu dans le fonctionnement parfois hautement complexe des systèmes de retraites. Chaque facteur constitutif du système de retraites a sa part d'influence, voire de conséquence, sur la qualité des pensions.

Nous allons, dans un premier temps, aborder les principes pouvant régir le fonctionnement des systèmes de retraites avant de proposer une vue séparée du fonctionnement et des difficultés des différents systèmes de retraites.

1.1.4. Principes de la retraite

De très nombreuses formes de retraites existantes sont des combinaisons de principes de base. Chaque principe est lié à une ou plusieurs des trois phases du fonctionnement d'une retraite, à savoir le financement, la gestion et la redistribution.

Ainsi, par exemple, le financement compte les financements par subvention ou par cotisation, sachant que d'un système à l'autre, les types de subventions ou de cotisations se diffèrent dans les détails.

En gestion, nous pouvons inclure les retraites gérées par répartition et celles par capitalisation. La redistribution, quant à elle, concerne les versements de pensions sous forme de capital unique ou sous forme de rentes.

Les rentes peuvent être viagères, temporaires ou combinées, parfois optionnellement, avec le versement d'un capital.

1.1.4.1. Principes de subvention et de répartition

Nous présentons d'abord le principe de la subvention avant celui de la répartition.

1.1.4.2. Subvention

Lorsque les retraites sont financées par subvention, l'organisme alloué paie les retraites à partir de ressources propres non spécifiquement prédestinées aux retraites.

Il peut s'agir, par exemple, d'un État payant gracieusement les retraites à une certaine catégorie qualifiée de la population à partir d'impôt divers.

1.1.4.3. Répartition

Le principe de la répartition est fondé sur la solidarité entre générations. La génération actuelle d'actifs supporte les coûts de pension des générations précédentes, actuellement en retraite.

Les sommes cotisées par les individus actifs sont aussitôt reversées aux retraites du moment. Le mode de calcul des cotisations, comme des droits de pension, varie d'une caisse à l'autre.

1.1.5. Principe de retraites par capitalisation

Une caisse de retraite par capitalisation ou fonds de pension est définie par l'association de trois activités :

- cotisation (A) ;
- investissement (B) ;
- prestation (C).

L'activité de cotisation ou de contribution est caractérisée par l'alimentation du fonds par les futurs retraités, par l'entreprise ou par les deux selon les clauses. Il n'est évidemment pas exclu que le fonds soit financé par subvention, même si ce cas de figure est assez rare en capitalisation. L'activité de prestation est, quant à elle, désignée par les versements des pensions aux retraités, sous forme de capital ou de rente viagère, toujours selon les clauses. Enfin, l'activité d'investissement concerne la gestion du fonds, en vue d'atteindre les objectifs. Il s'agit en fait d'investissements du capital cotisé en actifs adéquats. Dans le déroulement chronologique, les activités (A) et (C) se croisent rarement.

Il n'y a de cotisation que durant la période d'activité professionnelle, et de pension que durant la retraite. L'investissement, quant à lui, est très généralement communal des deux autres périodes.

Dès le versement de la première cotisation, celle-ci est placée sur des actifs du marché financier. Sur toute la vie du fonds, il y a investissement, et ceci, jusqu'au versement de la dernière pension. Lorsque les cotisations sont préétablies par clauses, on parle de fonds à cotisations définies. Pour des pensions promises d'avance, il s'agira des fonds à prestations définies.

1.1.6. Autres principes et caractéristiques des systèmes de retraites

À côté de ces principes fondateurs, existent d'autres principes tout aussi importants, comme, par exemple, le principe de l'universalité des pensions ou le principe de la relativité des pensions par rapport au service. Nous en énumérons quelques-uns les plus courants.

Principe des pensions liées au service

Dans ce principe, les pensions versées sont nécessairement liées, d'une manière ou d'une autre, au service fourni avant la retraite. Le lien peut être, par exemple, le prorata de la durée de service ou des revenus reçus du service.

Principe de la neutralité actuarielle

Ce principe tente de respecter la justesse de la pension à percevoir par rapport à la somme cotisée. Il prend en compte l'évolution des environnements aussi bien économiques qu'humains.

Ainsi pour chaque individu, les sommes cotisées sont capitalisées à l'âge de la retraite et avec un taux adéquat. Ce capital sert ensuite à déterminer la pension en tenant compte, d'une part, de la probabilité de survie de l'individu à chaque date de versement et, d'autre part, de l'indexation des pensions sur une valeur déterminée.

Principe de test

Avec ce principe, l'éligibilité au droit à la pension est sujette à un test, celui des revenus, par exemple, par rapport à un standard défini. Ainsi, très couramment, les individus, disposant de revenus moindres par rapport à un niveau précis, reçoivent la pension qui est alors généralement une pension sociale.

Principe d'universalité

Par opposition au principe de lien au service, les pensions sont ici sans aucun rapport avec le service rendu des individus qualifiés.

Principes d'obligation ou de volontariat

Il s'agit de la possibilité de volontariat ou de l'obligation faite aux individus assurés, à leurs employeurs voire aux ayants droit, d'adhérer à une caisse de retraite. La caisse peut être précise dans certains cas.

Principe de réversion

Ce principe prévoit dans des cadres précis, une réversion de la pension aux ayants droit.

Principe de calcul par points

Dans certaines caisses, les pensions s'évaluent par l'acquisition et la liquidation de points ayant des valeurs d'achat et de liquidation différentes et souvent indexées.

Caractéristique de l'âge

L'âge est un caractère important dans les clauses des systèmes de retraites. Particulièrement, l'âge de liquidation, qui est globalement entre 50 et 70 ans et majoritairement, autour des 65 ans, est une donnée essentielle tant pour les assurés que pour les assureurs.

Caractère privé ou public

Ce caractère renseigne sur la nature privée ou publique de la caisse. Mais il convient de noter qu'une caisse privée peut gérer des pensions du public. C'est souvent le cas des fonds de pension avec affiliation obligatoire de personnels du public.

Caractéristique de la couverture

La couverture d'un système peut s'exterminer sous des conditions diverses qui peuvent être d'âge, de service, de résidence ou de nationalité, selon le type ou la nature de la caisse. C'est une mesure de la qualité de la caisse, notamment lorsqu'il s'agit d'une caisse à envergure nationale.

Caractéristique du taux de remplacement

Il est aussi une mesure, mais de la qualité de la pension offerte. C'est le rapport de la pension sur les revenus antérieurs. Souvent, on le limite à la première pension sur le dernier revenu de travail avant la retraite.

Outre le grand nombre de principes, de caractères ou des caractéristiques à prendre en compte, la difficulté d'étudier un ensemble de systèmes de retraites est davantage accrue par le fait que chaque système est souvent organisé en combinaison unique de plusieurs de ces éléments.

S'il est impossible de trouver deux systèmes de retraites en tout point identiques, il est heureusement possible de regrouper les différents systèmes de retraites par groupes ayant des tendances similaires.

Ces groupes peuvent se réunir par zones géographiques ou par nations ayant un point historique fort, une culture ou une économie semblables (TALFI, 2008 : 11-16).

2. PRINCIPES ET APPLICATION DE LA SÉCURITÉ SOCIALE EN RDC

2.1. Principe

En RD Congo, la législation sur la sécurité sociale était encore discriminatoire. C'est avec l'effort de la table ronde belgo-congolaise que se formulèrent des recommandations qui estimaient qu'il convient d'établir en RDC une sécurité sociale s'appliquant à tous les travailleurs sans discrimination.

Elle offre également l'adhésion du Congo à l'Organisation internationale du travail (OIT) et recommanda la constitution immédiate au Congo de la commission chargée de la sécurité sociale. Cette commission devrait comprendre des employeurs et des travailleurs ; ce fut l'origine de la sécurité sociale au Congo.

2.2. Application

Pour le régime congolais, la sécurité sociale était centrée sur l'idée de « pension ». Jusqu'à nos jours, cette idée persiste et s'est associée à l'idée de risques professionnels.

Lors du paiement de la rémunération, l'employeur peut cependant effectuer des retenues. Ces dernières peuvent être dues suite à des emprunts contractés par les travailleurs à des organismes défendant ses intérêts, sa formation professionnelle ou suite à la sécurité sociale du travailleur.

Faisant membre d'une nation, tout travailleur aura à participer à des charges publiques ; ce qui entraîne aussi une retenue sur salaire. Néanmoins, les charges engagées pour la sécurité sociale semblent être lourdes pour l'employeur. À part la quote-part ouvrière retenue sur le salaire du travailleur, le patron ou l'employeur aura à payer une quote-part patronale à son travailleur.

En somme, pour garantir la sécurité sociale du travailleur, deux quotes-parts sont à retenir. En RDC, la quote-part ouvrière est de 3,5 % et la quote-part patronale est de 5 % sur la base imposable.

Tout d'abord, il garantit le financement de la sécurité sociale de ses travailleurs et le fait pour demeurer concurrentiel sur le marché du travail ou encore pour se distinguer et attirer des candidats pour travailler dans son entité.

3. AFFILIATION À LA SÉCURITÉ SOCIALE EN RDC

Nous allons nous référer à la législation de la RDC à ce sujet pour savoir ceux qui sont soumis au régime de la sécurité sociale.

L'arrêt ministériel n° 2/61 du 16 août 1961 stipule que « tout employeur ayant à son service une ou plusieurs personnes, sans aucune distinction de race, de nationalité, de sexe ou d'origine régionale, lorsque celles-ci sont occupées en ordre principal sur le territoire national pour compte d'un ou plusieurs employeurs quels que soient la nature, la forme, la validité du contrat ou le montant et la nature de la rémunération et appartiennent aux catégories ci-après :

- Les travailleurs soumis aux dispositions du Code de travail, y compris les travailleurs journaliers ou occasionnels et salariés à domicile ;
- Les bateliers ;
- Les marins immatriculés au Congo ;
- Les salariés de l'État, des villes et des collectivités sociales ne bénéficiant pas, en vertu des dispositions réglementaires, d'un régime particulier de sécurité sociale. »

Les différentes personnes citées dans cet arrêté sont synonymes de travailleurs.

3.1. Adhésion à la sécurité sociale en RDC

L'article 6 de l'arrêté départemental n° 0021 du 10 avril 1978 stipule : « Tout employeur est tenu d'adresser, pour chaque région où il occupe des travailleurs, une demande d'affiliation à la direction régionale de la CNSS territorialement compétente dans les 8 jours qui suivent la première embauche d'un ou plusieurs travailleurs au début de l'apprentissage, de l'enseignement de la garde ou du stage ou le début de l'apprentissage de plusieurs travailleurs assimilés. »

L'employeur ayant amorcé cette démarche, la CNSS délivre à chaque travailleur une carte d'immatriculation dans laquelle figure son numéro d'immatriculation.

Ce numéro n'est donné qu'une seule fois par la CNSS et doit être gardé définitivement par le travailleur ; au même moment, les brevets de prestation sociale lui seront remis, pour permettre aux travailleurs de faire valoir leur droit n'importe où dans le pays s'ils se déplacent. Ces brevets lui seront toujours exigés lors de chaque opération de remboursement par la CNSS ou pour les soins médicaux.

En cas de mesure de révocation du travailleur, ce dernier gardera sa carte d'immatriculation et son brevet de prestation sociale qu'il présentera à son nouvel employeur en cas d'un nouvel engagement.

Par ailleurs, un travailleur qui subit la révolution dans une entreprise sans qu'il soit embauché quelque part, la CNSS lui remet un brevet d'allocation unique. Ce brevet est un document qu'on remet à un bénéficiaire qui n'a pas accompli 60 mois d'assurances au courant de 40 derniers trimestres civils précédant celui de l'ouverture de droit, ou à une veuve qui n'a pas atteint l'âge de 50 ans à la date du décès de son mari.

3.2. Affiliation des employeurs

Toute personne physique ou morale, publique ou privée occupant un ou plusieurs travailleurs a l'obligation de s'affilier à la CNSS dans les 8 jours qui suivent l'embauchage.

Formalité d'affiliation

L'employeur passe à la CNSS, retire la demande d'affiliation puis la remplit en deux exemplaires et la fait parvenir à la Direction provinciale dans les 8 jours qui suivent l'embauchage ; dès la réception de cette demande, la Direction provinciale lui attribue un numéro avec certificat d'affiliation.

L'employeur est tenu de signaler à la direction provinciale de la CNSS dans les 15 jours toutes modifications des renseignements intervenus dans le certificat d'affiliation.

Extinction d'affiliation

Il y a extinction lorsque l'employeur perd sa qualité d'employeur, c'est-à-dire quand il n'a plus de travailleurs.

3.3. Immatriculation des travailleurs

Les travailleurs soumis au Code du travail, quels que soient la nature, la forme ou la validité du contrat, le montant et la nature de la rémunération, sans aucune distinction de race, de nationalité, de sexe ou d'origine, sont obligatoirement assujettis au régime de sécurité sociale.

Sont aussi obligatoirement assujettis au régime de sécurité sociale : les marins immatriculés au Congo et engagés à bord des navires battant pavillons congolais, les travailleurs journaliers ou occasionnels, les travailleurs domestiques, etc.

Sont encore obligatoirement assujettis au régime de sécurité sociale, spécialement à la branche des risques professionnels des travailleurs dits assimilés, les apprentis liés par un contrat d'apprentissage ; les élèves des établissements d'enseignement technique, des écoles professionnelles et artisanales, des centres de formation professionnelle ; les personnes placées dans un établissement de la garde et d'éducation de l'État ; les stagiaires liés ou non par un contrat de travail.

– Non reconnus au régime de sécurité sociale

Sont exclus du régime de sécurité sociale :

- les fonctionnaires de l'État qui bénéficient d'un régime particulier de sécurité sociale ;
- les membres de la Force armée de la République démocratique du Congo (FARDC) ;
- les membres de la police ;

- les magistrats ;
- les professeurs d'universités ;
- les députés.

Au moment de l'engagement pour le travailleur, l'employeur a le devoir de remplir et de signer à chaque travailleur le double du formulaire d'immatriculation éditée par la CNSS, et fera parvenir à la Direction provinciale de la CNSS dans les 15 jours qui suivent l'engagement ou la prise en charge, et la CNSS établira une carte d'immatriculation qu'il remettra au travailleur par l'intermédiaire de l'employeur, ladite carte est valable pour toute la durée du travail.

3.4. Services couverts par la sécurité sociale

3.4.1. Les allocations familiales

Tout travailleur a droit mensuellement à une allocation familiale au profit de ses enfants à charge, payée en même temps que le salaire.

3.4.2. Les risques professionnels

– L'accident de travail :

On considère comme accident de travail celui survenu à un travail par le fait ou à l'occasion du travail qu'il y ait faute ou non du travailleur d'un ou de ses compagnons ou d'un tiers, l'ouvrier aura donc droit à des réparations, même si l'accident a été provoqué par sa maladresse ou par son imprudence, mais non en cas de faute intentionnelle de sa part.

– L'accident de trajet :

On considère comme accident de trajet celui survenu, soit sur le chemin du travailleur pour aller de sa résidence ou du lieu où il prend ordinairement son repos au lieu de travail, il ne faut pas que ce trajet ait été interrompu ou quitté pour des raisons personnelles, c'est-à-dire indépendance du travail ; soit pendant les voyages dont les frais sont supportés par l'employeur.

– La maladie professionnelle :

Contrairement à l'accident de travail qui survient soudainement de façon imprévisible, la maladie professionnelle est contractée à la suite d'une longue exposition du travail pendant plusieurs années souvent à des agents nocifs comme le gaz, les vapeurs, les poussières, les produits, etc.

3.5. LES RISQUES NON PROFESSIONNELS

– L'invalidité

Est invalide qui, à la suite d'un accident ou d'une maladie professionnelle, devient incapable d'occuper un emploi normal avant l'âge de la pension.

– Pension de retraite

Est octroyée aux assurés ayant accompli l'âge acquis déterminé par le législateur (65 ans pour les hommes et 60 ans pour les femmes) et remplissant les conditions exigées.

– Condition d'octroi de la pension de retraite

L'octroi de la pension de retraite n'est pas un droit de tout retraité ; il existe des conditions nécessaires pour bénéficier de cette pension, ainsi pour prétendre au bénéfice d'une pension de retraite légale, les conditions suivantes sont requises :

- Être assujetti au régime de sécurité sociale en République démocratique du Congo ;
- Avoir atteint l'âge requis pour la retraite qui est fixé à 65 ans pour l'homme et 60 ans pour la femme ;
- Avoir cessé toute activité salariale ou s'être formellement engagé à y mettre fin dans les 2 mois à partir de la date de l'introduction de la demande de la pension de retraite ;
- Justifier une certaine durée d'assurance d'au moins cinq ans, soit soixante mois dans les quarante derniers trimestres civils précédant celui de l'ouverture du droit ;
- Justifier par les documents originaux toutes les périodes de service effectif rendu auprès des différents employeurs successifs ;
- Établir la preuve des rémunérations perçues au cours des 36 derniers mois, c'est-à-dire joindre le bulletin de paie des 3 dernières années d'activités.

Dans son article 38 du décret-loi du 29 juin 1961 organique de la sécurité sociale, il est dit que « le droit à une pension de retraite s'ouvre à l'âge de 65 ans pour les hommes et de 60 ans pour les femmes, en faveur de l'assuré qui a cessé toute activité salariale et qui présente ou justifie d'au moins 60 mois d'assurance ou des périodes assimilées au cours des 40 derniers trimestres civils précédents celui au cours duquel il a atteint l'admission à la retraite ». Ici, le législateur insiste sur la cessation d'activité salariale et de cotisation sociale.

Au sujet des retraités qui ne remplissent pas la 4e condition, il est dit qu'ils n'auront droit qu'à une unique pension de retraite égale à 10 fois le montant mensuel de la pension fictive correspondant à sa carrière réelle, sans que cette allocation ne soit inférieure à la moitié de la pension annuelle minimale.

Lors de notre descente à la CNSS, il nous a été informé que plusieurs retraités ne remplissent pas les conditions ci-haut énumérées mais le gouvernement congolais se dévoue à leur accorder cette pension.

Si le retraité remplit les conditions ci-haut ou s'il fait partie des receveurs de l'allocation unique, il sera dans l'obligation de remplir deux formalités.

– Formalités à remplir

- Formuler une demande sur l'imprimé en 4 exemplaires du modèle R11 ;
- Transmettre celle-ci à la Direction provinciale territorialement compétente.

Après vérification et ratification par la CNSS, cet organisme va passer aux calculs pour préciser au retraité la somme qu'il touchera désormais à titre de pension de retraite.

– Mode de calcul de la pension de retraite

Avant de calculer la pension de retraite, il est nécessaire de déterminer en premier lieu les éléments suivants :

- Le nombre de mois à retenir et
- Le montant des rémunérations ayant servi de base au calcul des cotisations (à la limite, le SMIG).

Le montant annuel de la pension est égal à autant 60e de la rémunération mensuelle moyenne que l'assuré compte de mois d'assurance, sans pouvoir être inférieur à 50 % du salaire minimum légal annuel le plus élevé de la première catégorie de la classification générale des emplois en vigueur.

Dès lors que le retraité ouvre le droit à cette pension, il l'aura dès son entrée en retraite jusqu'à sa mort. Après sa mort, la veuve continue à toucher 40 % de la pension que touchait son mari défunt à titre de pension de veuvage. Cependant, la veuve doit avoir au moins 50 ans d'âge et être mariée officiellement au défunt.

Pour ouvrir ce droit, la veuve doit remplir les mêmes formalités que nous avons ci-haut. Une fois qu'elle ouvre ce droit, elle bénéficiera aussi de la pension de veuvage jusqu'à sa mort.

– Importance de la pension de retraite

Commençons cette section par le slogan de la CNSS qui dit : « La vieillesse n'est pas synonyme de la souffrance. » Dans cette optique, la pension de retraite constitue la principale source de revenu des retraités. Ces derniers, n'ayant plus de force de travail, ne peuvent qu'attendre cette pension ou faire recours à la désépargne pour ceux qui avaient la capacité d'épargner.

Comme nous pouvons le souligner, tout le monde n'a pas la capacité d'épargner, vu le niveau du salaire ou des charges. C'est exactement pour pallier toutes ces difficultés que la sécurité sociale avait été créée. Tout ceci, pour se rappeler que toute chose restant égale par ailleurs, la pension est la principale et l'unique source de revenus des pensionnés.

C'est dans les années 1950 que F. MODIGLIANI s'est référé aux fonctions du modèle de fichier de la consommation et a tenté de nous montrer à travers l'hypothèse du cycle de vie (le revenu varie au cours de la vie. L'épargne permet au sujet de transférer une partie du revenu des périodes où celui-ci est élevé vers des périodes où il est faible) que l'épargne est également une source de revenus à la vieillesse en termes de la désépargne. Ainsi, le cycle de vie = période active + retraite.

3.6. Autres systèmes de retraites

Globalement, deux situations se présentent dans le monde ; les pays émergents et développés font face à un vieillissement des populations qui menace à terme la stabilité des régimes de retraite. Dans le même temps, les pays en voie de développement connaissent une carence de structures sur fond de pauvreté générale, malgré la jeunesse de la population.

En effet, à partir des données des Nations Unies rapportées par l'INED (Institut national des études démographiques), PISON (2005), nous constatons que le taux moyen de fécondité en Afrique était de 4,83 enfants par femme en 2005 et seulement 3,4 % de la population étaient âgés de plus de 65 ans.

Au même moment, en Europe, par exemple, la fécondité est de 1,41 enfant par femme et la population de plus de 65 ans fait 16 %.

Nous allons scinder en deux grands groupes les différents systèmes de retraites dans le monde. Le premier groupe concernera les systèmes de retraites dans les pays membres de l'Organisation de coopération et de développement économiques (OCDE). Le deuxième groupe concernera le reste du monde, approché par zones géographiques.

3.7. Organisation des systèmes de retraites dans les pays membres de l'OCDE

Pour chacun des 30 pays membres de l'organisation, il existe un minimum de pensions, admis pour tout individu à la retraite. Tous les 30 pays adoptent les règles de l'OIT (Organisation internationale du travail) en matière de calculs démographiques. Par ailleurs, la plupart des pays satisfont à la convention n° 102 de l'OIT. Ce sont là autant de similarités qui facilitent une étude groupée des pays membres de l'OCDE. Nous rassemblons les caractéristiques des systèmes de retraites des pays membres de l'OCDE autour de trois critères communs à tous ces pays :

- Le régime minimal de base forfaitaire ou social ;

- Les régimes obligatoires ;
- Les régimes sur-complémentaires volontaires.

Mais à l'intérieur de ces critères, les différences d'un pays à un autre sont flagrantes. Elles vont du type même du régime à son mode de financement, voire les conditions d'éligibilité ou de la nature même des droits.

3.8. Organisation des systèmes de retraites des pays hors OCDE

Dans les pays hors OCDE, l'organisation des systèmes de retraites révèle un regroupement possible par zones géographiques. Ces pays ont, la majeure partie, leurs systèmes de retraites hérités des organisations coloniales ou au moins, connaissent par zones un développement économique ou culturel semblable, favorisant un type d'organisation très proche. Nous retenons cinq zones économiques et culturelles.

– Grand Maghreb et Moyen-Orient

Tous les pays du Grand Maghreb et du Moyen-Orient ont chacun un régime de base de retraites par répartition, financé par cotisations salariales. Dans tous ces pays, la retraite de base est une branche de l'assurance vieillesse incluse dans le régime général de sécurité sociale sous la tutelle du gouvernement. Mais certaines branches professionnelles détiennent leurs propres caisses, notamment en Égypte, en Iran, en Tunisie ou au Maroc où coexistent jusqu'à six caisses différentes.

En Algérie, il existe une caisse au sein du régime général de sécurité sociale pour gérer les retraites, un peu comme la CNAV en France, la CNR (Caisse nationale de retraite). Le taux de cotisation alloué aux retraites varie beaucoup d'un pays à l'autre et va de 3 % du salaire en Mauritanie, 6 % en Israël, à 16 % en Algérie et en Tunisie.

Le mode de calcul des droits varie également beaucoup, mais en moyenne et hors Israël, le taux de remplacement se place d'après la Banque mondiale (ROBALINO *et al.*, 2005), autour des 76 %. Cette moyenne reste un des taux régionaux le plus généreux du monde. Tous ces pays accordent également des pensions forfaitaires aux assurés n'ayant pas assez cotisé.

Par contre, la couverture reste le défi majeur des caisses du régime de base et seuls quelques pays comme Israël ou la Libye intègrent les travailleurs du privé dans le régime général. Dans la plupart des cas, les privés sont dépourvus d'assurances retraites comme en Djibouti, au Bahreïn, en Iraq, au Liban ou au Yémen, par exemple. Les régimes privés de retraites existent bien, mais pour la plupart, ils restent rattachés aux pouvoirs publics, comme c'est le cas en Égypte ou en Israël.

– Afrique subsaharienne

Comme pour les pays d'Afrique du Nord et du Moyen-Orient, il existe dans chaque pays un régime de base public par répartition. Mais ici, dans la presque totalité des cas, ce régime est l'unique régime de retraite du pays. Il y a peu de disparités dans la zone et en général, l'unique caisse de retraite du pays gère les retraites des salariés du public comme du privé dans un même régime.

Beaucoup de caisses, dans de nombreux pays, ont la même structure, voire la même dénomination, témoignage de l'héritage colonial des infrastructures : CNSS (Caisse nationale de sécurité sociale) au Bénin, au Niger, au Congo ou au Gabon, par exemple.

CNPS (Caisse nationale de prévoyance sociale) au Cameroun et en Côte d'Ivoire ou INPS (Institut national de protection sociale) pour le Mali et le Sénégal. En Tanzanie, par exemple, et en Afrique du Sud, la pension de base publique est fixe et complétée par des fonds de pension privés volontaires. La Tanzanie a tout son système de retraites, géré par capitalisation et en prestations définies.

– Asie-Pacifique

Une disparité, encore plus marquée, caractérise les systèmes de retraites en Asie. À l'Est, la Chine est carrément dépourvue de système national de sécurité sociale et, donc, de système de retraites à l'échelle nationale. La retraite est assurée par les États et essentiellement par les entreprises, qui participent aux cotisations dans les fonds privés majoritairement par capitalisation.

L'État central assure quand même les retraites de certaines professions et rend obligatoire aux entreprises l'affiliation des employés à des fonds individuels. Il participe également au niveau des régimes des États locaux ou des entreprises.

Au Sud, en Inde, les salariés de certains secteurs et précisément de l'industrie sont couverts avec parfois une couverture gratuite et dans tous les cas, une participation de l'État. Les retraites sont néanmoins assurées par des fonds privés de capitalisation.

L'universalité des pensions est une donnée rare dans les pays d'Asie-Pacifique, exception faite de quelques pays comme le Sultanat de Brunei ; Hong Kong, le Népal ou Samoa occidentales.

Dans la plupart des cas, la couverture se limite souvent aux seuls travailleurs, et le système encourage les compléments de retraites par des participations à des fonds volontaires (Bahreïn, Pakistan, Singapour, Sri Lanka, Taïwan, Turkménistan).

Les fonds de pension à participations volontaires sont plus particulièrement développés dans les professions libérales (Azerbaïdjan, Sultanat de Brunei,

Bruma, Fidji, Malaisie, Philippines, Salomon, Thaïlande, Vanuatu, Viêt Nam)[27].

4. SÉCURITÉ SOCIALE ET CONDITIONS SOCIO-ÉCONOMIQUES DES RETRAITÉS EN RDC

4.1. Présentation de l'échantillon

Suite aux observations, nous avons choisi la taille d'échantillons de 134 individus sélectionnés dans toutes les entités/CNSS/de la RDC. Pour ce faire, nous avons utilisé une méthode semi-hasard, qui donne à l'enquêteur la possibilité de faire le choix de son échantillon d'une manière systématique et rigoureuse. Ce qui fait que les résultats de la recherche présente sont acceptés à 95 % avec un seuil de signification de 5 %.

Ici, nous présentons le résultat suivant le modèle *focus group* :

[27] Rapport d'Organisation de coopération et de développement économiques, 2005.

4.1.1. Profil des retraités

Tableau n° 10 : Sexe des retraités[28]

Sexe	Effectif des retraités	Pourcentage (%)
Femmes	52	39 %
Hommes	82	61 %
Sommes	**134**	**100 %**

Tableau n° 11 : Âge du début de la retraite

Âge	Effectif des retraités	Pourcentage (%)
55-60	4	3 %
60-65	52	39 %
65-70	78	58 %
Somme	**134**	**100 %**

Tableau n° 12 : Âge des retraités[29]

Âge	Effectif des retraités	Pourcentage (%)
60-65	18	13
65-70	70	52
70-75	40	30
75-80	6	5
Somme	**134**	**100**

Tableau n° 13 : Grades occupés pendant la vie active

Grades	Effectif des retraités	Pourcentage (%)
Agent de commandement	40	30
Agent de maîtrise	68	51
Agent cadres	26	19
Somme	**134**	**100**

Tableau n° 14 : Chefs de ménage[30]

Retraité chef d'un ménage	Effectif des retraités	Pourcentage
OUI	112	84
NON	22	16
Somme	134	100

[28] Source : Nous-même à partir des données de l'enquête.
[29] *Idem.*
[30] *Idem.*

Tableau n° 15 : Effectif d'enfants par retraité[31]

Effectif d'enfants	**Effectif des retraités**	**Pourcentage (%)**
0-3	35	26
3-6	38	28
6-9	33	25
9-12	24	18
12-15	4	3
Somme	**134**	**100**

Tableau n° 16 : Enfants à charge par retraité[32]

Enfant(s) à charge	**Effectif des retraités**	**Pourcentage (%)**
OUI	96	72
NON	38	28
Somme	**134**	100

4.1.2. Revenus des retraités

Tableau n° 17 : Satisfaction du salaire[33]

Satisfaction du salaire	**Effectif des retraités**	**Pourcentage (%)**
Satisfait	96	72
Non satisfait	38	28
Somme	**134**	**100**

Tableau n° 18 : Niveau de la pension des retraités[34]

Pension de retraite	**Effectif des retraités**	**Pourcentage (%)**
Élevée	6	4
Moyenne	64	48
Faible	64	48
Somme	**134**	**100**

Tableau n° 19 : Satisfaction de la PR[35]

Satisfaction de la PR	**Effectif des retraités**	**Pourcentage (%)**
Satisfait	20	15
Moins satisfait	52	39
Insatisfait	62	46
Somme	**134**	**100**

[31] Source : Nous-même à partir des données de l'enquête.
[32] *Idem.*
[33] *Idem.*
[34] *Idem.*
[35] *Idem.*

Tableau n° 20 : Retraités à sources secondaires[36]

Autres sources de revenus	Effectif des retraités	Pourcentage (%)
OUI	106	79
NON	28	21
Somme	**134**	**100**

Source : Nous-même à partir des données de l'enquête.

4.1.3. Repas des retraités

Tableau n° 21 : Nombre de fois de repas/jour/retraité[37]

Nombre	Effectif des retraités	Pourcentage (%)
1 fois	66	49
2 fois	42	31
3 fois	24	18
Autres	2	1
Somme	**134**	**100**

Tableau n° 22 : Satisfaction du repas[38]

Satisfaction	Effectif des retraités	Pourcentage (%)
Satisfait	46	34
Moins satisfait	50	37
Insatisfait	38	28
Somme	**134**	**100**

4.1.4. Régularité des revenus des retraités

Tableau n° 23 : régularité de la PR[39]

Réception régulière	Effectif des retraités	Pourcentage (%)
OUI	64	48
NON	70	52
Somme	**134**	**100**

Il est à noter que tous ces chiffres ont, comme source les retraités pris en charge par la CNSS que nous avons interviewés sur base du questionnaire d'enquête.

---

[36] Source : Nous-même à partir des données de l'enquête.
[37] *Idem.*
[38] *Idem.*
[39] *Idem.*

4.2. Calcul des paramètres statistiques

Nos données étant qualitatives, nous sommes dans l'impossibilité de calculer la corrélation entre la variable exogène et celle endogène. D'où le recours à certains paramètres de position (la moyenne) et de dispersion (la variance et l'écart-type).

La moyenne nous donnera un renseignement sur la tendance centrale des valeurs ou variables des individus, la variance va compléter l'analyse en nous montrant la variabilité de ces valeurs, et l'écart-type va mesurer l'écart de ces mêmes valeurs.

4.2.1. La moyenne empirique de l'échantillon

À partir de cette formule, nous allons calculer la moyenne des tableaux 4, 5 et 8 où cette formule est applicable.

Tableau n° 24 : Âge du début de la retraite[40]

Classes	**Centre des classes (Xi)**	**Effectifs (ni)**	**Nx**
55-60	57,5	4	230
60-65	62,5	52	3 250
65-70	67,5	78	5 265
TOTAL	**187,5**	**134**	**8 745**

$$\bar{X} = \frac{\sum nx}{n} \bar{X} = \frac{8\,745}{134} = 65\, ans$$

Partant de notre échantillon, les retraités en RDC débutent la retraite en moyenne à 65 ans.

Tableau n° 25 : Âge des retraités[41]

Classes	**Centre des classes (Xi)**	**Effectifs (ni)**	**Nx**
60-65	62,5	18	1 125
65-70	67,5	70	4 725
70-75	72,5	40	2 900
75-80	77,5	6	465
TOTAL	**280**	**134**	**9 215**

$$\bar{X} = \frac{\sum nx}{n} \bar{X} = \frac{9\,215}{134} = 69\, ans$$

Les retraités de la RDC ont en moyenne 69 ans d'âge. Donc, ils ont en moyenne 4 ans en retraite, soit 69-65. Couvrant ainsi notre espace temporel.

[40] Source : Nous-même à partir des données de l'enquête.

[41] *Idem.*

Tableau n° 26 : Effectifs d'enfants/retraité[42]

Classes	Centre des classes (Xi)	Effectifs (ni)	Nx
0-3	1,5	35	53
3-6	4,5	38	171
6-9	7,5	33	248
9-12	10,5	24	252
12-15	13,5	4	54
TOTAL	**37,5**	**134**	**778**

$$\bar{X} = \frac{\sum nx}{n} \bar{X} = \frac{778}{134} = 5.8 \sim Enfants$$

Les retraités de la RDC ont en moyenne 6 enfants par retraité.

4.2.2. La variance empirique de l'échantillon et l'écart-type

Comme nous pouvons observer, la moyenne nous donne un renseignement central, voyons la variance qui nous donne la variabilité d'une série et l'écart-type qui mesure l'écart des valeurs de la série considérée. Ou encore $S^2 = \frac{1}{n-1}(niXi - \frac{(Xni)^2}{n})$ où $r = \sqrt{S^2}$

Tableau n° 27 : Âge du début de la retraite[43]

Xi	Ni	Nixi	nixi²
57,5	4	230	13 225
62,5	52	3 250	203 125
67,5	78	5 265	355 387,5
187,5	134	8 745	571 737,5

$S^2 = \frac{1}{134-1}\left(571\,737{,}5 - \frac{(875)^2}{134}\right) = 7{,}73$ (mesure la variabilité des âges du début de la retraite).

$\sqrt{7{,}73} = 2{,}78$ (mesure l'écart des valeurs de cette série par rapport à la moyenne des âges du début de la retraite).

Tableau n° 28 : Âge des retraités[44]

Xi	Ni	Nixi	nixi²
62,5	18	1 125	70 312,5
67,5	70	4 725	318 937,5
72,5	40	2 900	210 250
77,5	6	465	36 037,5
280	134	9 215	635 537,5

---

[42] *Idem.*

[43] *Idem.*

[44] *Idem.*

$S^2 = \frac{1}{134-1}\left(635\,537{,}5 - \frac{(9\,215)^2}{134}\right) = 13{,}79$ (mesure la variabilité des âges du début/RDC).

$\sqrt{13{,}79} = 3{,}71$ (mesure l'écart des valeurs de série par rapport à la moyenne des âges des retraités).

Tableau n° 29 : Effectif d'enfants par retraité[45]

Xi	Ni	Nixi	nixi²
1,5	35	52,5	78,75
4,5	38	171	769,5
7,5	33	247,5	1 856,25
10,5	24	252	2 646
13,5	4	54	729
37,5	134	777	6 079,5

$S^2 = \frac{1}{134-1}\left(6\,079{,}5 - \frac{(777)^2}{134}\right) = 11{,}83$ (mesure la variabilité des effectifs d'enfants des retraités).

$\sqrt{11{,}80} = 3{,}44$ (mesure l'écart des valeurs de cette série par rapport à la moyenne d'enfants par retraité).

5. INTERPRÉTATION DES RÉSULTATS

Après avoir calculé quelques paramètres statistiques (de position et de dispensions) qui semblent moins explicatifs, nous nous référons à présent aux auteurs évoqués au niveau de la *Revue de la littérature empirique*, afin de confronter le résultat du terrain aux théories et de rendre aussi ce résultat compréhensible par tous au lieu de le laisser uniquement au profit des statistiques.

Comme énoncer précédemment, notre démarche sera déductive (nous partirons des théories admises universellement pour expliquer le phénomène observé).

Avec l'hypothèse de cycle de vie de F. MODIGLIANI, nous avons admis que la retraite est une période au cours de laquelle le revenu est faible, avec notre champ d'investigation, cela s'observe avec le tableau n° 8 qui montre la satisfaction du salaire pendant la vie active ; dans ce tableau, nous observons que 72 % des retraités étaient satisfaits de leur salaire.

Le revenu étant victime d'une période active et de la retraite, nous avons constaté à travers le tableau n° 10 que seulement 15 % des retraités sont satisfaits de leur pension de retraite. Ainsi, la majeure partie (46 %) des retraités assiste à une baisse de leur revenu à la retraite, ce qui est normal au sens de MODIGLIANI.

[45] Source : Nous-même à partir des données de l'enquête.

Comme la pension de retraite constitue la source principale du revenu des retraités, les conditions de vie précaires de ces retraités en dépendent.

En observant le tableau n° 13, nous nous rendons compte que seule la pension de retraite n'arrive pas à couvrir la consommation avec seulement 34 % des retraités satisfaits de leurs situations alimentaires alors que chez MODIGLIANI, il est montré que la désépargne a comme objectif principal de permettre au retraité de maintenir le niveau de sa consommation vu qu'à la vieillesse, il est supposé n'avoir pas de revenu suffisant pour investir. Ceci devient anormal au sens de MODIGLIANI.

Toutefois, pour pallier cette insuffisance et pour rejoindre la théorie de l'auteur cité, nous avons constaté que 79 % des retraités de la RDC ont des sources secondaires, comme nous le montre le tableau n° 11, afin de chercher la façon d'améliorer leurs consommations ; ce qui marche mieux dans la mesure où il n'y a que 28 % dont 21 % sans source secondaire demeurent insatisfaits de leurs situations alimentaires (tableau n° 13).

En rapport avec la théorie du bien-être de PARETO, nous avons admis que l'équilibre n'est établi que lorsqu'il devient impossible d'augmenter le niveau de satisfaction d'un groupe sans diminuer celui d'un autre groupe. Sur terrain, nous avons constaté que l'équilibre n'est pas encore établi au sens de PARETO alors qu'en RDC, nous observons au niveau de la pension de retraite moyenne que la pension de retraite connaît une évolution de 28 372,5 CDF en moyenne en 2010 et de 130 000 CDF au 1er trimestre 2017 ; ce qui prouve qu'il est encore possible d'augmenter cette pension de retraite minimale pour améliorer les conditions socio-économiques des retraités.

Avec l'idée de l'allocation équitable des ressources de PARETO, ce dernier a admis que « les individus étant différents avec les préférences divergentes, il est difficile de répartir de manière équitable les ressources ».

Ceci ne se vérifie que pour les individus appartenant à des groupes différents, avec des préférences différentes. Cependant, nous avons constaté cela aux retraités : la différence des pensions de retraite, étant au niveau des cotisations sociales, et la différence de revenu, étant au niveau des sources secondaires du revenu, les départageront.

À la lumière de ces deux auteurs, nous pouvons réaliser que le faible niveau de la pension de retraite des retraités est une situation normale ; cependant, le fait de ne pas couvrir l'alimentation devient anormal dans la mesure où cela est sous-entendu qu'il n'est pas encore atteint.

Pour relever cette faille, les efforts du gouvernement doivent être pragmatiquement au rendez-vous, vu que c'est possible d'élever encore le niveau de la pension de retraite tant que l'équilibre social n'est pas encore atteint.

Le tableau n° 14 est une preuve de l'incapacité de la CNSS à allouer de manière régulière la pension de retraite avec un taux insignifiant de 52 % des retraités qui reçoivent régulièrement leur pension.

Tout d'abord, parce que nous avons réalisé sur terrain que l'insuffisance de la pension de retraite est à la base des conditions de vie précaires des retraités de la RDC avec seulement 4 % des retraités ayant une pension insuffisante qui pousse 79 % des retraités à posséder une source secondaire pour essayer d'améliorer les conditions de vie.

Ensuite, cette déduction est valable, vu qu'actuellement l'hyperinflation qui caractérise le pays, les fonctionnaires sont en train de voir leur salaire diminuer en termes de pouvoir d'achat qui jouant aussi même sur leurs cotisations sociales à la CNSS. Or, sans cotisation pendant la vie active, la pension de retraite à la retraite n'est pas garantie.

Quant à Dominique VOLLET et Véronique ROUSSEL (2014), ils ont trouvé que 40 % des retraités de Bourganeuf se lancent dans les travaux tertiaires pour la survie dans la mesure où ils ne perçoivent pas de pension de retraite suffisante ni de manière régulière. Dans notre cas, nous avons trouvé que 79 % des retraités font recours à des sources secondaires de revenu (petit commerce) pour pallier l'insuffisance de la pension et son irrégularité.

Nous pouvons retenir qu'en référence, des études illustrées au niveau de la *Revue de la littérature empirique* conformément avec la vie des retraités, et même notre propre recherche (cf. ce chapitre) ne révèlent que la misère des retraités.

Jusqu'aux prochaines recherches pouvant être effectuées par d'autres chercheurs en rapport avec ce chapitre dans le présent ouvrage, celles qui existent jusque-là lancent un appel aux dirigeants des institutions de retraite et l'État pour la République démocratique du Congo à prendre leurs responsabilités afin d'améliorer leurs administrations et leurs économies en cherchant les bailleurs de fonds pouvant leur accorder des financements.

6. PISTE DES SOLUTIONS

Après avoir identifié les causes des conditions de vie des retraités, nous commençons par demander à ceux qui sont encore dans la vie active de prendre soin des cotisations sociales, car leur pension de retraite en dépend ; leurs conditions socio-économiques à la retraite, à leur tour, dépendent de ladite pension, donc, ces dernières dépendent des cotisations sociales qui alimentent les caisses de la CNSS. Ainsi, la meilleure solution d'être mieux à la vieillesse ou à la retraite, c'est de mieux cotiser.

Pour sa part, la CNSS, nous le suggérons à revoir sa politique de retraite et à corriger les lacunes de son corps administratif afin d'octroyer régulièrement la pension de retraite aux ayants droit. L'objectif étant d'accroître les 52 % du tableau n° 14 et de remonter les 46 % du tableau n° 10.

Pour ce faire, nous demandons à l'Institut national de la sécurité sociale ce qui suit :

- Recycler le personnel qui a de l'expérience avec moins de 65 ans (hommes) et moins de 60 ans (femmes), licencier le reste et engager les jeunes universitaires à leur place qui ont encore l'envie de mieux faire ;

- Faire enfin un état des besoins et les financer même par les institutions financières internationales (FMI ou BM) vu que le budget actuel de la RDC ne priorise pas cette question, ce fonds sera remboursé par les recettes de la CNSS après son exploitation.

Quant à l'État RD congolais, à travers son gouvernement, il devra envisager une réforme de la sécurité sociale en général, et en particulier procéder à la libéralisation de la caisse de retraite, et d'assurer pas seulement les fonctionnaires mais aussi les particuliers ayant la possibilité de bénéficier les services de la CNSS.

CONCLUSION PARTIELLE

Après étude, nous avons constaté que la précarité des conditions de vie des retraités en République démocratique du Congo s'explique premièrement par le fait que l'État congolais n'a pas une bonne politique salariale, qui ne donne pas à ces employés la possibilité de cotiser suffisamment à la CNSS pour prétendre au bénéfice d'une pension de retraite consistante à la vieillesse.

Ce manque de cotisations consistantes pendant la vie active se traduit par une insuffisance de la pension avec seulement 15 % des retraités satisfaits de leur pension de retraite ; par la suite, cette insuffisance inflige la misère à ses retraités. Deuxièmement, nous avons trouvé que la CNSS n'est pas en mesure d'allouer cette pension de manière régulière aux retraités avec un taux de régularité de 52 % laissant ainsi les 48 % autres dans l'irrégularité de réception de cette pension. Cette irrégularité étant expliquée par le nombre élevé des bénéficiaires des pensions par rapport aux actifs cotisants.

Toutefois, pour pallier cette insuffisance et irrégularité de la pension, la majeure partie des retraités font recours à des sources secondaires du revenu qui sont soit les revenus des enfants qui effectuent des activités palliatives afin de contribuer aux besoins de la famille, soit le petit commerce, soit l'épouse ou l'époux qui exerce une activité manuelle apportant une quelconque contribution à la famille. 79 % est le taux du recours des retraites à ces sources secondaires.

Au reste, ces observations ne sont pas à leurs justes proportions à cause de la complexité que présente ce sujet. Par conséquent, *mutatis mutandis*, au regard de la similitude des conditions socio-économiques des Congolais, nous estimons par extrapolation que la méthode inductive justifiera la généralisation de nos constantes à un nombre important des retraités.

Cela dit, à l'heure actuelle, la retraite est une question qui mérite plusieurs réflexions par les grands scientifiques pour sortir les retraités de cette spirale de misère qui fait parler d'elle à travers le monde en général, l'Afrique en particulier.

CHAPITRE CINQUIÈME

Dépenses publiques et croissance économique en RDC

INTRODUCTION PARTIELLE

La renaissance des théories de la croissance dans les années 1980 a également ravivé l'intérêt des chercheurs pour vérifier et comprendre les liens entre les dépenses publiques et la croissance économique.

Au cours des dernières décennies, les dépenses du secteur public de la République démocratique du Congo ont augmenté en raison de la participation accrue du gouvernement congolais aux activités économiques par l'intermédiaire de ses divers ministres.

Les débats sur le rôle de l'implication du gouvernement dans les activités économiques ont été répartis entre deux courants différents.

D'un côté, nous ralliant à la pensée de ROLLINGS (2017 : 283), « les économistes classiques stipulent que l'économie s'autorégule et que le rôle du gouvernement dans les activités économiques doit se limiter aux fonctions régaliennes de défense et de justice ». De l'autre côté, en prenant l'idée de BARBIER-GAUCHARD (2016 : 11) :

« Les nouvelles théories de la croissance suggèrent que les dépenses publiques, qu'elles soient récurrentes ou capitales, notamment les dépenses d'investissements, peuvent favoriser la croissance. Néanmoins, le financement de telles dépenses, s'il n'est pas correctement géré, peut retarder la croissance. La compréhension des liens entre les politiques budgétaires et la croissance économique a soulevé d'énormes débats théoriques et empiriques ».

Et selon GANTER et LAWSON (2015 : 18) :

« Les finances publiques sont focalisées sur les publiques et le revenu national, puisque l'ampleur des dépenses publiques a augmenté au fil du temps dans presque tous les pays du monde. Il est donc nécessaire que les gouvernements des États connaissent la relation causale entre ces deux grandeurs. L'augmentation des dépenses publiques peut impacter la croissance de l'économie en augmentant le revenu national ».

En République démocratique du Congo, les dépenses publiques ont augmenté en raison de la demande accrue de biens publics tels que les routes, les moyens de communication, l'énergie, l'éducation, la santé, etc. Cette augmentation des dépenses n'a pas influencé significativement la croissance économique.

Il est donc paradoxal qu'en dépit de la hausse des dépenses publiques congolaises, financées dans la plupart des cas par des dettes internationales, de nombreux Congolais n'aient pas encore ressenti l'impact réel de cette augmentation des dépenses publiques.

Dans ce chapitre, nous analyserons l'impact de dépenses publiques sur la croissance économique en RDC. Nous commencerons d'abord par les préalables à l'élaboration d'un modèle économétrique approprié, après les éventuels tests, ensuite, nous présenterons notre modèle et pour terminer, nous interpréterons les résultats que nous aurons obtenus.

1. PRÉSENTATION DES DONNÉES SUR LES ÉVOLUTIONS DU PIB ET DU TAUX DE CROISSANCE DE DÉPENSES PUBLIQUES COURANTES

Dans cette section, nous présenterons et analyserons les évolutions des variables PIB et dépenses publiques pendant la période que couvre notre étude. *La Revue de la littérature* nous a montré que les dépenses publiques impactent positivement la croissance économique.

Tableau n° 30 : Présentation des évolutions de ces deux variables[46]

Années	2003	2004	2005	2006	2007	2008	2009	2010	2011
Tc PIB en %	5,60	6,64	7,80	5,32	6,26	6,22	2,86	7,11	6,87
Tc dep Pub en %	57,94	35,87	28,84	18,33	0,28	25,90	20,56	-13,91	22,96

2012	2013	2014	2015	2016	2017
7,09	8,48	9,47	7,72	9,0	3,50
6,21	20,40	5,58	-45,18	-0,2	72,1

Le tableau n° 30 montre que le taux de croissance du PIB est resté quasi stable autour d'une période de 5 années, selon le tableau illustrant la période allant de 2003 à 2017. Les dépenses publiques ont évolué à un rythme nettement différent de celui du PIB pendant la période sous étude. À voir l'allure de la croissance des dépenses, il ressort une forte indépendance entre celle-ci et la croissance du PIB ou vice versa. En effet, si en 2010 le taux de croissance des dépenses publiques est passé dans le négatif, celui du PIB s'est relevé après avoir chuté en 2009. Cette chute de 2009 est la conséquence de la crise financière internationale de 2008 et les crises énergétique et alimentaire de 2009, étant donné que l'économie de la RDC est dépendante de l'extérieur. De même en 2015, alors que la croissance de dépenses publiques a chuté de 45 % suite à la diminution des prix des matières minérales, alors

[46] Source : construit à partir des rapports de la BCC.

que la croissance du PIB est restée positive située à 7,7 %. Il n'y a donc pas de lien positif constant entre les variations des deux variables. Si l'une des deux variables augmente, l'autre n'augmente pas ou ne diminue pas nécessairement.

Cette situation est contraire à l'idéal qui voudrait que le PIB et les dépenses publiques fluctuent dans le même sens. En outre, le PIB croît à un rythme supérieur à celui des dépenses publiques courantes du fait que la puissance du multiplicateur de ces dépenses publiques ou du multiplicateur du revenu keynésien $\frac{1}{1-c(1-b)}$ est une fluctuation indépendante à ces deux variables et témoigne par la suite de l'absence de l'incidence de l'une sur l'autre.

2. TRAITEMENT DES DONNÉES

2.1. Estimation du modèle économique

Nous adoptons le modèle keynésien de base dans notre analyse. Le modèle fonctionnel est de la forme : PIB = $f\ (DP)$.

Avant de tester le modèle ci-dessus, il faudra d'abord effectuer des tests de racine unitaire sur chacune des variables pour vérifier la stationnarité. Nous tenterons de vérifier la relation entre le taux de croissance économique et le taux de croissance des dépenses publiques. Le modèle économétrique à estimer par la méthode de moindre carré ordinaire (MCO) se présentera de la manière que voici :

$Y = \beta O + \beta 1X + \varepsilon$ où

Y : Le taux de croissance du PIB (tcpib)

X : Le taux de croissance des dépenses publiques (tcdp)

B_1 : Les paramètres ou les coefficients des variables X_i

B_0 : Le coefficient de détermination

Et ε : Le terme d'erreur

2.2. Estimation et test des paramètres

Après traitement des données avec le logiciel Eviews, nous avons obtenu les résultats qui sont résumés dans le tableau suivant :

Tableau n° 31 : Les résultats de l'estimation[47]

	Coefficients	*Erreur type*	*Statistique t*	*Probabilité*
Constante	0.262766529	0.5728570104	0.4586947954	0.6553835697
Variable X	0.000274593	0.0211838974	0.01296238	0.9898899176

[47] Source : Nous-même sur base du logiciel Eviews.

Partant de ce tableau, nous pouvons tirer les valeurs de paramètres estimés dans la deuxième colonne avec lesquelles nous présentons l'équation estimée du modèle économétrique :

$Y = 0.26276652922 + 0.000274593736854X$, soit $Y = 0.26 + 0.00X$

La quatrième et la cinquième colonnes nous permettent de tester les paramètres, au seuil de 5 % et à n-k ou 14-2, la valeur critique de la table de Student est de 2,086. Le test de la nullité des paramètres est donc :

Par l'approche de la valeur critique, le t_{cal} de X est inférieur au $t_{th} = \pm 2{,}086$, cela veut dire que ce paramètre n'est pas significatif. Par l'approche de la valeur « P », nous constatons que la probabilité dans la queue de la courbe de la probabilité de ce paramètre est supérieure au seuil de signification $\alpha = 5$ %. Comme les deux approches aboutissent toujours à la même conclusion, nous pouvons donc dire que le taux de croissance économique de la RDC n'est pas expliqué par le taux de croissance des dépenses publiques.

Au-delà des simples constatations pour expliquer pourquoi la hausse des dépenses publiques (G) n'impacte pas la croissance économique, nous pouvons expliquer cela à partir de la formule du PIB par l'optique des dépenses : PIB = C + G + I + X – M.

Pour justifier l'absence du lien entre PIB et G, nous allons nous référer à la théorie de neutralité ricardienne ou le phénomène d'éviction.

1. Pour RICARDO, l'effet d'augmentation des dépenses publiques est neutre dans la sphère réelle de l'économie nationale. Robert BARRO justifie cette neutralité par des anticipations des ménages sur les augmentations des impôts futures nécessaires pour rembourser la dette publique indispensable à financer l'aggravation du déficit public. Il faudra augmenter les impôts dans le futur, constants de ces augmentations d'impôts, les ménages vont réduire d'autant leurs dépenses de consommation dans le présent. Ainsi, la consommation publique évince celle privée. Cela pourrait expliquer le cas de notre pays, entre 2013 et 2017, l'augmentation des dépenses publiques n'impacte pas l'augmentation de la croissance économique.

2. Partant de la réflexion pour les économistes néoclassiques, l'augmentation des dépenses publiques comme instruments de la relance de l'économie impacte l'économie nationale de différentes façons :

Si T=T, on aura l'équilibre dans la sphère réelle.

$Y = \frac{1}{1-c} A' - b_i - \frac{c}{1-c}(T-TR)$ avec T = I α T α CS et TR transfert, si G est financer par l'augmentation de T, il aura un double effet :

Multiplicateur positif $\frac{1}{1-c} x\Delta G$ et négatif $\frac{-c}{1-c} x\Delta G$ (T-TR) et I = I exogène.

Si $I = I' - b_i$, on aura un multiplicateur positif $\frac{c}{1-c}\Delta G$. Dans cette réflexion, nous remarquons que pour le cas de la RDC entre 2003 et 2017, le multiplicateur étant lié à la consommation des biens et services, cela n'a pas impacté l'augmentation de la croissance économique, car la consommation des Congolais en général était faible, cela pourrait s'expliquer par leurs revenus très faibles mais aussi l'inflation qui cause la hausse des prix instantanée sur le marché des biens et services.

2.3. Les coefficients de détermination

Après calcul avec le logiciel Eviews, nous avons obtenu les résultats résumés dans le tableau ci-dessous :

Tableau n° 32 : Statistique de la régression[48]

Coefficient de détermination simple	-0.09089242769524475
Observations	14

Le coefficient de détermination simple est de -0.09089, c'est-à-dire -9,089 % de la variation du taux de croissance économique n'est pas déterminée par la variation simultanée du taux de croissance des dépenses publiques. Ce qui sous-entend un coefficient d'aliénation de 109,089 % (100 % + 9,089 %) qui explique le niveau du taux de croissance économique qui n'est pas expliqué par la variable retenue dans le modèle.

2.4. Test de validation du modèle

Les résultats empiriques de MCO estimé nécessaire pour la discussion sont présentés dans le tableau 1. Après l'étude de la stationnarité à l'aide du test de racine unitaire (DICKEY-FULLER, 2016).

2.4.1. Test de racine unitaire

Le tableau ci-dessous présente les résultats du test de racine unitaire Dickey-Fuller (2016) pour chacune des variables.

Tableau n° 33 : Test de racine unitaire Dickey-Fuller[49]

Variables	T-statistique et probabilité du modèle [3] avec trend et constante	T-statistique du modèle [2] avec trend	T-statistique du modèle sans trend sans constante	Résultat
Tcpib	-2.6362692399 0.27213444	-2.8366648428 0.07832954	-0.4268074739 0.50887714	Non stationnaire
Tcdp	-3.8540545637 0.06120398	-3.4872325869 0.03316988	-3.38465941 0.00284095	Non stationnaire

48 Source : Nous-même sur base de logiciel Eviews.

49 *Idem.*

3. INTERPRÉTATION DES RÉSULTATS

Après traitement des données et différents tests, l'équation retenue est donc **Y = 0.26276652922 + 0.0002745936854X**

Le coefficient **0.000274593736854** mesure l'élasticité du taux de croissance du PIB par rapport au niveau du taux de croissance des dépenses publiques, c'est-à-dire que si le taux croissant des dépenses publiques augmente de 1 %, celui du PIB va varier de 0,027 %.

L'analyse de la corrélation entre la croissance des dépenses publiques et celle du PIB prouve davantage l'inexistence d'une dépendance entre elles. En effet, tel que nous pouvons le lire sur le graphique n° 1, et d'après les résultats de l'analyse de la régression entre ces deux variables, il n'existe pas de relation significative entre elles. Autrement dit, l'aggravation du déficit des finances publiques ne stimule pas le PIB ou ne contribue pas à l'augmentation du PIB.

Plusieurs facteurs peuvent expliquer cette situation, notamment l'orientation même des dépenses publiques et l'ouverture de l'économie congolaise ou le degré d'extraversion élevé. À cause de son extraversion, la hausse des dépenses publiques bénéficie plus aux économies des pays à faibles importations qu'aux nôtres.

Le coefficient du taux de croissance des dépenses publiques est presque égal à zéro et, donc, la croissance des dépenses publiques n'influence pas le taux de croissance du PIB. Les dépenses publiques n'ont aucune influence sur la croissance économique congolaise. Quels peuvent être les déterminants de cette indépendance PIB-dépenses publiques ?

3.1. L'ouverture de l'économie de la RDC et balance de paiement

L'on sait que l'incidence de la politique budgétaire est d'autant importante que l'économie est ouverte et la demande intérieure par rapport aux importations est forte. Ceci est le cas de la RDC où la quasi-totalité des biens à valeur ajoutée élevée sont importés. Certes, les dépenses publiques augmentent, mais pas la production, car ces dépenses étant des dépenses de consommation et que les biens de consommation achetés sont en grande partie des biens importés, d'où le faible impact sur la production intérieure.

L'une des conclusions retenues dans ce chapitre est que le gouvernement privilégie les dépenses de consommation dans l'allocation de son budget. Vu que la plupart des biens de consommation sont importés (balance déficitaire sur toute la période de 2003 à 2017), il paraît logique qu'une telle politique n'ait pas eu d'incidence significative sur la croissance économique. En permettant l'acquisition des biens en grande partie importés, ces dépenses constituent une fuite de fonds du circuit de paiement intérieur.

En effet, l'on sait que le PIB se calcule selon trois optiques ou approches différentes mais conduisant au même résultat. Ces approches sont : Production, Revenu et Dépenses. Suivant cette dernière, le PIB est donné par :

PIB = C + I + G + (X – M)

Avec C = la consommation finale privée
I = l'investissement
G = les dépenses de consommation finale publique
X = les exportations au prix FOB
M = les importations au prix

Il s'ensuit que les importations influencent négativement le PIB et, en conséquence, la croissance économique. Bien que les dépenses publiques soient représentées, durant toute la période d'étude, une moyenne de 11 % du PIB, cette proportion a dû être évincée par l'incidence négative de l'ouverture de l'économie et la nature des dépenses.

3.2. Nature et composition des dépenses publiques

L'orientation des dépenses publiques vers les dépenses courantes peut aussi compromettre l'efficacité de la politique budgétaire. Certes, les dépenses courantes d'un État sont une composante de la demande globale comme toutes les autres. Mais est-il que, quels que soient les besoins et les circonstances qui varient d'un pays à l'autre, l'efficacité de la politique budgétaire dépend dans une large mesure du niveau et de la composition des dépenses. Une conclusion capitale des études consacrées à cette question est que l'investissement est associé à la croissance de façon plus robuste que ne le sont les dépenses courantes.

Cette conclusion peut être nuancée, du fait que les dépenses courantes ne sont pas toutes les mêmes et que d'autres sont évidemment indispensables à la prestation de services, surtout en matière de santé et d'éducation. Néanmoins, la réalité congolaise vis-à-vis de ces dernières n'est pas du tout convaincante suite à la part allouée à la santé et à l'éducation.

En plus, à voir les ministères et institutions de la RDC les plus dépensiers, ils ne reflètent nullement un caractère de soutien à la croissance économique, qui est en plus sa plus grande partie de subsistance, du secteur primaire : agriculture et des industries extractives. Quelle a été la part du budget consacrée au soutien à deux leviers de la croissance en RDC ?

De 2003 à 2017, le gouvernement congolais a consacré moins de un pour cent de ses dépenses à l'agriculture et au ministère des Mines, Industries et Artisanat, exception faite de 2008, 2009 et 2014 où l'agriculture a reçu au moins un pour cent. Cette situation est déplorable vu que le secteur primaire reste le poumon de la croissance économique enregistrée en RDC et qui, malheureusement, ne bénéficie pas de l'encadrement du gouvernement en termes d'allocations des ressources.

4. INTERPRÉTATION GLOBALE ET DISCUSSION DES RÉSULTATS

À partir des résultats obtenus, nous disons la phrase selon laquelle les dépenses publiques impactent positivement l'activité économique en RDC.

5. PROPOSITION D'ACTION EN VUE POUR BOOSTER L'IMPACT DES DÉPENSES PUBLIQUES SUR LE PIB

Au vu de ce qui a été écrit dans ce chapitre, il nous est impératif de proposer des moyens d'action pour un moyen pour rendre les dépenses publiques bénéfiques à la croissance économique congolaise à travers une ou plusieurs stratégies, il s'agit des moyens d'action suivants :

5.1. Renforcement du secteur primaire par les dépenses publiques

Le secteur primaire reste le poumon de la croissance économique enregistrée en RDC et qui doit bénéficier de l'encadrement du gouvernement en termes d'allocations des ressources.

Au-delà d'être l'un des poumons de la croissance économique dans ce pays, il faut noter que la majorité de la population congolaise habite la campagne et livre leurs activités agricoles. Mais l'action du gouvernement en faveur de ce secteur reste marginale. Pourtant, l'agriculture offre des opportunités génératrices de revenus pour les pauvres et elle contribue à la réduction de la pauvreté monétaire et humaine.

Certes, de nos jours, l'on ne peut pas se contenter du seul secteur primaire, vu l'évolution des économies modernes qui voient le poids du secteur, en train de passer d'ailleurs du secteur primaire, diminuer au profit du secteur tertiaire.

5.2. Financer la recherche

S'il faut parler de la tertiarisation des économies modernes, cette dernière tire ses origines des innovations, lesquelles sont les résultats de la recherche. La RDC ne manifeste aucune volonté d'apporter son soutien à la recherche. Il s'est révélé que durant toute la période considérée, le ministère de la Recherche scientifique a bénéficié de moins de 0,5 % du budget de l'État. Avec un pourcentage aussi faible que celui-ci, la RDC ne peut aspirer aucunement à un développement du secteur tertiaire, en termes d'innovation de son économie. Celui-ci peut donc rester en forte dépendance du commerce qui, malheureusement, est basé sur les importations, lesquelles constituent une fuite des capitaux et une source de détérioration de la balance commerciale. Se passer de la recherche, c'est aussi compromettre le secteur secondaire qui entretient des relations avec les innovations.

CONCLUSION PARTIELLE

Dans ce chapitre, nous avons jeté non seulement un regard analytique sur le taux de croissance économique mais aussi sur celui des dépenses publiques. Ce qui, *in fine*, au regard des données et informations que nous avons accumulées et traitées, nous a conduit à affirmer que de 2003 à 2017, la politique budgétaire mise en œuvre par la RDC n'a significativement pas contribué à la croissance économique, alors que cette politique économique s'est voulue expansionniste dans l'accroissement des dépenses publiques et dans les ambitions du programme du gouvernement.

La relation de dépendance du PIB aux dépenses courantes publiques n'a pas été prouvée. Cet état des lieux ne s'accommode pas avec l'existence d'une relation d'entraînement entre ces deux variables tel que l'enseigne la macroéconomie. Le niveau et la composition des dépenses et une balance de paiement déficitaire en sont les principales causes.

L'analyse aurait dû être élargie à une modélisation macroéconométrique, surtout si les données étaient mensuelles.

La politique budgétaire mise en œuvre par la RDC n'a significativement pas contribué à la croissance économique, alors que cette politique économique s'est voulue expansionniste dans l'accroissement des dépenses publiques et dans les ambitions du programme du gouvernement. La relation d'indépendance entre les taux de croissance des dépenses et du PIB en est la preuve. Cet état des lieux ne s'accommode pas avec l'existence d'une relation d'entraînement entre ces deux variables tel que l'enseigne la macroéconomie. Le niveau et la composition des dépenses face à une balance de paiement déficitaire en sont les principales causes, surtout si les données étaient mensuelles.

CHAPITRE SIXIÈME

Fiscalité, bonne gouvernance et croissance économique en RD Congo

INTRODUCTION PARTIELLE

Dans ce chapitre, il est question d'analyser les effets de la bonne gouvernance sur la gestion des finances publiques et la croissance économique, comment cette bonne gouvernance pourra générer une croissance économique durable en République démocratique du Congo.

Ainsi, les analyses sont appuyées par quelques données récoltées relatives à l'évolution des recettes et les dépenses publiques, et celle de l'activité économique dans son ensemble. Il sera aussi question de montrer l'importance des finances publiques dans l'économie.

1. PRÉSENTATION DES DONNÉES

1.1. Évolution des recettes publiques (en CDF et en millions)

Tableau n° 34[50] : Évolution des recettes publiques (en CDF et en millions)

Années	2013	2014	2015	2016	2017	2018
RECETTES PUBLIQUES	2 799 655,0	3 762 379,0	4 121 604,2	4 362 631,5	4 438 795,2	3 656 554,0

Commentaire : Ce tableau nous montre l'évolution des recettes publiques pendant une période de six ans.

Les cinq années nous montrent une augmentation des recettes suite à une conjoncture favorable. Contrairement à l'année 2018 où les recettes publiques ont baissé sensiblement. À la fin de cette année, les cadres budgétaires se sont établis à 3 656,6 milliards de CDF, enregistrant un recul de 17,6 % par rapport à l'année précédente.

La cause de cette baisse des recettes publiques a été expliquée par une conjoncture peu favorable marquée par le maintien à de niveau bas des cours

[50] Source : Banque centrale du Congo.

des produits exportés en RDC, d'autres facteurs ont également expliqué cette baisse des recettes de l'État. Il s'agit notamment de la baisse du volume et de la valeur des marchandises importées par les sous-traitants, des entreprises minières et la fermeture de quelques succursales des entreprises brassicoles.

Graphique n° 7[51] : Les recettes publiques

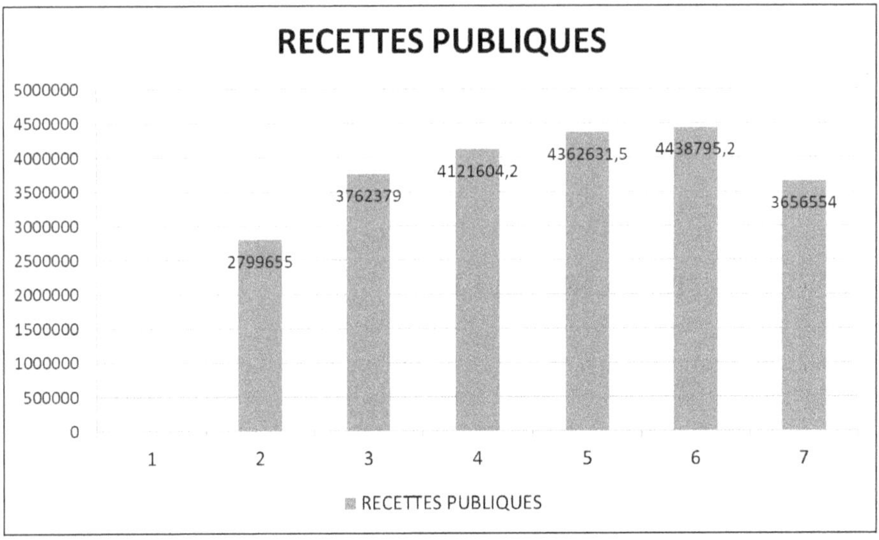

1.2. Évolution des dépenses publiques (en CDF et en millions)

Tableau n° 35[52] : Évolution des dépenses publiques (en CDF et en millions)

ANNÉE	2013	2014	2015	2016	2017	2018
DÉPENSES PUBLI-QUES	2 996 550,0	3 371 740,0	4 171 958,1	4 448 576,8	4 622 203,6	4 087 659,0

Commentaire : Ce tableau retrace la manière dont le pouvoir public a engagé les dépenses durant une période de 6 ans qui cadre avec notre étude ou nos analyses. En effet, l'année 2013 allant de 2017, nous avons observé un accroissement des dépenses. S'agissant de l'année 2016, les dépenses publiques ont atteint 4 087 659,0 millions de CDF, soit 4 087,7 milliards de CDF correspondant à un taux d'exécution de 74 % contre 60,9 % ; une année auparavant, ce taux d'exécution de l'année sous examen aurait été encore plus faible, n'eût été la révision à la baisse des prévisions budgétaires y afférentes consacrées dans le collectif budgétaire adopté en juin 2018. Toutefois, ces dépenses ont régressé de 11,6 % par rapport à l'année précédente et ont représenté 10,0 % du PIB, soit un recul de 3,2 points de pourcentage par rapport à 2017.

[51] Source : Nous-même sur base des données de la Banque centrale du Congo.
[52] Source : Banque centrale du Congo.

Graphique n° 8[53] : Les dépenses publiques

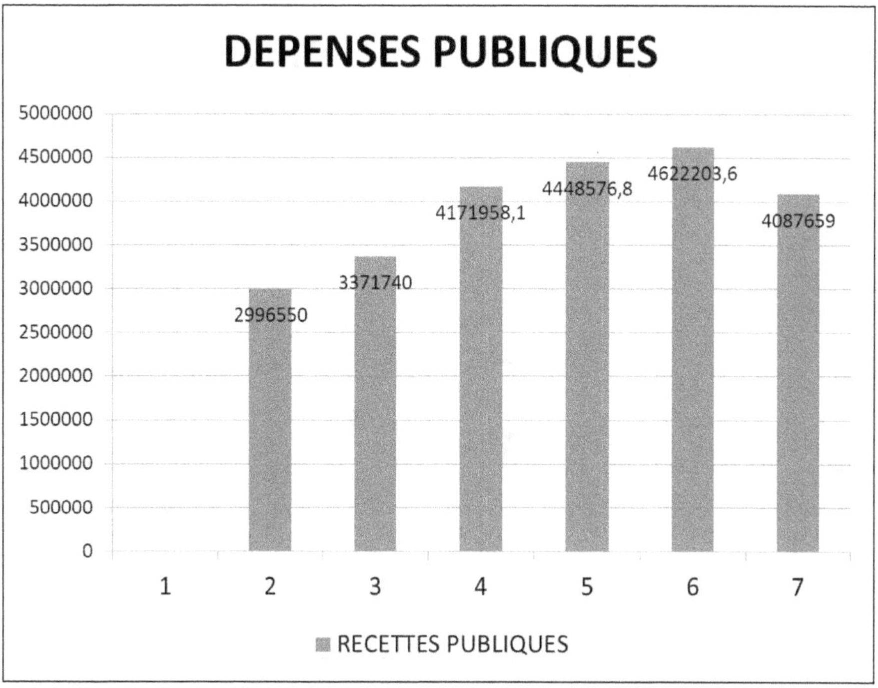

1.3. Solde du budget de la RD. Cindo (du PIB en %)

Tableau n° 36[54] : Solde du budget de la RD. Cindo (du PIB en %)

ANNÉE	2013	2014	2015	2016	2017	2018
SOLDE BUDGÉTAIRE	-1,5	2,5	-0,3	-0,4	0,7	1,2

Commentaire : Ce tableau nous retrace l'évolution du solde budgétaire en RD Congo. D'après le tableau que nous venons de présenter, nous observons que les dépenses sont supérieures aux recettes à partir des années 2013, 2015 et 2016. Ce qui dégage un solde négatif. Quant aux années 2012, 2015 et 2016 contrairement aux autres années les soldes ont été positifs, ce qui signifie que les recettes ont été supérieures aux dépenses.

[53] Source : Nous-même sur base des données de la Banque centrale du Congo.
[54] Source : Banque centrale du Congo.

Graphique n° 9[55] : Le solde budgétaire

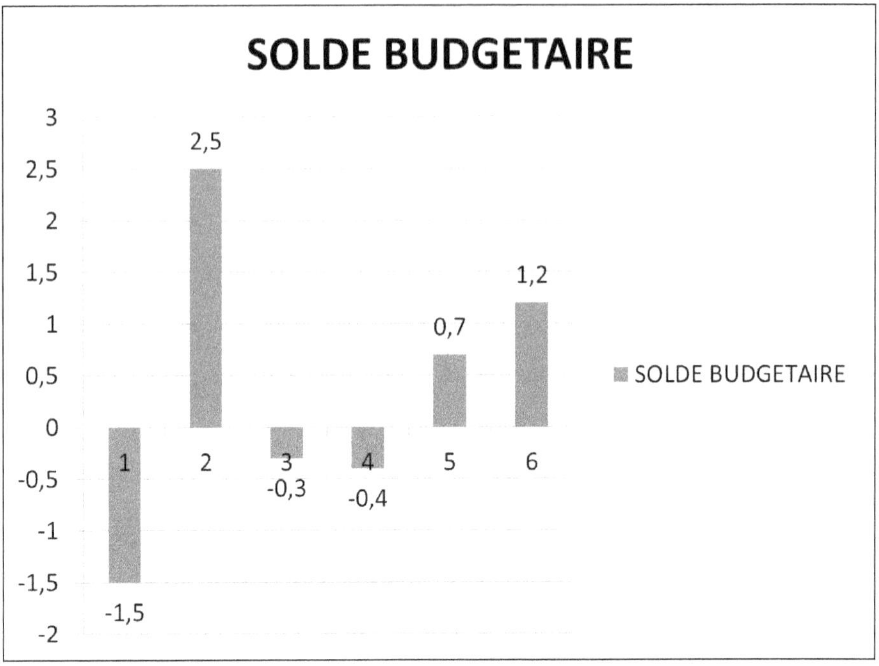

1.4. Évolution du taux d'inflation

Tableau n° 37[56] : Évolution du taux d'inflation

ANNÉE	2013	2014	2015	2016	2017	2018
TAUX D'INFLATION	15,43	5,67	3,07	1,3	1,6	25,04

Commentaire : Ce tableau nous montre l'évolution de l'inflation de la RD. Congo depuis 2013 jusqu'en 2018. Elle est un des paramètres majeurs qui perturbent l'économie d'un pays au travers de la diminution du pouvoir d'achat des agents économiques.

En 2013, le taux d'inflation était de 15,4 % suite aux politiques mises en œuvre par le gouvernement le taux est passé à 2,7 % en 2014 contrairement à l'année précédente. En 2015, une légère augmentation du taux d'inflation a été observée, c'est-à-dire 0,37 %. S'agissant des années 2016 et 2017, les taux d'inflation ont été maîtrisés par le gouvernement. Mais malheureusement pour l'année 2018, il s'est affiché une augmentation sensible du taux d'inflation suite à une morosité de l'activité économique dans son ensemble, ce taux est passé de 1,6 % à 25,04, ce qui traduit comme écart 23,40 %.

[55] Source : Nous-même sur base des données de la Banque centrale du Congo.
[56] Source : Banque centrale du Congo.

Graphique n° 10[57] : Taux d'inflation

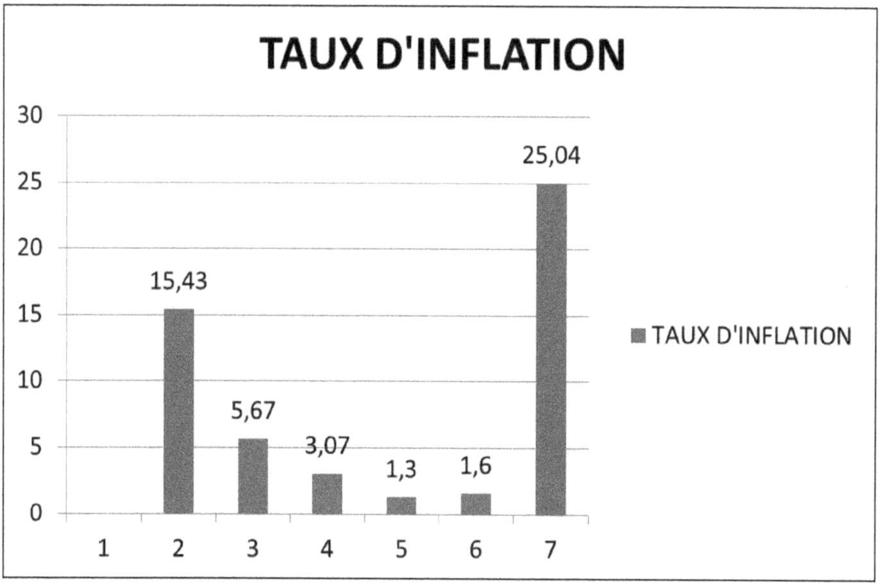

1.5. Évolution de la croissance du PIB et du revenu réel par habitant en pourcentage[58]

Tableau n° 38 : Évolution de la croissance du PIB et du revenu réel par habitant en pourcentage

ANNÉE	2013	2014	2015	2016	2017	2018
CROISSANCE DU PIB ET DU REVENU PAR HABITANT	6,9	7,1	8,5	9,5	6,9	2,4

Commentaire : Ce tableau nous montre l'évolution de la croissance du PIB. À partir de l'année 2013, la croissance du PIB avait connu une augmentation remarquable jusqu'en 2016. Contrairement aux autres années précédentes, l'année 2017 nous montre la diminution de la croissance du PIB et le revenu réel par habitant ; après ces précédentes années de croissance soutenue, l'activité économique de la République démocratique du Congo diminue de plus en plus jusqu'en 2018 où le taux de croissance a diminué sensiblement. En effet, le taux de croissance économique a été estimé à 2,4 % en 2018 contre 6,9 % en 2017.

Le rythme de progression de l'activité économique a été affecté par la morosité de l'environnement économique extérieur, essentiellement sous l'effet du maintien à de niveau bas des cours des principaux produits exportés par le pays, conjuguée à une psychose liée au contexte politique.

En bref, ce qui a fait que l'activité économique de la RD Congo puisse connaître une diminution de la croissance du PIB et revenu réel par habitant,

[57] Source : Nous-même sur base des données de la Banque centrale du Congo.
[58] Source : Banque centrale du Congo.

c'est parce qu'il y a une diminution des cours des matières premières ainsi qu'une faible croissance du commerce mondial, chose qui a affecté presque les économies de l'Afrique subsaharienne.

Graphique n° 11[59] : Croissance du PIB et du revenu par habitant

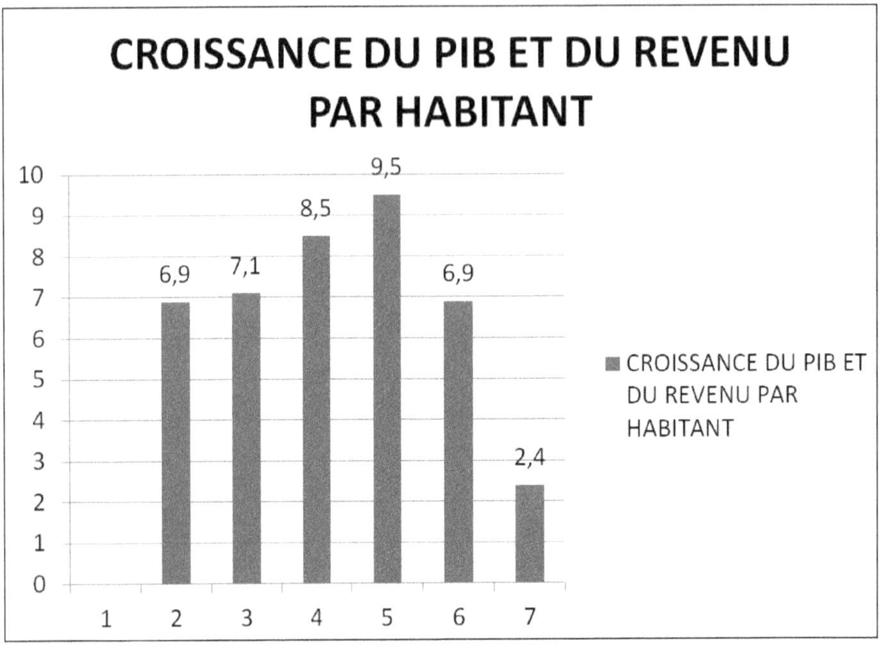

1.6. Contribution des différents secteurs à la croissance économique[60]

Tableau n° 39 : Contribution des différents secteurs à la croissance économique

Branche d'activité	2 2013	2 2014	2 2015	2 2016	2 2017	2 2018
Secteur primaire	5 5,5	2 2,9	3 3,2	5 5,5	2 2,0	0 0,4
Agriculture forêt, élevage, chasse, pêche	0 0,7	0 0,7	0 0,8	0 0,8	0 0,8	0 0,5
Agriculture	0 0,7	0 0,6	0 0,8	0 0,7	0 0,7	0 0,5
Vivrière	0 0,7	0 0,6	0 0,8	0 0,6	0 0,7	0 0,5
Rente	0 0,0	0 0,0	0 0,0	0 0,0	0 0,0	0 0,0

59 Source : Nous-même sur base des données de la Banque centrale du Congo.
60 Source : Commission d'étude statistique et des comptes nationaux.

Sylviculture	0 0,0	0 0,0	0 0,0	0 0,2	0 0,0	0 0,0
Élevage, pêche et chasse	0 0,0	0 0,0	0 0,0	0 0,0	0 0,0	0 0,0
Extraction	4 4,8	2 2,3	2 2,4	4 4,7	1 1,3	-- 0,2
Secteur secondaire	0 0,8	1 1,2	1 1,7	1 1,2	1 1,2	0 0,4
Industrie manufacturière	0 0,2	0 0,6	1 1,1	1 1,1	1 1,5	1 1,0
Industrie alimentaire	-- 0,2	0 0,8	1 1,2	1 1,2	1 1,2	0 0,9
Boissons et tabac						
Autres industries manufacturières	0 0,4	-- 0,3	-- 0,1	-- 0,1	0 0,3	0 0,1
Bâtiments des travaux publics	0 0,6	0 0,6	0 0,6	0 0,0	-- 0,3	-- 0,7
Électricité, gaz, vapeur et eau	-- 0,0	0 0,0	0 0,1	0 0,0	-- 0,0	0 0,1
Secteur tertiaire	A 0,4	2 2,7	3 3,2	2 2,6	3 3,5	1 1,7
Commerce	A 0,1	1 1,6	1 1,2	0 0,7	1 1,5	0 0,9
Transport et télécommunication	A 0,1	0 0,7	1 1,2	0 0,8	1 1,2	0 0,4
Autres services hors administration publique	A 0,2	0 0,4	0 0,6	1 1,0	0 0,7	0 0,3
Services administration publique	0 0,1	-- 0,1	0 0,2	0 0,3	0 0,1	0 0,1
SIFIM	-- 0,0	-- 0,0	0 0,0	-- 0,1	-- 0,1	6- 0,0
PIB au coût des facteurs	6 6,7	- 6,8	8 8,1	9 9,3	6 6,7	2 2,5
Taxes sur les produits	0 0,2	0 0,3	0 0,4	0 0,2	0 0,2	-- 0,1
PIB au prix constant du marché	6 6,9	7 7,1	8 8,5	9 9,5	6 6,9	2 2,4

Le secteur primaire a contribué à la croissance de 0,37 contre 2,0 en 2015. Cette situation est expliquée par le ralentissement de la production dans la branche « Extractions », dont la contribution à la croissance a été négative de 0,17 point contre une contribution positive de 1,3 point, une année auparavant.

Il importe de révéler que le ralentissement de l'économie congolaise en 2016, par rapport à 2015, a été observé sur l'ensemble des trois secteurs composant l'activité économique.

1.7. Contributions des principales branches d'activités à la croissance du PIB (en pourcentage)[61]

Graphique n° 12 : Contribution des principales branches d'activités à la croissance du PIB (en pourcentage)

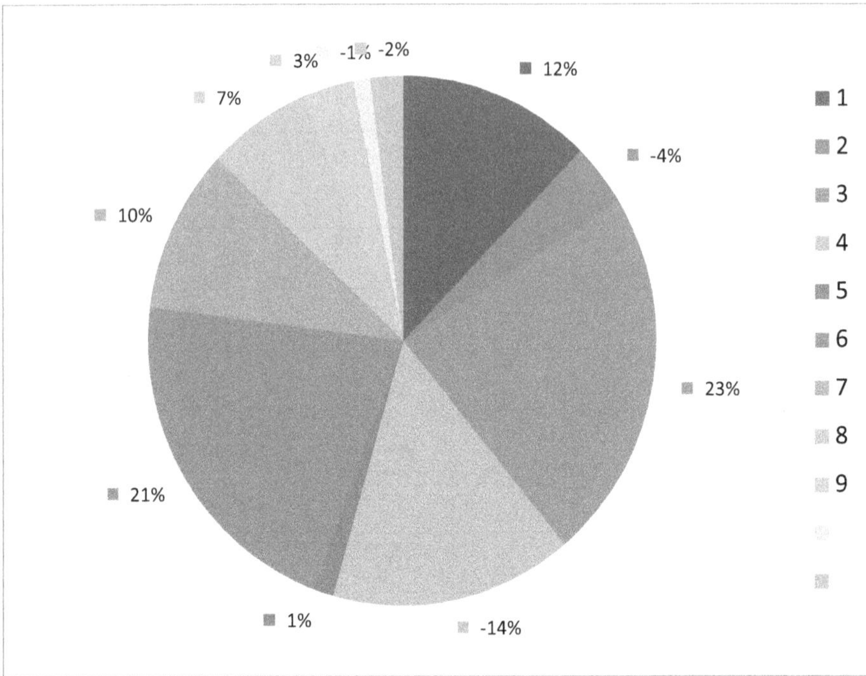

1.8. Agriculture, forêt, élevage et chasse

Malgré un léger repli par rapport à l'année 2017, la croissance de cette branche perceptible au cours des quatre années précédentes, s'est maintenue au cours de l'année sous l'analyse réconfortant la bonne terre des activités dans ce secteur dans son ensemble.

En effet, la valeur ajoutée de la branche d'activités « Agriculture, forêt, élevage, pêche et chasse » a connu une progression de 3,3 % contre 4,7 % en 2017. Son indice d'activité s'est accru de 3,7 %, s'établissant à 118,6 points en 2018.

Il sied de relever que ce comportement est attribuable au renouvellement des engagements pris par les partenaires techniques et financiers (PTF), particulièrement la tripartie (FAO, FIDA, PAM) dans l'accompagnement du secteur agricole et celui de l'agro-industrie.

[61] Source : Commission d'études statistiques et comptes nationaux (CESCN).

1.8.1. Agriculture

La valeur ajoutée de la sous-branche « agriculture » s'est accrue de 3,1 % durant l'année sous l'analyse, établissant son indice d'activité à 115,3 % points. Cette progression a été favorisée par les investissements réalisés dans ce secteur notamment à travers les ouvertures des pistes agricoles, ainsi que la mise à disposition d'intérêts aux agriculteurs.

1.8.2. Forêt

La croissance de cette sous-branche a quasiment stagné autour de 6,7 % d'une année à l'autre. Cette activité recèle la source d'énergie la plus utilisée par les ménages, en vue de remédier au déficit énergétique par la société nationale d'électricité. Ainsi, respectivement comme en 2015 de 7,9 % et 9,7 %.

1.8.3. Élevage, pêche et chasse

La valeur ajoutée de cette sous-branche a progressé de 3,0 % en baisse de 4,5 points par rapport à 2017 parallèlement, sa contribution à la croissance du PIB a été quasiment nulle en 2018, tandis que son indice d'activité s'est situé à 132,1 points, en hausse de 8,4 % comparativement à l'année précédente.

1.8.4. Extraction

La contre-performance de la branche « Extraction » s'est poursuivie au cours de l'année sous revue, à la suite de l'évolution défavorable des cours des principaux produits miniers et des hydrocarbures sur le marché international. En effet, la valeur ajoutée de cette branche s'est inscrite en baisse de 0,7 % en 2018, après un accroissement de 4,8 %, une année auparavant. En termes de contribution à la croissance, la branche a renseigné un niveau négatif de 0,2 point de pourcentage en 2018 contre +1,3 % une année auparavant. Par conséquent, son évolution a tiré vers le bas la contribution du secteur primaire à la croissance pour la deuxième année consécutive. Ces évolutions sont également reflétées par l'indice d'activité de la production minière et des hydrocarbures, lequel a été de 122,4 points contre 135,0 points.

Outre l'évolution défavorable des cours sur le marché international, les contre-performances enregistrées sont les fruits d'une conjugaison d'autres facteurs dont les plus importants sont :

- Le ralentissement du régime de production à l'approche de la pleine utilisation des capacités de production installées, pour certaines entreprises ;
- Le déficit en fourniture énergétique attesté par une multiplication des épisodes de délestage.

1.8.5. Industries manufacturières

La branche « industries manufacturières » a renseigné un ralentissement de l'ensemble de ses activités. En effet, la croissance de sa valeur ajoutée s'est établie à 8,6 % contre 13,7 % une année auparavant. Ce comportement observé dans les deux sous-branches « industrie alimentaire, boisson et tabacs » ainsi que « autres industries manufacturières », tient des facteurs structurels, notamment la faible fourniture en énergie électrique et la concurrence des produits importés.

1.8.6. Électricité, gaz, vapeur et eau

Cette branche a connu un accroissement de 9,3 % de ses activités en 2018, après une contraction de 4,5 % de sa valeur ajoutée en 2015, induisant une légère augmentation de 0,1 point de sa contribution à la croissance du PIB contre un niveau quasi nul, une année auparavant.

1.8.7. Bâtiments des travaux publics

Après une baisse de 6,4 % de leur valeur ajoutée en 2017, les activités de construction se sont de nouveau contractées de 19,6 % en 2016, en raison notamment du ralentissement observé dans l'exécution des travaux de reconstruction et consommation du ciment gris de 47,4 % au cours de l'année 2018.

1.8.8. Le commerce

En 2018, la valeur ajoutée de la branche « commerce » a connu une progression de 6,4 % après avoir atteint 10,8 % une année auparavant, ramenant sa contribution à la croissance à 0,9 point de pourcentage après 1,5 point en 2017. Le ralentissement observé est corollaire à celui des activités minières, lesquelles font intensément recours aux biens d'équipement importés.

1.8.9. Transports et télécommunications

Cette branche a connu un ralentissement en 2016, avec une croissance de 3,5 % venant de 9,7 % l'année précédente. Sa contribution, en points de croissance, a été de 0,4 point contre 1,2 point en 2017.

1.8.10. Autres services hors administration publique et services d'administration publique

La première branche est restée vigoureuse de sa valeur ajoutée en enregistrant un accroissement de 3,1 %. Rapproché à son niveau de 2017, il s'est observé un léger ralentissement de 4,6 points de pourcentage ; en effet, malgré le processus d'amélioration du climat des affaires par le gouvernement, un essoufflement des activités dans les secteurs de l'hôtellerie et de restauration s'est fait ressentir.

La branche « service d'administration publique » a enregistré un accroissement. Ce comportement s'explique par l'amélioration constatée notamment dans les domaines de la santé et l'enseignement.

1.9. Importance relative des finances publiques dans l'économie (en %)[62]

Tableau n° 39 : Importance relative des finances publiques dans l'économie

	2013	2014	2015	2016	2017	2018
– Produit intérieur brut (3)	100 %	100 %	100 %	100 %	100 %	100 %
– Dépenses publiques	17,4	18,3	18,2	17,4	15,1	11,9
Consommation publique	11,5	11,0	13,3	11,5	11,6	9,0
Formation brute de capital	5,8	7,1	4,6	5,7	3,2	2,7
Transport à d'autres secteurs	0,2	0,2	0,2	0,2	0,2	0,2
– Charges fiscales brutes	8,9	10,1	11,3	10,9	11,0	7,7
Commerce extérieur	3,4	4,0	4,6	4,4	4,1	2,4
Exportations	0,1	0,1	0,1	0,1	0,1	0,1
Importations	3,3	3,9	4,6	4,3	2,8	2,4
Divers	-	-	-	-	-	-
Activités intérieures	5,5	6,1	6,6	6,5	6,8	5,2
Revenus	2,5	2,6	2,9	3,3	3,6	2,4
Biens et services	2,9	3,3	3,4	3,0	3,1	2,7
Autres recettes fiscales	0,1	0,2	0,4	0,2	0,1	0,1
Cotisation sécurité sociale	-	-	-	-	-	-
– Charge fiscale nette (1)	8,7	9,9	11,0	10,7	10,7	7,5
– Solde global (2)	-1,0	1,6	-0,35	-0,16	-0,6	-1,2
Contribution des administrations publiques	4,2	5,2	3,0	4,4	3,2	2,7
Acquisition directe des biens de capital	4,2	5,2	3,0	4,4	3,2	2,7
Transfert d'équipement	-	-	-	-	-	-

2. ANALYSE ET PERSPECTIVES

2.1. La gouvernance

Il est question de faire un état de la qualité de gouvernance en RDC afin de proposer quelques pistes de solution à titre palliatif, c'est-à-dire analyser la qualité de gouvernance.

La bonne gouvernance étant un phénomène qui est en émergence dans les pays africains, il est évident que la République démocratique du Congo met

[62] Source : Banque centrale du Congo.

un accent particulier sur celui-ci pour améliorer la gestion des finances publiques afin de pallier les problèmes de déficit budgétaire récurrent qui ne permettent pas à l'État de couvrir ses charges.

En effet, il ne suffit pas seulement de chercher à accroître les recettes publiques à travers des réformes ou des politiques efficaces permettant de renflouer la caisse de l'État ou de chercher un modèle qui pourra aider l'économie à atteindre un niveau de croissance durable et soutenable, mais plutôt d'accompagner toutes les politiques et stratégies par la bonne gouvernance.

Cependant, la mauvaise gestion est constituée de principaux problèmes se situant à divers niveaux qu'il s'agisse de la mauvaise répartition des fruits de la croissance, chose qui augmente les inégalités au niveau de la population.

En outre, la mauvaise gouvernance antérieure n'a pas pu favoriser le développement économique de la RDC, l'atteint des investissements publics n'étant pas favorables, voilà en fait ce qui justifie l'inefficacité du pouvoir public dans la vie socio-économique de la population. Il n'est pas surprenant de constater que la RDC a une population dont le niveau de vie est du seuil de la paysannerie. Ce phénomène est survenu au cours de la deuxième République et continue jusqu'à nos jours.

Ainsi, l'exercice du mandat de dirigeant était devenu une voie autorisée pour se constituer une fortune au détriment de la population. Alors que la bonne gouvernance exige que la population puisse participer à la prise de décision, il est important de prendre en compte les intérêts de la population pour éviter certains évènements qu'on a vécus dans les années 90 tels que le pillage, etc.

2.2. Perspectives

Il est question de tenir compte de la gouvernance dans la gestion des finances publiques afin d'orienter l'économie dans un sens souhaitable. Il s'agit également de quitter dans la marge de la croissance des cycles afin d'assurer une croissance durable et soutenable.

En effet, la croissance durable et souhaitable ne peut se réaliser qu'à travers la diversification de l'économie n'ont plus seulement avec le secteur minier victime des chocs exogènes à un certain moment, chose qui perturbe l'économie dans sa globalité parce que ce secteur nourrit le budget et contribue à l'économie un niveau très important. Ainsi, la diversification de l'économie sera un moyen qui pourra permettre de garder un équilibre même s'il enregistrait un choc.

En outre, la diversification doit s'accompagner de l'industrialisation qui est la clé du développement, parce qu'aucun pays au monde ne sait se développer sans passer par l'industrialisation. Au fait, le progrès technique est un atout majeur à la croissance de la RDC pour son émergence, d'où l'abandon du système traditionnel au moyen de l'industrialisation vers les systèmes modernes afin d'augmenter sa productivité, par exemple, dans le secteur agricole.

La RDC a une vision qui est l'émergence. Elle doit être accompagnée d'un plan stratégique de développement qui pourra lui permettre d'émerger, car c'est à travers ce plan stratégique qu'il obtiendra les lignes de conduite pour atteindre les objectifs ciblés.

En conclusion, l'émergence de la RDC est un fruit de beaucoup de sacrifices ainsi que du respect des principes établis, c'est-à-dire la prise en compte de certains points que nous venons d'épingler pourra aider le pays à émerger notamment la diversification, l'industrialisation, car sans l'industrialisation, l'émergence ne sera qu'une utopie.

CONCLUSION PARTIELLE

La gestion de l'appareil fiscale joue un rôle très important dans la maximisation des recettes en République démocratique du Congo. À cette fin, le gouvernement de la République démocratique du Congo doit prendre soin d'instituer des instruments de gestion financière capable de mobiliser de façon efficace et efficiente les recettes publiques.

Tout au long de la rédaction de ce chapitre, nous avons constaté que la mobilisation des ressources pour financer les déficits budgétaires n'a pas encore retrouvé sa fiabilité économique. Ainsi, il est à souligner que l'autorité de l'État sur la gestion de l'appareil fiscal n'est pas encore restaurée dans le pays, les infrastructures de base sont déficitaires, les croissances économiques observées au cours des années sont non soutenues, l'instabilité du cadre macro-économique, la hausse du niveau général des prix, l'instabilité du taux de change, la persistance des précarités des conditions de vie des populations, la non-diversification de l'activité économique, l'augmentation des importations, etc.

Cependant, la collecte des recettes fiscales par des régies financières autorisées reste une préoccupation majeure pour une bonne gouvernance des finances publiques au sein de la République.

CRITIQUES ET SUGGESTIONS

Celui-ci consiste en des pistes palliatives proposées à l'État, et s'attaquant à relever certains défis notamment la faible mobilisation des recettes qui ne permet pas de couvrir les charges publiques. La faible mobilisation des recettes et la mauvaise gestion des finances publiques antérieures ont conduit à la diminution du pouvoir d'achat des ménages au travers du déficit qui impacte négativement l'inflation en République démocratique du Congo.

Cependant, il est aussi à noter que ces propositions ne constituent aucunement une panacée à ces problèmes, car l'environnement macroéconomique étant complexe, nous nous efforçons d'en donner l'essentiel.

En outre, en raison des failles des politiques budgétaires et de la mauvaise gestion des finances publiques ; en vertu de l'importance de la croissance économique qui est l'un des objectifs macroéconomiques que chaque nation poursuit en ce qu'ils conduisent au développement économique ne augmentant le standing de vie ; ainsi, nous faisons appel à l'État congolais de mettre sur pied les politiques efficaces, bonnes et cohérentes en rapport avec les finances publiques à travers la bonne gouvernance afin d'atteindre un niveau de croissance durable et soutenable au profit de la République.

Pour s'en prendre dans le but de redresser l'économie concourant à l'augmentation du revenu national par habitant, les autorités qui représentent l'État sont appelées à s'atteler sur la gouvernance afin de mettre un accent particulier sur la transparence dans la gestion de la chose publique.

Il est aussi question de relever quelques difficultés **(critiques)** que connaissent les finances publiques notamment :

- Le laxisme budgétaire et le gaspillage des ressources qui justifient le dysfonctionnement de l'économie congolaise,
- Le non-respect des règles établies qui conduit à la gabegie financière, etc.

Au fait, la gabegie dans la gestion de la chose publique a pour cause les dépenses exagérées et pour conséquences des pertes d'argent ce qui caractérise les finances publiques de la RDC par le fait que les régies financières décrient souvent la faible mobilisation des recettes publiques.

La faible mobilisation des recettes et le déficit public font partie des fondements principaux de la persistance inflationniste en République démocratique du Congo, dans le sens que le gouvernement a recours souvent à la planche à billets, au bon de trésor soit encore à l'emprunt ce qui conduit à la dépréciation de la monnaie locale à une certaine période.

Notons également que le gouvernement doit œuvrer à l'équilibre soit à l'excédent budgétaire dans le but d'assurer le plein emploi relatif à la bonne gouvernance entre les dirigeants et les dirigés.

L'État est tenu d'appliquer une bonne politique budgétaire relative à la bonne gouvernance et à la promotion du développement économique à travers la croissance économique visant à diminuer les inégalités par le biais de la répartition du revenu national.

RECOMMANDATIONS

Sur la base de la stratégie cadre de mise en œuvre relative au principe de la gestion des finances publiques[63], les recommandations ci-après formulées nous semblent pertinentes pour la mise en place satisfaisante du budget programme.

– Continuer à améliorer la crédibilité du budget de moyens.

L'amélioration de la crédibilité du budget de moyens actuel est le premier axe de ladite stratégie. La loi des finances annuelle doit être améliorée d'une manière conséquente. Ce qui implique de poursuivre les efforts qui sont faits pour améliorer le processus de préparation des projets de lois des finances. Cela suppose aussi que les projections des recettes et dépenses s'accordent avec celles de la stratégie du gouvernement indiquée dans le document stratégique de croissance et de réduction de la pauvreté (DSCRP) et sous contrainte budgétaire.

La seconde condition consiste à poursuivre les efforts pour améliorer les procédures d'exécution du budget. Elle ne peut se réaliser que par le respect des procédures légales et réglementaires, la suppression de tous les contrôles redondants, le non-recours aux procédures exceptionnelles et le renforcement des contrôles a priori et a posteriori.

Enfin, la troisième condition est que les comptes ainsi que toutes les informations budgétaires soient fiables. Par exemple, les comptes annuels et mensuels, ainsi que le rapport annuel de la Cour des comptes sur l'exécution de la loi des finances doivent être bien élaborés, argumentés et disponibles dans les délais légaux.

– Continuer de vulgariser les principes relatifs à la gestion des finances publiques.

La réussite d'une réforme dépend aussi de la communication autour de celle-ci. Les acteurs bien informés sur la vision de la réforme adhèrent facilement et contribuent à sa réussite. Le comité d'orientation de la réforme

[63] Stratégie cadre de mise en œuvre de la loi n° 11/011 du 13 juillet 2011 relative aux finances publiques.

des finances publiques (COREF) devra poursuivre les orientations de la vulgarisation (principes de gestion des finances publiques) en suivant une stratégie et un plan de communication bien élaborés en concertation avec les administrations concernées. Cette démarche ne doit pas porter préjudice aux demandes ponctuelles formulées par les administrations et auxquelles les gestionnaires des finances publiques devraient répondre.

– Élaborer les outils techniques.

Compte tenu de leur importance dans l'évolution vers la budgétisation par programme, l'élaboration d'outils techniques en préalable à leur instauration est une exigence forte.

Ces outils doivent être pratiques, accessibles et adaptés aux besoins de tous les acteurs de la finance publique. Ils doivent être conçus comme de véritables instruments qui peuvent faciliter le travail des différents acteurs au quotidien et être en même temps une source d'information permanente en cas de besoin.

Au demeurant, après une analyse des réformes de la gestion des finances publiques en République démocratique du Congo, publiée dans la *Revue française d'Administration Publique*, Franck BOURGAULT (2006 : 69-83) arrive à certaines conclusions, ci-après, pertinentes car intrinsèquement liées au changement de tout système :

- La réforme budgétaire axée sur les résultats, véritable défi culturel, prend du temps à s'implanter, patience et sérénité s'imposent.
- Malgré les engagements des principes, les obstacles opportunistes et intérêts corporatistes demeurent.

CONCLUSION GÉNÉRALE

Nous voici arrivés au terme de notre ouvrage intitulé *La Gestion des finances publiques en République démocratique du Congo : diagnostic et bases de remédiation.* Ainsi, notre intérêt qui était celui d'évaluer l'impact de la bonne gouvernance, partant d'une gestion des finances publiques rationnelles et soutenables, peut avoir des effets d'entraînement sur la croissance économique et conduire la République vers un développement économique et durable afin de garantir l'amélioration des conditions de vie de la population.

À ce titre, notre souci majeur est de savoir quelles sont les implications de la gestion des finances publiques sur le budget de la République démocratique du Congo.

En effet, il est généralement reconnu, selon, Michel BOUVIER (2018 : 127), dans tous les pays du monde, le caractère difficile de la question relative à la gestion des finances publiques. La problématique est en général comprise, y compris les experts, comme ardue, austère, compliquée.

Toutefois, la rationalisation du système de gestion des finances publiques se révèle encore plus complexe dans les États qui se trouvent confrontés à de nombreuses problématiques résultant en majeure partie d'une situation de pauvreté parfois extrême.

Ces difficultés sont pour la plupart des cas la résultante d'un manque de moyens matériels et humains suffisants pour gérer ainsi que pour contrôler efficacement et de manière transparente, les deniers publics. Elles sont également d'ordre culturel dans la mesure où la nouvelle gestion publique, qui procède d'une culture gestionnaire, se heurte à des pratiques et conceptions endogènes qui en sont souvent très éloignées.

Raison pour laquelle la réussite de la réforme budgétaire dans les pays en développement nécessite d'abord d'être pensée au plus près des réalités qui sont les leurs ce qui est l'un des éléments fondamentaux d'un changement réel et fait partie de la stratégie de changement à mettre en œuvre.

Une telle perspective suppose particulièrement de s'attacher à déterminer les facteurs favorables à la construction d'un espace financier public durable dans ces pays. Celui-ci en effet doit être en cohérence avec l'objectif de développement et de lutte contre la pauvreté et donc plus généralement de mieux-être des populations, et il importe, par ailleurs, qu'il soit en mesure de concilier culture traditionnelle et culture gestionnaire, autrement dit d'intégrer culture du pays et nouvelle gouvernance financière publique.

En effet, la transmission vers un management de performance nécessite la mise en œuvre de nombreux outils complexes relevant du contrôle de gestion, par exemple, lesquels requièrent la mise en place de centres de responsabilité décentralisés, l'instrumentation du pilotage de la performance, la fixation d'objectifs et de recherche de l'efficience et de la productivité, recherche de l'efficacité et de la satisfaction du client-usager, etc. (MEYSSONNIER, 2015 : 234).

C'est ainsi que nos hypothèses ont tenté de répondre anticipativement en relevant les arguments selon lesquels, les causes majeures du déficit budgétaire de la RDC seraient générées par une mauvaise gestion des finances publiques notamment les excès dans les dépenses publiques, les dépassements budgétaires, les interventions ponctuelles de l'État au niveau du trésor public, les dépenses non prévues, etc.

Au regard des considérations pertinentes, il ressort que la mise en œuvre de la réforme des finances publiques en République démocratique du Congo, en général, et celle du processus budgétaire, singulièrement, requiert la conjugaison des éléments ci-après inhérente à sa réussite : (i) la progressivité, (ii) l'appropriation technique et politique, (iii) la coordination de toutes les parties prenantes, (iv) l'évolution des réformes parallèles.

– La progressivité dans la mise en œuvre

Les innovations induites par les différentes réformes à mettre en place exigent un délai nécessaire à la communication et à la réalisation des préalables nécessaires à leur application. C'est ainsi que ce principe de mise en œuvre par étape est affirmé par les principes de dispositions de gestion de finances publiques qui prévoient un délai de 7 ans à dater de sa promulgation.

Cette précaution a été observée dans certains pays de l'Afrique subsaharienne engagés depuis quelques années déjà dans les réformes similaires à celles entreprises en République démocratique du Congo. Il s'agit du Burkina Faso et du Mali qui expérimentent depuis la fin des années 90 le budget programme alors qu'en réalité, ils fonctionnent jusqu'à ce jour sur base d'un budget de moyens.

Cette assertion est corroborée par le cas de la France dont la préparation au basculement en mode budget-programme a pris cinq ans. Car ce type de réforme ne peut donc se faire que progressivement avec une séquence bien organisée et cohérente des étapes, et un pilotage fort. Un changement d'organisation est toujours complexe et repose sur des aspects relevant de la technique, de la gestion, de la sociologie, de la psychologie et de la culture (BOUVIER, 2018 : 123-ss.). D'où l'appropriation des cadres et des agents de l'administration de toutes les réformes préconisées par le plan stratégique de réforme. Car, de l'intériorisation par eux des nouveautés proposées dépendent des succès des changements recherchés.

Cependant, l'absence d'implication politique et sociale constitue une hypothèque d'égale importance dans la mise en œuvre de la réforme. Ce qui nécessite une synergie entre tous les acteurs à savoir : le gouvernement, le Parlement et la Société civile. D'où la formalisation et la systématisation du débat d'orientation budgétaire dont non seulement les dispositions de principes de gestion des finances publiques y afférentes méritent une clarification mais aussi le format d'organisation requiert encore des améliorations substantielles.

– La coordination des partenaires techniques et financiers

L'approche harmonisée est requise de la part des intervenants dans le financement de la réforme du processus budgétaire, en vue d'éviter le gaspillage des ressources, le double emploi, le chevauchement des interventions et les activités orphelines.

Ce qui nécessite un pilotage devant aboutir à la convergence des financements des partenaires[64] vers les points d'application identifiés par le gouvernement des finances publiques en général et ceux du processus budgétaire en particulier.

– L'évolution des réformes parallèles

Il convient de relever que la mise en œuvre des réformes entreprises dans certains secteurs a une incidence effective sur les réformes relatives à la gestion des finances publiques et vice versa.

Il s'agit :

- De la réforme de la fonction publique qui devra s'adapter aux trois entités de l'État consacrées par la décentralisation à savoir : le pouvoir central, les provinces et les entités territoriales décentralisées ; cela favorisera les transferts des compétences prônées par la Constitution de 2006.
- De la décentralisation laquelle exige la prise en compte de plusieurs lois pour son effectivité ;
- De la modernisation de l'administration publique qui devra aboutir à la révision des cadres organiques des ministères en vue de mettre en place les directions des études et planifications DREP et la direction administrative et financière DAF qui constitue une condition de fond pour l'effectivité de la déconcentration de l'ordonnancement.

[64] Convergence en gestion en RD Congo avec la mise en place, en février 2014, d'un fonds fiduciaires multi-bailleurs dont l'administration revient à la Banque mondiale et l'exécution au gouvernement congolais par le biais du COREF. Ce fonds est cofinancé par la Banque mondiale, la Coopération britannique, la Coopération belge. D'autres partenaires sont en phase de le rejoindre. Il s'agit de l'Union européenne et du Canada. Ce fonds est la réponse à la demande d'appui aux réformes des finances publiques exprimée par le gouvernement congolais.

Cependant, s'étant rendu compte de la « mauvaise gestion des finances publiques », nous recommandons au gouvernement de la République démocratique du Congo, d'appliquer de bonnes politiques de gestion de finances publiques et de gestion budgétaire, afin d'atteindre une croissance économique soutenable et durable, capable de provoquer des effets d'entraînements sur l'ensemble de l'économie nationale tout en augmentant la production globale et générer un développement économique de long terme, vecteur qui pourra entraîner l'augmentation du taux d'emploi, des revenus, des consommations de masse qui auront comme conséquence ; la diminution du taux de chômage et l'amélioration des conditions de vie de la population.

BIBLIOGRAPHIE

1. Laurent et C. REINCHMAN, *Théorie contre l'impôt*, Paris, Les Belles Lettres, 2000.
2. SMITH, *Recherches sur la nature et les causes de la richesse des nations*, Paris, Antipode, 2015.
3. FABIEN BARILARI et DAMIEN DRAPER, *Lexique fiscal*, Paris, éd. Dalloz, 1992.
4. BINJAMIN BERTALANFFY, *Théorie générale des systèmes*, Paris, Dalloz, 1950.
5. DAHLBY, *Imposition de l'investissement direct de l'étranger*, Paris, La Découverte, 2008.
6. COEURÉ et I. RABAUD, *Attractivité de la France : Analyse, perception et mesure, économie et statistique*, Paris, Alternative économique, 2003.
7. HAJKOVA *et al.*, *La fiscalité et l'environnement des entreprises comme déterminants des investissements directs étrangers dans les pays de l'OCDE*, Érès, 2014.
8. RICARDO, *Des principes de l'économie politique de l'impôt*, Londres, COSMOS, 1810.
9. FADIGA, *Guide méthodologique pour l'élaboration de la balance des paiements et de la position extérieure globale dans les pays de l'UEMOA*, Sénégal, 16e édition, BCEAO, 2013.
10. HATEM, *L'attractivité du territoire : de la théorie à la politique*, Lavale, Calenda, 2005.
11. J.-B. SAY, *Traité d'économie politique,* Paris, Économie et Prévision, 1805.
12. J. STOGLIZ, E. CARL WASH, *Principes d'économie moderne*, 3e édition, Bruxelles, De Boeck, 2004.
13. M. PFISTER, *Une fiscalité orientée vers l'investissement et le développement*, Paris, Multitude, 2009.
14. OCDE, *Incidence de l'impôt sur les IDE*, Paris, Lavoisier, 2008.
15. P. VALLIEU, *Macroéconomie : l'investissement*, Paris, La Découverte, 2000.
16. R. MUSGRAVE, *Théories des finances publiques*, Paris, Dunod, 1959.
17. V. TANZI et H. ZEE, *Une politique fiscale pour les pays en développement*, Bordeaux, Presse universitaire de Bordeaux, 2000.

18. ABDELOVAHA OURZIK, « Gouvernance et modernisation de l'administration », in *Titre de la Revue en italique*, n° 133, 2014.
19. MOUMMI, « Analyse de la pauvreté en République démocratique du Congo », in *Titre de la Revue en italique*, n° 44, 2002.
20. BAHOUOYILA, « Pourquoi et comment diversifier l'économie congolaise ? », in *Titre de la Revue en italique*, n° 77, vol. 2,2007.
21. Y. H. DAOUDA, « La croissance économique est-elle pro-pauvres au Niger ? », in *Africa Development Review*, 25(2), 2013.
22. EHRHART, « La croissance a-t-elle été favorable aux pauvres en Égypte sur la période 1990-2004 ? », in *Titre de la Revue en italique*, Université Rennes 2, CRESS-Lessor.
23. S. FAMBON, « Croissance économique et pauvreté et inégalité des revenus au Cameroun », in *Revue d'économie du développement*, 13(1), 2005.
24. KASONGO MWANA BUTE, « Évaluation de la pauvreté en RDC », *Les cahiers de l'IREA*, n° 66, 2015.
25. Initiale du prénom GRIFFONI, « Croissance économique et pauvreté : une application de l'indice de "croissance pro-pauvre" au cas du Maroc en 1985 et 1999 », in *CEFI*, n° 45, volume 1, 2005.
26. J.-P. LISELE SHUWA, « Croissance économique et pauvreté en RD Congo », in *Études économiques*, n° 58, vol. 2, 2014.
27. M. KALONJI NTALAJA et J. KAZADI THAMBWE, « Analyse participative de la pauvreté en RDC, études économiques », n° 13, vol. 2, 2010.
28. O. KODILA-TEDIKA, « Pauvreté en République démocratique du Congo : un rapide état de lieux », in *Congo Economics Reviews, Working Paper*, n° 01/10, 2010, p. 44-45
29. O. KODILA-TEDIKA et A. Mbala POSTNOM, « Taille de la classe moyenne en RDC : analyse par l'approche non monétaire, mimeo », *a contrario*, n° 66, vol. 1, 2016.
30. L. MOKADDEM et G. BOULILA, « Croissance pro-pauvres dans les pays du Moyen-Orient et de l'Afrique du Nord », in *Revue d'économie du développement,* 19 (1), 2011, p. 77-105.
31. P. N'GOUAN, « Impact des variables budgétaires et de gouvernance sur le développement en Afrique subsaharienne, une approche transversale », *Revue économique du développement*, n° 68, vol. 2, 2010.

ANNEXES

Stationnarité
1. IDE
Dickey Fuller augmenté
LIDE à niveau sans tendance sans constance
Null hypothesis: LIDE has a unit root
Exogenous: None
Lag Length: 1 (Automatic – based on SIC, maxlag = 11)

	t-Statistic	Prob.*
Augmented Dickey-Fuller test statistic	0.128427	0.7204
Test critical values: 1 % level	-2.593468	
5 % level	-1.944811	
10 % level	-1.614175	

*MacKinnon (1996) one-side p-values.
Augmented Dickey-Fuller test equation
Dependent Variable : D(LIDE)
Method: Least Squares
Date: 08/26/19 Time: 10 : 15
Sample (adjusted): 2010M03 2016M12
Included observations: 82 after adjustments

Variable	Coefficient	Std. Error	t-Statistic	Prob.
LIDE (-1)	0.000148	0.001154	0.128427	0.8981
D(LIDE(-1))	0.341429	0.105056	3.249960	0.0017

R-squared	0.116442	Mean dependent var	0.005641
Adjusted R-squared	0.105397	S.D. dependent var	0.246440
S.E. of regression	0.233092	Akaike info criterion	-0.050683
Sum squared resid	4.346533	Schwarz criterion	0.008017
Log likelihood	4.078006	Hannan-Quinn criter	-0.027116
Durbin-Watson stat	2.148609		

LIDE en différence 1re sans tendance ni constance
Null hypothesis: D(LIDE) has a unit root
Exogenous: None
Lag length: 0 (Automatic – based on SIC, maxlog = 11)

	t-Statistic	Prob.*
Augmented Dickey-Fuller test statistic	-6.306017	0.0000
Test critical values: 1 % level	-2.593468	
5 % level	-1.944811	
10 % level	-1.614175	

*MacKinnon (1996) one-side p-values.
Augmented Dickey-Fuller Test Equation
Dependent Variable: D(LIDE,2)
Method: Least Squares
Date: 08/26/19 Time: 10 : 33
Sample (adjusted): 2010M03 2016M12
Included observations: 82 after adjustments

Variable	Coefficient	Std. Error	t-Statistic	Prob.
D(LIDE(-1))	-0.658400	0.104408	-6.306017	0.0000
R-squared	0.329151	Mean dependent var		0.003903
Adjusted R-squared	0.329151	S.D. dependent var		0.282853
S.E. of regression	0.231672	Akaike info criterion		-0.074867
Sum squared resid	4.347430	Schwarz criterion		-0.045517
Log likelihood	4.069554	Hannan-Quinn criter		-0.063084
Durbin-Watson stat	2.148286			

Phillips Perron
LIDE à niveau sans tendance ni constance
Null Hypothesis: LIDE has à unit root
Exogenous: None
Bandwidth: 5 (Newey-West automatic) using Bartlett Kernel

	Adj. t-Stat	Prob.*
Phillips-Perron test statistic	0.009741	0.6830
Test critical values: 1 % level	-2.593121	
5 % level	-1.944762	
10 % level	-1.614204	

*MacKinnon (1996) one-side p-values.

Residual variance (no correction) 0.059613
HAC correxted variance (Bartlett Kernel) 0.145073

Phillips-Perron test equation
Dependent Variable: D(LIDE)
Method: Least Squares
Date: 08/26/19 Time: 10 : 43
Sample (adjusted): 2010M03 2016M12
Included observations: 83 after adjustments

Variable	Coefficient	Std. Error	t-Statistic	Prob.
LIDE(-1)	0.000105	0.001209	0.086684	0.9311

R-squared	-0.000128	Mean dependent var	0.003615
Adjusted R-squared	-0.000128	S.D. dependent var	0.245627
S.E. of regression	0.245643	Akaike info criterion	0.042099
Sum squared resid	4.947916	Schwarz criterion	0.071242
Log likelihood	-0.747120	Hannan-Quinn criter	0.053807
Durbin-Watson stat	1.310132		

LIDE en différence 1re sans tendance ni constance
Null Hypothesis: D (LIDE) has à unit root
Exogenous: None
Bandwidth: 5 (Newey-West automatic) using Bartlett Kernel

	Adj. t-Stat	Prob.*
Phillips-Perron test statistic	-6.535536	0.0000
Test critical values: 1 % level	-2.593468	
5 % level	-1.944811	
10 % level	-1.614175	

*MacKinnon (1996) one-side p-values.

Residual variance (no correction) 0.053017
HAC correxted variance (Bartlett Kernel) 0.063721

*MacKinnon (1996) one-sided p-values.
LPOLFISC en différence 1re sans tendance ni constance
Null hypothesis : D(LPOLFISC) has a unit root
Exogenous: none
Lag length: 1 (Automatic – based on SIC, maxlag=11)

t-Statistic

Augmented Dickey-Fuller test statistic -3.572927

Test critical values: 1 % level	-2.593468
5 % level	-1.944811
10 % level	-1.614175

Variable	Coefficient	Std. Error	t-Statistic	Prob.
LIDE(-1)	-0.658400	0.104408	-6.306017	0.0000

R-squared	0.329151	Mean dependent var	0.003903
Adjusted R-squared	0.329151	S.D. dependent var	0.282853
S.E. of regression	0.231672	Akaike info criterion	-0.074867
Sum squared resid	4.347430	Schwarz criterion	-0.045517
Log likelihood	4.069554	Hannan-Quinn criter	-0.063084
Durbin-Watson stat	2.148286		

2. LPOLFISC
Dickey Fuller augmenté
LPOLFISC avec constance et sans tendance
Null hypothesis: LPOLFISC has a unit root
Exogenous: Constant
Lag length: 2 (Automatic – based on SIC, maxlag = 11)

	Adj. t-Stat	Prob.*
Augmented Dickey-Fuller test statistic	-1.384738	0.5859
Test critical values: 1 % level	-3.513344	
5 % level	-2.897678	
10 % level	-2.586103	

*MacKinnon (1996) one-side p-values.
LPOLFISC en différence 1re sans tendance ni constance
Null hypothesis: D(LPOLFISC) has a unit root
Exogenous: None
Lag Length: 1 (Automatic – based on SIC, maxlag = 11)

	t-Statistic
Augmented Disckey-Fuller test statistic	-3.572927
Test critical values: 1 % level	-2.593824
5 % level	-1.944862
10 % level	-1.614145

*MacKinnon (1996) one-sided p-values.
Augmented Dickey-Fuller test equation
Dependent Variable: D(LPOLFISC, 2)
Method: Least Squares
Date: 08/26/19 Time : 11 :07
Sample (adjusted): 2010M04 2016M12
Included observations: 81 after adjustments

Variable	Coefficient	Std. Error	t-Statistic
D(LPOLFISC(1))	-0.422250	0.118180	-3.572927
D(LPOLFISC(-1),2)	-0.259851	0.109603	-2.370837

R-squared		
Adjusted R-squared	0.331441	Mean dependent var
S.E. of regression	0.322979	S.D. dependent var
Sum squared resid	0.051979	Akaike info criterion
Log likelihood	0.213442	Schwarz criterion
Durbin-Watson stat	125.5891	Hannan-Quinn criter
	2.077331	

Augmented Dickey-Fuller Test Equation
Dependent Variable: D(LPOLFISC)
Method: Least Squares
Date: 08/26/19 Time : 11 :01
Sample (adjusted): 2010M04 2016M12
Included observations: 81 after adjustments

Variable	Coefficient	Std. Error	t-Statistic	Prob.
LPOLFISC(-1)	-0.020480	0.014790	-1.384738	0.1701
D(LPOLFISC(-1))	0.321940	0.109247	2.946899	0.0024
D(LPOLFISC(-2))	0.281274	0.110944	2.535273	0.0133
C	0.086168	0.063307	1.361117	0.1774

R-squared	0.249661	Mean dependent var	-0.003357
Adjusted R-squared	0.220427	S.D. dependent var	0.058887
S.E. of regression	0.051993	Akaike info criterion	-3.027276
Sum squared resid	0.208156	Schwarz criterion	-2.909031
Log likelihood	126.6047	Hannan-Quinn criter	-2.979834
F-statistic	8.540080	Durbin-Watson stat	2.104676
Prob. (F-statistic)	0.000058		

Phillips Perron
LPOLFISC avec tendance et constance
Null Hypothesis: LPOLFISC has a unit root
Exogenous: Constant, Linear Trend
Bandwidth: 5 (Newey-West automatic) using Bartlett Kernel

	Adj. T-Stat	Prob.*
Phillips-Perron test statistic	-2.288814	0.4350
Test critical values: 1 % level	-4.072415	
5 % level	-3.464865	
10 % level	-3.158974	

*MacKinnon (1996) one-side p-values.

Residual variance (no correction) 0.003193
HAC correxted variance (Bartlett Kernel) 0.008609

Phillips-Perron test equation
Dependent Variable: D(LPOLFISC)
Method: Least Squares
Date: 08/26/19 Time : 11 : 12
Sample (adjusted): 2010M04 2016M12
Included observations: 83 after adjustments

Variable	Coefficient	Std. Error	t-Statistic	Prob.
LPOLFISC(-1)	-0.050743	0.024940	-2.034595	0.0452
C	0.251463	0.119915	2.097006	0.0392
@TREND("2010M01")	0.000897	0.000408	-2.197898	0.0308

R-squared	0.060326	Mean dependent var	-0.002187
Adjusted R-squared	0.036834	S.D. dependent var	0.058645
S.E. of regression	0.057554	Akaike info criterion	-2.836697
Sum squared resid	0.265001	Schwarz criterion	-2.749269
Log likelihood	120.7229	Hannan-Quinn criter	-2.801574
F-statistic	2.567962	Durbin-Watson stat	1.147393
Prob. (F-statistic)	0.083001		

LPOLFISC sans tendance ni constance
Null Hypothesis: D(LPOLFISC) has a unit root
Exogenous: None
Bandwidth: 4 (Newey-West automatic) using Bartlett Kernel

	Adj. T-Stat	Prob.*
Phillips-Perron test statistic	-5.848340	0.0000
Test critical values : 1 % level	-2.593468	
5 % level	-1.944811	
10 % level	-1.614175	

*MacKinnon (1996) one-side p-values.

Residual variance (no correction) 0.002795
HAC correxted variance (Bartlett Kernel) 0.003239

Phillips-Perron test equation
Dependent Variable: D(LPOLFISC,2)
Method: Least Squares
Date: 08/26/19 Time: 11: 21
Sample (adjusted): 2010M03 2016M12
Included observations: 82 after adjustments

Variable	Coefficient	Std. Error	t-Statistic	Prob.
D(LPOLFISC(-1))	-0.570486	0.101124	-5.641455	0.0000

R-squared	0.282057	Mean dependent var	0.000355
Adjusted R-squared	0.282057	S.D. dependent var	0.062782
S.E. of regression	0.053196	Akaike info criterion	-3.017555
Sum squared resid	0.229213	Schwarz criterion	-2.988205
Log likelihood	124.7198	Hannan-Quinn criter	-3.005772
Durbin-Watson stat	2.215386		

3. Lexport
Dickey Fuller augmenté
LEXPORT à niveau sans tendance ni constante
Null hypothesis: LEXPORT has a unit root
Exogenous: None
Lag Length: 2 (Automatic – based on SIC, maxlag = 11)

	t-Statistic	Prob.*
Augmented Dickey-Fuller test statistic	1.360404	0.9555
Test critical values: 1 % level	-2.593824	
5 % level	-1.944862	
10 % level	-1.614145	

*MacKinnon (1996) one-sided p-values.
Augmented Dickey-Fuller test equation
Dependent Variable: D (LEXPORT)
Method: Least Squares
Date: 08/23/19 Time: 09 :16
Sample (adjusted): 2010M04 2016M12
Included observations: 81 after adjustments

Variable	Coefficient	Std. Error	t-Statistic	Prob.
LEXPORT (-1)	0.000237	0.000174	1.360404	0.1776
D(LEXPORT(-1))	0.337947	0.109689	3.080965	0.0029
D(LEXPORT(-2))	0.273915	0.110904	2.469828	0.0157

R-squared	0.260838	Mean dependent var	0.000355
Adjusted R-squared	0.241885	S.D. dependent var	0.062782
S.E. of regression	0.023460	Akaike info criterion	-3.017555
Sum squared resid	0.042929	Schwarz criterion	-2.988205
Log likelihood	190.5438	Hannan-Quinn criter	-3.005772
Durbin-Watson stat	2.081450		

LEXPORT en différence 1re sans tendance ni constance
Null hypothesis: D(LEXPORT) has a unit root
Exogenous: None
Lag Length: 1 (Automatic – based on SIC, maxlag = 11)

	t-Statistic	Prob.*
Augmented Disckey-Fuller test statistic	-3.011057	0.0030
Test critical values: 1 % level	-2.593824	
5 % level	-1.944862	
10 % level	-1.614145	

*MacKinnon (1996) one-sided p-values.
Augmented Dickey-Fuller test equation
Dependent Variable: D(LPOLFISC, 2)
Method: Least Squares
Date: 08/26/19 Time : 09 : 22
Sample (adjusted): 2010M04 2016M12
Included observations: 81 after adjustments

Variable	Coefficient	Std. Error	t-Statistic	Prob.
D(LPOLFISC(1))	-0.329964	0.109584	-3.011057	0.0035
D(LPOLFISC(-1),2)	-0.302445	0.109488	-2.762345	0.0071

R-squared	0.302380	Mean dependent var	0.000321
Adjusted R-squared	0.293550	S.D. dependent var	0.028062
S.E. of regression	0.023586	Akaike info criterion	-4.631952
Sum squared resid	0.043947	Schwarz criterion	-4.572830
Log likelihood	189.5941	Hannan-Quinn criter	-4.608231
Durbin-Watson stat	2.100820		

Phillips Perron
LEXPORT à niveau sans tendance ni constance
Null Hypothesis: LEXPORT has a unit root
Exogenous: None
Bandwidth: 6 (Newey-West automatic) using Bartlett Kernel

	Adj. t-Stat	Prob.*
Phillips-Perron test statistic	1.811357	0.9826
Test critical values: 1 % level	-2.593121	
5 % level	-1.944762	
10 % level	-1.614204	

*MacKinnon (1996) one-side p-values.

Residual variance (no correction) 0.000706
HAC correxted variance (Bartlett Kernel) 0.002256

Phillips-Perron test equation
Dependent Variable: D(LEXPORT)
Method: Least Squares
Date: 08/26/19 Time: 09: 31
Sample (adjusted): 2010M02 2016M12
Included observations: 83 after adjustments

Variable	Coefficient	Std. Error	t-Statistic	Prob.
LEXPORT(-1)	0.000594	0.000183	3.254841	0.0016

R-squared	0.000290	Mean dependent var	0.009539
Adjusted R-squared	0.000290	S.D. dependent var	0.026733
S.E. of regression	0.026729	Akaike info criterion	-4.394174
Sum squared resid	0.058583	Schwarz criterion	-4.365032
Log likelihood	183.3582	Hannan-Quinn criter	-4.382466
Durbin-Watson stat	1.076125		

LEXPORT en différence 1re sans tendance ni constance
Null Hypothesis: D(LEXPORT) has a unit root
Exogenous: None
Bandwidth: 4 (Newey-West automatic) using Bartlett Kernel

	Adj. t-Stat	Prob.*
Phillips-Perron test statistic	-5.089947	0.0000
Test critical values: 1 % level	-2.593468	
5 % level	-1.944811	
10 % level	-1.614175	

*MacKinnon (1996) one-side p-values.

Residual variance (no correction) 0.000589
HAC correxted variance (Bartlett Kernel) 0.000641

Phillips-Perron test equation
Dependent Variable: D(LEXPORT)
Method: Least Squares
Date: 08/26/19 Time: 09: 38
Sample (adjusted): 2010M03 2016M12
Included observations: 82 after adjustments

Variable	Coefficient	Std. Error	t-Statistic	Prob.
D(LEXPORT(1))	-0.480664	0.096866	-4.962174	0.0000

R-squared	0.233033	Mean dependent var	0.000299
Adjusted R-squared	0.233033	S.D. dependent var	0.027888
S.E. of regression	0.024424	Akaike info criterion	-4.574397
Sum squared resid	0.048318	Schwarz criterion	-4.545047
Log likelihood	188.5503	Hannan-Quinn criter	-4.562614
Durbin-Watson stat	2.294312		

4. LPIB
Dickey Fuller augmenté
LPIB à niveau avec tendance et constance
Null Hypothesis: LPIB has a unit root
Exogenous: Constant, Linear trend
Bandwidth: 1(Automatic – based on SIC, maxlag = 11)

	Adj. t-Stat	Prob.*
Phillips-Perron test statistic	-4.795433	0.0011
Test critical values: 1 % level	-4.073859	
5 % level	-3.465548	
10 % level	-3.159372	

*MacKinnon (1996) one-side p-values.
Augmented Dickey-Fuller test equation
Dependent Variable: D(LPIB)
Method: Least Squares
Date: 08/26/19 Time: 10 : 15
Sample (adjusted): 2010M03 2016M12
Included observations: 82 after adjustments

Variable	Coefficient	Std. Error	t-Statistic	Prob.
LPIB (-1)	-0.030049	0.006266	-4.795433	0.0000
D(LPIB(-1))	0.294380	0.103656	2.839973	0.0058
C	0.516730	0.106537	4.850220	0.0000
@TREND(''2010M01'')	0.000143	4.51E-05	3.171366	0.0022

R-squared	0.864433	Mean dependent var	0.009446
Adjusted R-squared	0.859219	S.D. dependent var	0.004884
S.E. of regression	0.001833	Akaike info criterion	-9.718715
Sum squared resid	0.000262	Schwarz criterion	-9.601314
Log likelihood	402.4673	Hannan-Quinn criter	-9.671581
F-statistic	165.7866	Durbin-Watson stat	2.119840
Prob. (F-statistic)	0.000000		

LPIB en différence sans tendance avec constance
Null Hypothesis: D(LPIB) has a unit root
Exogenous: Constant
Bandwidth: 2 (Automatic – based on SIC, maxlag = 11)

	Adj. t-Stat	Prob.*
Augmented Dickey-Fuller test equation	-2.469421	0.1267
Test critical values: 1 % level	-3.514426	
5 % level	-2.898145	
10 % level	-2.586351	

*MacKinnon (1996) one-sided p-values.
Augmented Dickey-Fuller test equation
Dependent Variable: D(LPIB,2)
Method: Least Squares
Date: 08/23/19 Time: 10 : 20
Sample (adjusted): 2010M05 2016M12
Included observations: 80 after adjustments

Variable	Coefficient	Std. Error	t-Statistic	Prob.
D(LPIB(-1))	-0.114412	0.046331	-2.469421	0.0158
D(LPIB(1),2)	-0.548815	0.107725	-5.094595	0.0000
D(LPIB(-2),2)	-0.261776	0.106360	-2.461237	0.0161
C	0.000738	0.000488	1.511786	0.1347

R-squared	0.327646	Mean dependent var	-0.000179
Adjusted R-squared	0.301106	S.D. dependent var	0.002307
S.E. of regression	0.001929	Akaike info criterion	-9.615146
Sum squared resid	0.000283	Schwarz criterion	-9.496044
Log likelihood	388.6058	Hannan-Quinn criter	-9.567394
F-statistic	12.34523	Durbin-Watson stat	2.098260
Prob. (F-statistic)	0.000001		

Phillips-Perron
LPIB à niveau avec tendance et constance
Null Hypothesis: LPIB has a unit root
Exogenous: Constant, Linear trend
Bandwidth: 5 (Newey-West automatic) using Bartlett Kernel

	Adj. t-Stat	Prob.*
Augmented Dickey-Fuller test equation	-6.225894	0.0000
Test critical values: 1 % level		-4.072415
5 % level		-3.464865
10 % level		-3.158974

*MacKinnon (1996) one-side p-values.

Residual variance (no correction) 3.49E-06
HAC correxted variance (Bartlett Kernel) 7.87E-06

Phillips-Perron test equation
Dependent Variable: D(LPIB)
Method: Least Squares
Date: 08/23/19 Time: 10 : 25
Sample (adjusted): 2010M02 2016M12
Included observations: 83 after adjustments

Variable	Coefficient	Std. Error	t-Statistic	Prob.
LPIB (-1)	-0.041455	0.004545	-9.120636	0.0000
C	0.713491	0.076364	9.343305	0.0000
@TREND("2010M01")	0.000190	4.12E-05	4.621810	0.0000

R-squared	0.860686	Mean dependent var	0.009592
Adjusted R-squared	0.857203	S.D. dependent var	0.005035
S.E. of regression	0.001902	Akaike info criterion	-9.655825
Sum squared resid	0.000290	Schwarz criterion	-9.655825
Log likelihood	403.7167	Hannan-Quinn criter	-9.620701
F-statistic	247.1204	Durbin-Watson stat	1.385636
Prob. (F-statistic)	0.000000		

LPIB en différence 1re avec tendance et constance
Null Hypothesis: D(LPIB) has a unit root
Exogenous: Constant, Linear trend
Bandwidth: 3 (Newey-West automatic) using Bartlett Kernel

	Adj. t-Stat	Prob.*
Phillips-Perron test statistic	-4.032562	0.0113
Test critical values: 1 % level	-4.073859	
5 % level	-3.465548	
10 % level	-3.159372	

*MacKinnon (1996) one-side p-values.

Residual variance (no correction) 4.14E-06
HAC correxted variance (Bartlett Kernel) 3.39E-06

Phillips-Perron test equation
Dependent Variable: D(LPIB,2)
Method: Least Squares
Date: 08/23/19 Time: 10 : 28
Sample (adjusted): 2010M03 2016M12
Included observations: 82 after adjustments

Variable	Coefficient	Std. Error	t-Statistic	Prob.
LPIB (-1)	-0.370245	0.086506	-4.280004	0.0001
C	0.005880	0.001568	3.749122	0.0003
@TREND("2010M01")	-5.88E-05	1.84E-05	-3.205115	0.0019

R-squared	0.193832	Mean dependent var	-0.000186
Adjusted R-squared	0.173423	S.D. dependent var	0.002279
S.E. of regression	0.002072	Akaike info criterion	-9.484732
Sum squared resid	0.000339	Schwarz criterion	-9.396681
Log likelihood	391.8740	Hannan-Quinn criter	-9.449381
F-statistic	9.497255	Durbin-Watson stat	2.460425
Prob. (F-statistic)	0.000201		

DONNÉES BRUTES

	IDE	POLFISC	EXPORT	PIB
2010	3296147156	82	7679712.6	19536677
2011	3964926104	105	8708848.800000001	23759425
2012	4,8964E+10	96	8038321.5	26954557
2013	4027877966	76	10680107	30051179
2014	2952333506	87	11399898	33223989
2015	1852642795	38	9523545.699999999	35111226
2016	3975441544	41	12007996	37517392

TABLE DES MATIÈRES

CHAPITRE TROISIÈME

Structures éditoriales du groupe L'Harmattan

L'Harmattan Italie
Via degli Artisti, 15
10124 Torino
harmattan.italia@gmail.com

L'Harmattan Hongrie
Kossuth l. u. 14-16.
1053 Budapest
harmattan@harmattan.hu

L'Harmattan Sénégal
10 VDN en face Mermoz
BP 45034 Dakar-Fann
senharmattan@gmail.com

L'Harmattan Cameroun
TSINGA/FECAFOOT
BP 11486 Yaoundé
inkoukam@gmail.com

L'Harmattan Burkina Faso
Achille Somé – tengnule@hotmail.fr

L'Harmattan Guinée
Almamya, rue KA 028 OKB Agency
BP 3470 Conakry
harmattanguinee@yahoo.fr

L'Harmattan RDC
185, avenue Nyangwe
Commune de Lingwala – Kinshasa
matangilamusadila@yahoo.fr

L'Harmattan Congo
67, boulevard Denis-Sassou-N'Guesso
BP 2874 Brazzaville
harmattan.congo@yahoo.fr

L'Harmattan Mali
ACI 2000 - Immeuble Mgr Jean Marie Cisse
Bureau 10
BP 145 Bamako-Mali
mali@harmattan.fr

L'Harmattan Togo
Djidjole – Lomé
Maison Amela
face EPP BATOME
ddamela@aol.com

L'Harmattan Côte d'Ivoire
Résidence Karl – Cité des Arts
Abidjan-Cocody
03 BP 1588 Abidjan
espace_harmattan.ci@hotmail.fr

Nos librairies en France

Librairie internationale
16, rue des Écoles
75005 Paris
librairie.internationale@harmattan.fr
01 40 46 79 11
www.librairieharmattan.com

Librairie des savoirs
21, rue des Écoles
75005 Paris
librairie.sh@harmattan.fr
01 46 34 13 71
www.librairieharmattansh.com

Librairie Le Lucernaire
53, rue Notre-Dame-des-Champs
75006 Paris
librairie@lucernaire.fr
01 42 22 67 13

www.ingramcontent.com/pod-product-compliance
Lightning Source LLC
LaVergne TN
LVHW011019061026
849535LV00006B/1953
9782343230511